DIETER KREUTZKAMP

Bulli!

FREIHEIT
AUF 4 RÄDERN

Mehr über unsere Autorinnen, Autoren und Bücher:
www.malik.de

Wenn Ihnen dieses Buch gefallen hat, schreiben Sie uns unter Nennung des Titels »Bulli! Freiheit auf vier Rädern« an empfehlungen@piper.de, und wir empfehlen Ihnen gerne vergleichbare Bücher.

Von Dieter Kreutzkamp liegen im Malik Verlag vor:

· Mitternachtssonne über Alaska
· Auf dem Dach Afrikas
· Weltreise
· Husky-Trail
· Spurensuche in Namibia

Inhalte fremder Webseiten, auf die in diesem Buch (etwa durch Links) hingewiesen wird, macht sich der Verlag nicht zu eigen. Eine Haftung dafür übernimmt der Verlag nicht.

Unser Versprechen für mehr Nachhaltigkeit
• Klimaneutrales Produkt
• FSC®-zertifiziertes Papier
• Hergestellt in Europa

FSC www.fsc.org MIX Papier | Fördert gute Waldnutzung FSC® C083411

Aktualisierte Taschenbuchausgabe
ISBN 978-3-492-40660-4
1. Auflage Juni 2022
2. Auflage Oktober 2022

erschienen im Verlagsprogramm Malik
Redaktion: Boris Heczko, Berlin
Bulli-Zeichnungen: Sophia Ulbrich, Berlin
Umschlaggestaltung: Dorkenwald Grafik-Design, München,
nach einem Entwurf von Birgit Kohlhaas, kohlhaas-buchgestaltung.de
Umschlagabbildungen: Dieter und Juliana Kreutzkamp
Satz: psb, Berlin
Gesetzt aus der Scala Pro, Calder und Darkness Rising
Litho: Lorenz & Zeller, Inning am Ammersee
Druck und Bindung: CPI books GmbH, Leck
Printed in the EU

DIETER KREUTZKAMP

Bulli!

FREIHEIT AUF 4 RÄDERN

Mit 69 farbigen und
112 Schwarz-Weiß-Abbildungen

NATIONAL GEOGRAPHIC MALIK

Das Zitat auf Seite 269 stammt aus:
GOING MOBILE (Pete Townshend)

Bildnachweis
Fotos im Bildteil: Dieter und Juliana Kreutzkamp, außer Gerd Brauner (S. 2 Mitte, 6 oben und Mitte), VW Nutzfahrzeuge Presse (S. 7 oben, 19 oben, 20 oben und Mitte, 23 oben, 25, 26 oben und Mitte, 27 Mitte, 28/29, 31 Mitte und unten, 32 oben), Volkswagen Aktiengesellschaft (S. 10 oben), Kurt Moeri (S. 11 unten), Cornelia Boss und Fabian Zumbrunnen (S. 15 Mitte), Armando Barbieri (S. 16), Karl-Heinz Forytta/VWN (S. 27 unten)

Fotos im Text: Dieter und Juliana Kreutzkamp, außer Peter Oberbeck (S. 14), VW Nutzfahrzeuge Presse (S. 17, 95, 96, 97, 99 oben, 101, 118, 162, 212, 219, 238, 244, 245, 248, 250, 255, 258, 266), Volkswagen Aktiengesellschaft (S. 22, 252, 253), Gerd Brauner (S. 76, 80, 83), Ulf Kaijser (S. 87 unten), Archiv Steinke (112), Kurt Moeri (S. 142), Joachim Wichmann (S. 152, 153), Armando Barbieri (172, 175), Karl-Heinz Forytta/VWN (S. 194), Andrea und Dominique Glaus (S. 210), Hans-Peter Boldt (S. 270), Pon Historisch Bedrijfsarchief (S. 21)

HISTORISCH BEDRIJFSARCHIEF

Für Bettina, Christian, Johann und Elise

INHALT

PROLOG

BULLI ZU VERSCHENKEN!

Kathmandu, 1977: In wenigen Tagen werden wir unserem abenteuerlichen Leben eine neue Richtung geben. 777 Tage ist es her, dass Juliana und ich im Bulli von daheim aufgebrochen sind, unsere Familien, die Berufe, kurz, das alte Leben komplett hinter uns gelassen haben.

Mehr als zwei Jahre lang war der T1 unser Zuhause. Zweimal haben wir mit ihm Afrika durchquert, haben uns später im bitterkalten Winter über verschneite Pässe durchs wilde Afghanistan vorgearbeitet und dann über Indien und Ceylon zum Himalaja-Staat Nepal durchgeschlagen.

Es fällt schwer, uns hier in Kathmandu von unserem Bulli Methusalem zu trennen.

Doch unser nächstes Ziel ist Australien. Manche Grenzen dorthin sind für Autoreisende geschlossen, und die Inseln Asiens mit dem Auto zu bereisen wäre kompliziert, vor allem aber wegen der Schiffspassagen zu teuer …

Wir hatten über den Verkauf unseres T1 nachgedacht. Vermutlich hätte das geklappt – allerdings nicht legal. Und das wollen wir nicht. Um die offiziellen Ausreisestempel in unsere Papiere zu bekommen, haben wir uns entschieden, den Bulli der nepalesischen Zollbehörde zu schenken. Eine durchaus übliche Praxis in diesen Tagen.

Gestern Abend haben wir unseren ganz persönlichen Abschied vom Bulli zelebriert: stilvoll mit Kerzen und Blumen. Dazu gab es gebratenen Reis mit Zwiebeln, Erbsen, Paprika und Karotten. Ein würdiger Festschmaus für Globetrotter, die gut zwei Jahre am Stück *on the road* sind. Zur Feier des Tages haben wir uns statt Tee etwas Stärkeres gegönnt: *Kukri Special*, einen Schnaps, so scharf wie ein Gurkha-Messer. Kostenpunkt laut Julianas akribisch geführter Einkaufsstatistik: 2 Mark 64 Pfennige.

Zwanzig Stunden später: Wir hocken auf dem Fußboden unseres leer geräumten T1 und machen eine letzte Bestandsaufnahme. Die originalen Westfalia-Sitzbänke und -Schränke habe ich heute Morgen ausgebaut und für umgerechnet 100 Mark an andere Traveller verkauft. Auch vieles andere haben wir verhökert: die schweren Sandbleche, den in Afrika immer wieder zusammengebrochenen und geschweißten Dachgepäckträger. Selbst die selten benutzte klobige Eberspächer-Standheizung fand einen Abnehmer.

Dort, wo während unzähliger Reisekilometer unsere rot bezogene Westfalia-Sitzbank stand, sieht man jetzt auf das nach innen gewölbte metallene Halbrund der Reserveradhalterung. Ich schieße mit meiner Minolta-Spiegelreflexkamera noch schnell ein Selbstauslöserfoto von uns beiden inmitten dieses Idylls. Vielleicht erwartet man in diesem Moment Abschiedsschmerz. Natürlich: Wir wissen, dass wir mit diesem Bulli ein besonderes Kapitel unseres Lebens geschrieben haben. Unvergesslich zwar … Jetzt aber blicken wir nach vorn!

Am Tag darauf geht eine Nachricht der nepalesischen Zollbehörde bei uns ein: Man ist auf unsere Anfrage hin bereit, unseren T1, Baujahr 1961, kostenfrei zu übernehmen. Als Gegenleistung erhalten wir den offiziellen Ausreisestempel in das internationale Zolldokument *Carnet de Passages*.

Am 9. Juni 1977 liefern wir unseren VW-Bus beim Zollamt am Flughafen von Kathmandu ab. Bei der Schlüsselübergabe kriege ich dann doch weiche Knie. »Keine Sentimentalitäten!«, rufe ich mich zur Ordnung und fasse Julianas Hand.

Als wir am 12. Juni in der Propellermaschine nach Rangun in Burma sitzen und einen letzten Blick auf das Zollgelände mit dem einsamen Bulli erhaschen, wische ich mir verstohlen eine Träne aus dem Auge.

Über vierzig Jahre ist das her. *Born to be free* war schon damals das Motto unseres Lebens, Mobilität und Freiheit unser Lebenselixier. Und derjenige, mit dem wir die ersten großen Abenteuer unseres Lebens erlebt haben, spielt noch immer eine zentrale Rolle: der Bulli, egal ob als T1, T2, T3, T4 oder T5.

Als wir kürzlich in Argentinien am Aconcagua standen, dem höchsten Berg des amerikanischen Doppelkontinents, erfuhren wir per WhatsApp, dass unser zuvor gekaufter T5 bei einem Profiausbauer daheim erfolgreich zum Offroad-Camper mutiert war. Für Juliana und mich war das an diesem Tag das zweitschönste Geschenk. Das allerschönste: Wir feierten gerade auf halber Höhe des (Fast-)Siebentausenders unseren 50. Hochzeitstag, zünftig vor atemberaubender Bergkulisse. Nur wir beide. Ausgelassen zum Beat der Rolling Stones! Vielleicht klingt das ein wenig verrückt. Aber so war unser Leben immer. Denn seit fünfzig Jahren sind wir gemeinsam *on the road*.

Und du, Bulli, warst während der spannendsten und prägendsten Momente unseres Lebens dabei. Mit dir *erfuhren* wir die Welt!

BULLI-PEOPLE

Ich schreibe diese Zeilen unmittelbar nach Rückkehr von einer zweijährigen Südamerikareise. Während dieses Abenteuers zwischen Feuerland, Amazonas und Anden begegneten wir vielen, die wie wir das unbekannte Neue hinter dem Horizont suchen. Auch Bulli-Fahrer mit den frühen Modellen T1 und T2 waren dabei.

Wir trafen aber auch Menschen, für die der Bulli noch immer ein Lastesel im Alltag ist. So wie kürzlich spätabends in Rio de Janeiro am Strand von Copacabana, wo gut gelaunte Arbeiter die Tische eines Straßencafés zusammenklappten und auf dem Dach ihres T2-VW-Busses stapelten. Der »Kombi«, wie er hier genannt wird, ist noch immer allgegenwärtig: als rollender Eis- oder Sandwich-Kiosk, zumeist jedoch als Verkaufs- oder Werkstattwagen kleiner Handwerker, aber auch größerer Versorgungsunternehmen. Als leiser Wassergekühlter mit dem Gesicht eines T2 (so was gibt es nur in Brasilien!) oder als Klassiker mit dem markanten Boxer-Sound des Luftgekühlten. Der *Kombi do Brazil* (den Begriff Bulli kennt dort keiner) erledigt heute zuverlässig noch genau das, was bei seinem Urahn vor siebzig oder sechzig Jahren im Nachkriegsdeutschland zu dessen Alleinstellungsmerkmal führte. In Brasilien wird dieser Weltbürger liebevoll *velha senhora* genannt: alte Dame!

Dies ist der Bericht über ein Auto, das seit siebzig Jahren die Welt begeistert. Es ist aber auch ein Kaleidoskop bunter Eindrücke über höchst unterschiedliche Menschen: solche mit dünnen oder dicken Geldbeuteln, Leute mit den verschiedensten Berufen, Menschen mit Träumen, die genug Abenteuerlust besaßen, auf den eigenen vier Rädern die Welt zu erobern. Bei manchen meiner Bulli-Gesprächspartner meldete ich mich vorher an, andere traf ich zufällig. Sie alle erzählen Geschichten, bei denen es letztlich immer wieder um einen geht: den Bulli!

Ein Kosename, der sich im Volksmund bei uns durchsetzte und vermutlich eine nette Verballhornung von »Bus« und »Lieferwagen« ist. Heute spricht jeder vom Bulli. Anfangs war dieser Begriff jedoch keineswegs gängig. Offiziell gehört der Name erst seit 2007 als geschützte Marke zu Volkswagen. Da nämlich erwarb der Konzern die Namensrechte von der Firma Kässbohrer, die seit 1969 den Namen »Pisten-Bully« für ein Spezialfahrzeug zum Präparieren von Skipisten und Loipen verwandt hatte. Vor zwei, drei Jahrzehnten wäre auch keiner jenseits

der Klassiker T1 und T2 auf die Idee gekommen, den T3, T4 oder später gar den T5 als Bulli zu bezeichnen. Heute hingegen prangt der Schriftzug »Bulli« höchst offiziell auch auf einigen der neuesten T6-Modelle. Das eint die große, bunte VW-Bus-Familie noch mehr. Über die Jahre ist die Szene typübergreifend zusammengewachsen. Am meisten aber staune ich über das Phänomen, dass für den knuffigen T1 mit dem rustikalen Charme der mobilen VW-Anfangszeit Sammler und Liebhaber heute durchaus schon mal 20 000 Euro mehr auf den Tisch legen als für die schickste Variante des mit allen technischen Finessen ausgestatteten T6 Multivan.

Für dieses Buch sammelte ich Bulli-Geschichten. Dazu gehören auch die Geschichten jener, die dabei waren, als der VW-Bus nach dem viel zitierten *Summer of Love* vor über fünfzig Jahren zu jenem Vehikel wurde, mit dem sich auf einmal fast jeder die Welt erschließen konnte.

Am Anfang steht eine bunte Schar kalifornischer Hippies auf dem Weg zur kollektiven Selbstverwirklichung. Abenteurer, Aussteiger und Träumer, Greenhorns unterschiedlichster Couleur, zu denen auch Juliana und ich gehörten, folgten diesem Impuls. Wir brachen mit einem prickelnden Mix aus Vision, Wagemut und Blauäugigkeit in fremde Kontinente auf und glaubten, mit einem freundlichen Lächeln die Welt erobern zu können. Meist hat's geklappt ... Ich glaube, keiner von uns wollte damals ins »Guinness-Buch der Rekorde« fahren. Wir brachen auf, weil wir neugierig und abenteuerlustig waren und die Freiheit auf der »Straße nach Irgendwo« suchten.

In diesem Zusammenhang wird neben der Flower-Power-Bewegung von San Francisco auch oft das Woodstock-Festival von 1969 genannt, wo Joe Cocker sang und Pete Townshend von The Who auftrat, der gern nach dem letzten Akkord von »We're Not Gonna Take It« seine Gitarre zu Kleinholz schlug. Derselbe Pete Townshend, der 38 Jahre später beim großen Bulli-Fest in Hannover die Fans mit »Magic Bus« zum Siedepunkt führte.

Klar, die Hippiebewegung hatte für viele junge Menschen Impulse gesetzt, sich selbst zu verwirklichen. Und die Rahmenbedingungen dazu stimmten Ende der Sechziger-, Anfang der Siebzigerjahre! Trotz kleiner Dellen ging's wirtschaftlich aufwärts, und der »kleine Mann« war auf einmal so mobil wie nie zuvor.

Aber ein guter Cocktail hat mehrere Zutaten ... Bei uns hatte auf unpolitische Weise ein frischer Wind das Trauma der Kriegs- und die Mühsal der Nachkriegsjahre fortgepustet und uns Neugier und Optimismus unter die Flügel geblasen. Aufbruchsstimmung lag in der Luft. In die Musik der Beatles mischten sich indische Sitar-Klänge, und es war schlichtweg in, wie die Pilzköpfe im indischen Rishikesh zu meditieren. Da lag es doch auf der Hand, über Land nach Indien zu reisen ... Für uns Junge war diese Idee befreiend, die Älteren verstanden die Welt nicht mehr.

Ein paar von uns fuhren damals im Hanomag Henschel, Ford Transit, Mercedes-Kastenwagen, Land Rover, Unimog. Und der »knittrige« Citroën-Wellblechtransporter Typ H war gelegentlich auch dabei. Jedes dieser Fahrzeuge hatte mindestens zehn, fünfzehn Jahre auf dem Buckel. Die heutigen rollenden Luxusvillen mit Satellitenschüssel, Waschmaschine und integrierter Garage für den mitgeführten Zweitwagen waren jenseits jeglicher Vorstellung. Das Flaggschiff dieser in die Welt aufbrechenden Flotte war der von seinen Fahrern oft fantasievoll hergerichtete VW-Bus.

Wir fuhren mit 30 oder 34 PS (wer es sich leisten konnte, war schon mit satten 47 Pferdestärken unterwegs) in eine Welt, die noch nicht über vernetzte und im Internet sekundenschnell kontaktierbare Servicestellen verfügte. Es war eine Zeit, in der die Überlandrouten oft miserable Erd-, Sand- oder kaum passierbare Schlammpisten waren. Über die brausten wir ohne Google Maps, ohne iOverlander-App, ohne Wikipedia und WhatsApp.

Nur mit drei Michelin-Karten auf dem Schoß machten auch Juliana und ich uns auf den unbekannten Weg durch Afrika. Von dem Kontinent wussten wir kaum mehr, als was wir in den Filmaufnahmen und unterhaltsam vorgetragenen Forschungsberichten in Bernhard Grzimeks filmischem Meisterwerk »Serengeti darf nicht sterben« gesehen hatten.

Und bei fast allen von uns hatte das Abenteuer ein Happy End!

Die Bilder meines Bulli-Kaleidoskops reichen allerdings bis ins Heute. So sprach ich unlängst mit einem Mann, der mit seinem großen Erfahrungsschatz als Wüsten-Rennfahrer und Inhaber eines Rennteams dem T5 und T6 eine extreme Offroad-Tauglichkeit verleiht: Von Peter Seikel ist die Rede. Aber da ist auch »Mister California«, der im wirklichen Leben Karl-Heinz Forytta heißt: Dreißig Jahre lang legte er an maßgeblicher Stelle Hand an, damit der VW California so wurde, wie ihn heute jeder kennt. Und dann sind da auch Udo und Josef, die mit 30 PS und diesem Mix aus Wagemut und Gottvertrauen zunächst die Sahara und dann Zentralafrika durchquerten.

Yuri und La Lula, Chile

»Nichts ist unmöglich«, sagten sie sich, »schließlich fahren wir ja Bulli.«

Kurzum: Es war mir ein Vergnügen, auf Entdeckungsreise zu gehen und mich auf die Suche nach den schönsten VW-Bus-Geschichten zu machen. Natürlich mit Juliana, denn mit ihr sitze ich nahezu ein Leben lang – buchstäblich – im selben Bulli.

GOIN' MOBILE!

Wer kann schon für sich in Anspruch nehmen, dass eine riesige Fangemeinde gleich zweimal bunt und ausgelassen seinen Geburtstag feiert? Noch dazu zu unterschiedlichen Zeitpunkten.

Das bedarf einer Erklärung. Für die einen schlug seine Geburtsstunde 1947, als ein Holländer namens Ben Pon aus dem Handgelenk eine Skizze in sein Notizbuch hinwarf, die mit etwas Fantasie auch als Buckel einer Schildkröte durchgehen kann, in Wirklichkeit aber die Vision des ersten Bullis war. Wir werden Ben Pon in diesem Buch noch begegnen. Denn wer weiß, ob es ohne ihn den VW-Bus in der weltbekannten Form überhaupt geben würde ...

Das zweite Geburtsdatum ist schon verlässlicher, weil historisch belegt: der 8. März 1950. An diesem Tag verließ der erste Volkswagen Transporter das Werk in Wolfsburg. Siebzig Jahre ist er jetzt alt. Jeder andere wäre längst in Rente, aber der Bulli läuft und läuft und läuft.

Feste soll man bekanntlich feiern, wie sie fallen. Und so sind wir natürlich mit Vergnügen immer bei beiden Geburtstagen dabei. Auch als Volkswagen Nutzfahrzeuge (VWN) Anfang Oktober 2007 das Scheckbuch zückte und unter Federführung von Harald Schomburg, dem damaligen Vorstand für Vertrieb und Marketing, der 60. Geburtstag (also die Geburt der Idee!) auf dem Messegelände in Hannover gefeiert wurde. Eine Riesensause, bei der auch Juliana und ich bei vielen Shows und Interviews mitmischten!

Mit 5000 angerollten VW-Bussen und 71 000 Besuchern war es das erste vom Werk veranstaltete Bulli-Festival der Superlative. Als größte ausländische Gruppe waren die Niederländer mit 200 Bussen vertreten. Auch aus Großbritannien kamen mehrere Dutzend Bullis. Deren Anblick war oft gewöhnungsbedürftig, weil im *Ratlook*: »Rostlaube« würde manch einer dazu sagen. Aber das stimmt nur auf den ersten Blick, denn die Optik dieser »Ratten« ist so gewollt, als Abgrenzung zum »Normalen«. Oft sind die Wagen zudem so tief gelegt, dass die Stoßstangen über den Asphalt kratzen. Dafür punkten sie aber auch schon mal mit Porschemotor und Scheibenbremsen.

The Who

Am Abend des 6. Oktober 2007 zog die Kultband The Who, die schon rockte, als in Hannover noch der T1 vom Band lief, bei den Titeln »My Generation« und »Going Mobile« alle Register. Passt doch! Auch dies ein Meilenstein in der VW-Bus-Geschichte, denn seitdem nimmt man den Bulli stärker wahr denn je: Bulli ist Aufbruchsstimmung, Freiheit, Lebensgefühl – und spätestens seit 2007 ist er auch Kult!

Folgerichtig wurde der 70. Geburtstag der Idee zehn Jahre später, also 2017, mit 20 000 Bulli-Fans aus 18 europäischen Ländern bei einer großen Open-Air-Party auf dem Werksgelände von Volkswagen Nutzfahrzeuge in Hannover gefeiert.

Aber nun mal Hand aufs Herz und ganz ehrlich: Wer käme ernsthaft auf den Gedanken, den Geburtstag seines Kindes am Tag von dessen Zeugung zu feiern – keiner. Und so feierten wir am 8. März 2020, dem Tag der ersten Serienfertigung im Werk Wolfsburg, erneut den 70. Bulli-Geburtstag. Wir lassen gern Jahr für Jahr zweimal die Korken knallen!

STECKBRIEF T1

EINE IKONE »MADE IN GERMANY« WIRD GEBOREN

Es ist einiges los im Jahr 1950:

Weinend schleicht die brasilianische Elf nach dem Finale der Fußballweltmeisterschaft vom Platz, nachdem das kleine Uruguay den Fußballgiganten mit einem 2:1 auf den zweiten Platz geschossen hat.

In Südafrika zeigt derweil die Apartheid grimmige Züge: Die Trennung der Siedlungsgebiete von Schwarzen und Weißen wird beschlossen.

In Westdeutschland werden Nachrichten und Schlager ab jetzt auch auf Ultrakurzwelle gesendet. Man kann René Carols Schnulze »Rote Rosen, rote Lippen, roter Wein« ab sofort also auch auf UKW hören. Ich, der es in diesem Jahr schon schaffe, über die Tischkante zu blicken, finde den Song der Kilima Hawaiians viel besser, »Es hängt ein Pferdehalfter an der Wand«: Dieser Ohrwurm der Fünfzigerjahre beflügelte meine Fantasie – Wilder Westen, da musste ich einfach hin! Und dann erblicken in diesem Jahr 1950 einige reizende Babys das Licht der Welt, von denen unter anderem die Skifahrerin Rosi Mittermaier und der Moderator Thomas Gottschalk die Bundesdeutschen vor die bald in allen Haushalten vertretenen Fernseher locken werden.

Ein Datum dieses Jahres interessiert mich aber ganz besonders, der 8. März 1950: In Wolfsburg geht der Volkswagen

Transporter, im Fachjargon T1, in Produktion. Was allerdings für den Starttag nicht mehr und nicht weniger als zwei fertiggestellte Transporter bedeutet. Das eine Auto findet Verwendung für hausinterne Aufgaben, das andere geht an einen Kölner Volkswagenhändler. Die Anfänge sind bescheiden.

Schauen wir an dieser Stelle kurz zur deutsch-holländischen Grenze, denn dort, in Rammelbeek bei Denekamp, waren bereits am 13. März 1947 die ersten neun VW-Käfer, von Wolfsburg kommend, über die Grenze gerollt. Ihr Ziel: Pon's Automobielhandel, offizieller VW-Importeur für die Niederlande und gleichzeitig weltweit erster Volkswagenimporteur überhaupt.

Ben und sein Bruder Wijnand Pon hatten den ursprünglichen Betrieb in Amersfoort – 1898 als Gemischtwarenladen gegründet – von ihrem Vater übernommen und 1928 einen Automobilhandel ins Leben gerufen. 1939 – kurz vor Ausbruch des Zweiten Weltkrieges – trafen Ben und Wijnand Pon bei der Automobilausstellung in Berlin-Charlottenburg Ferdinand Porsche, der sie mit dem Import des KdF-Wagens (»Kraft durch Freude«, so hieß der Käfer bis 1945 nach der gleichnamigen NS-Organisation) in die Niederlande betrauen wollte. Der Krieg machte einen Strich durch die Pläne – bis zu jener ersten Käfer-Lieferung 1947.

Bei einem seiner Nachkriegsbesuche in Wolfsburg sieht Ben Pon den sogenannten Plattenwagen. Ein simples, funktionales Gefährt, das bei einem Schönheitswettbewerb für Autos garantiert den letzten Platz gewonnen hätte. Der Fahrer sitzt hinten über dem Motor, vor ihm die Ladefläche, das war's auch schon. Aber: Dieser Plattenwagen funktionierte bestens als Lastesel, und seine Bauteile hatten sich längst im VW-Käfer bewährt. Ben Pon zückt sein Notizbuch, und es entsteht freihändig jene Konstruktionsskizze, die ihn für die Nachwelt zum »Erfinder des Bullis« werden lässt.

Eine hübsche Geschichte, aber natürlich war damit der Transporter noch längst nicht konstruiert. Und der Erfolg hatte viele Väter. Die Vision aber war da ...

Es gelingt Ben Pon, Heinrich Nordhoff, den Generaldirektor der Volkswagen AG, zu überzeugen, dieses Auto zu bauen.

Nordhoff definiert die Eckpunkte für den Transporter: günstiger Preis, Wirtschaftlichkeit, Wendigkeit und ein großer Laderaum. 1949 präsentiert er der Öffentlichkeit vier Prototypen: zwei Kastenwagen, einen Kombi und einen Kleinbus.

Der Rest ist Geschichte!

In den Anfangstagen der Massenproduktion muss man sich in Wolfsburg erst warmlaufen; im April dieses Startjahres 1950 produzieren die Arbeiter nur zehn Transporter am Tag. Aber dann ist es, als hätte man den Stöpsel gezogen und den guten Geist aus der Flasche gelassen: Der Bulli startet durch, die Produktionszahlen steigen rasant.

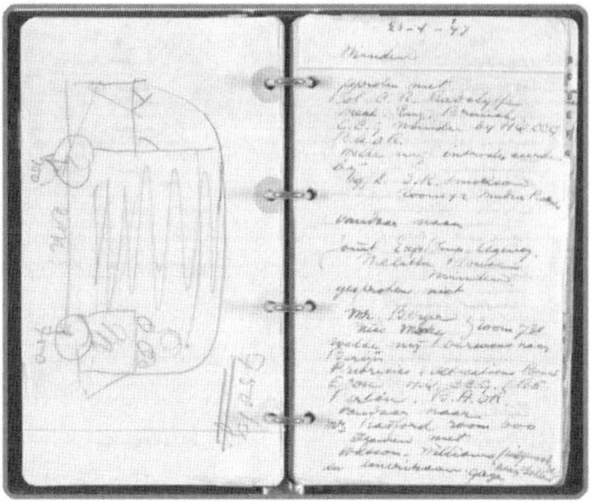

Dabei mutet er, zumindest aus heutiger Sicht, recht bescheiden an: 4,10 Meter ist er lang, der Transporter von 1950. Sein Radstand beträgt wie der des VW-Käfers 2,40 Meter. Überhaupt verdankt er viel dem Käfer, von dem auch die Achsen und der Motor übernommen werden. Mit 1131 Kubikzentimeter Hubraum, bei 18 Kilowatt (gut 24 PS) und 3300 Umdrehungen pro Minute hält sich die Leistung in Grenzen. Aber immerhin schafft es seine Tachonadel bis auf 80 Stundenkilometer. Allemal schnell genug für die Straßen im Nachkriegsdeutschland.

Der Begriff »Nutzfahrzeug« steht nicht von ungefähr in seinem Logo. Er wird in den kommenden Jahren die Trümmer und den Schutt des Krieges, Mauersteine und Mörtel für den Wiederaufbau, aber auch Brötchen, Zigarren, Zeitungen und Bierkisten, also einfach alles abfahren und anliefern, was im Nachkriegseuropa von Bedeutung ist. Immerhin darf er bei einem Leergewicht von 990 Kilo stattliche 750 Kilo Nutzlast buckeln. Das soll dem Tausendsassa erst mal einer nach-

machen. Und mit 5850 Mark ist er erschwinglich. In den ersten Produktionsmonaten ist er wahlweise grundiert oder in blauer Farbe und auch nur als Kastenwagen zu erhalten. Doch nur einige Monate später wird das Modellprogramm um VW-Bus und Kombi ergänzt. Am Ende des Jahres 1950 blickt Volkswagen schon auf 8059 gefertigte T1 zurück.

Die Verkaufszahlen schießen in die Höhe: Vier Jahre nach der Premiere läuft in Wolfsburg der 100 000. Transporter vom Band. 1962 sind es bereits eine Million. Als 1967 der Modellwechsel vom T1 auf den T2 erfolgt, hat VWN insgesamt 1,82 Millionen Transporter des ersten Typs (T1) verkauft.

Er war der zuverlässige Lastesel des Wirtschaftswunders und damit Teil der deutschen Erfolgsgeschichte nach 1945. Danke, Bulli!

Bevor er aber Ende der Sechziger-, Anfang der Siebzigerjahre zum Standardoutfit der Hippiegeneration gehört, hat er bereits rasante Entwicklungsschritte – eher Riesensprünge – in andere Richtungen vollzogen:

Schon 1951 wird der Samba-Bus vorgestellt, ausschließlich für Personenbeförderung konzipiert, mit Zweifarblackierung und reichlich Chrom. »25 Fenster und ein Schiebedach«, wirbt

Volkswagen. Über den Daumen: pro PS ein Fenster. Ein Novum! Seit der ersten Stunde ist der Samba ein Hingucker. Und heute ist er, als gut erhaltenes Sammlerstück, für Otto Normalverbraucher fast unbezahlbar …

Im Jahr 1952 erfolgt eine weitere Weichenstellung: Jemand bestellt eine bescheidene Wohneinrichtung für seinen VW-Transporter. Ein Input, der bald schon in der »Campingbox« weiterlebt. Aber wir reden nicht von einem Massengeschäft, Anfang der Fünfzigerjahre hat man andere Sorgen, als sich mit mobiler Freizeit zu beschäftigen. Doch die Idee fällt auf fruchtbaren Boden. Sie ist der Wegbereiter zum »VW-Campingwagen« mit der Westfalia-Einrichtung und nicht zuletzt die Vorlage für den schicken VW California von heute.

Volkswagen Nutzfahrzeuge drängt nun auch auf den internationalen Markt. Rund drei Jahre nach der Geburtsstunde des Bullis wird am 23. März 1953 Volkswagen do Brazil S.A. bei São Paulo gegründet. Weitere drei Jahre später entsteht Volkswagen of South Africa PTY.

In diesem Jahr 1956 wird auch das neue Transporterwerk in Hannover fertiggestellt. Von Hannover-Stöcken, verkehrsmäßig günstig nahe dem Kreuz der Nord-Süd- und Ost-West-Autobahnen und dem Mittellandkanal gelegen, gehen die VW-Bullis in alle Welt. Vor allem in die USA, wo später beim T2-Camper ein regelrechtes Bulli-Fieber diagnostiziert wird.

SO FÜHLT SICH FREIHEIT AN: MEIN ERSTER VW-BUS

Meine Geschichte beginnt zu einer Zeit, als mancher unter Autotuning verstand, die Weißwandreifen seines Wagens auf Hochglanz zu polieren. Man hängte sich ein Fuchsschwanz-Imitat an die Antenne und schraubte – schier unglaublich – an den rechten Kotflügel Bordsteintaster, die wie Schnurrbarthaare eines Katers aussahen. Wer genug Geld in der Tasche hatte, verwöhnte sein Auto mit ein paar Zusatzscheinwerfern von Bosch. Unter meinen versierten Kumpels fachsimpelte man über den negativen Sturz der Hinterachse und darüber, wie man beim Abarth-Tuning seinem kleinen Auspuff den Sound klanggewaltiger Fanfaren verpassen könnte. Das fand ich zwar ganz spannend, aber eigentlich war es nicht mein Ding.

Mein Interesse galt eher dem Fahrzeug als Fortbewegungsmittel – um dorthin zu gelangen, wo meine Jugendträume schon längst angekommen waren. 1964, als Achtzehnjähriger, brannte ich aufs Abenteuer. Mir war klar, dass ich meinen Weg zu den aufregendsten Orten der Welt gehen würde. Ich wusste nur noch nicht, wie …

An einen Bulli dachte ich anfangs noch nicht. »Eine Nummer zu groß«, würde man wohl sagen. Stattdessen leistete ich mir ein Motorrad, eine 250er BMW. Nach ein paar Monaten erstand ich einen Steib-Seitenwagen, baute ihn an und überquerte mit dem BMW-Gespann die Alpen. Und wenn ich ins Tessin oder nach Südtirol kam, war mir, als hätte ich den Schlüssel ins Tor zur weiten Welt gesteckt. Es duftete hier anders ... nach Süden, und das war für mich damals schon »weite Welt«. Ein Stück Exotik, in das ich mich schon immer gern hineingeträumt hatte.

Im zweiten Jahr meiner Motorradreise lernte ich ein Mädchen kennen – mit dem ich seitdem durch dick und dünn gehe. Und nach einem Intermezzo mit einem VW-Käfer fanden Juliana und ich unseren Schlüssel zur Welt in einem Bulli.

Der Zeitpunkt dafür war so gut wie seit Jahrzehnten nicht. Land und Leuten ging es gut, die Wirtschaft brummte, die Jungen machten seit dem *Summer of Love* und Woodstock schon längst nicht mehr nur das, was die Alten wollten. Der Bulli war inzwischen so etwas wie der »Dienstwagen« der Hippiegeneration. Mit Flower-Power-Motiven und dem *Peace*-Zeichen. Ein Motto lautete: *Make love, not war!* Für die Älteren war das provokativ. Wir fanden es gut. Die Welt war offener, zugänglicher geworden. Vor allem in unseren Köpfen. Und so war klar, dass wir genau das Auto für dieses Abenteuer kaufen würden, das in Deutschland und vielen anderen Ländern Europas an jeder Ecke als Polizei-, Feuerwehr-, Postfahrzeug, als Baustellenkipper, Personen- oder Tiertransporter, als Getränkelieferant, Behördenfahrzeug oder Eiswagen stand. Und im Hippieparadies an der Westküste Amerikas hatte man es uns ja vorgemacht, wie gut es sich im Bulli leben lässt. Also los! Unser Ziel hatten wir klar definiert: die ganze Welt!

Überschaubare Testfahrten sollten uns durch die Sahara bringen und dann nach Indien und zurück. Danach, so spekulierte ich, wären wir fit für eine Reise rund um den Globus.

Das mag blauäugig klingen, vielleicht ein wenig vermessen. Aber wir waren schließlich jung, und eine meiner Devisen lautete: *The sky is the limit.* Nichts ist unmöglich!

Doch zunächst einmal machten wir beide uns auf die Suche nach dem richtigen Auto. Der eine VW-Bus war recht neu und demzufolge zu teuer, der andere zu abgewrackt. Eines Tages kamen wir in die Kleinstadt Springe bei Hannover. Der ortsansässige VW-Händler Albert Mensenkamp hatte seinen privaten T1 mit Wohneinrichtung inseriert. Wir trafen ihn zu Hause, sahen seinen VW-Bus, inspizierten die tolle Einrichtung und lauschten den Geschichten über die Urlaube, die er damit verbracht hatte. Das Auto war unten siegellackrot, das Oberteil beige-grau. Für mich die schönste Farbkombination, die den Bulli in seinen siebzig Lebensjahren geschmückt hat!

Man merkt's meinen Worten an: Das war Liebe auf den ersten Blick. Es gab kein Zurück. Die Westfalia-Einrichtung war aus Holz, eine SO23, wie ich erst bei den Recherchen für dieses Buch herausfand. Damals interessierten mich solche Details nicht wirklich. Wichtiger war, dass alles funktional und der Bulli technisch in Ordnung war. Sein großer, integrierter Wassertank war genau das, was uns für unsere Weltreise vorschwebte. Ohne Pumpe. Wo gibt's denn das heute noch? Wir hielten den Schlauch einfach aus der Seitentür, öffneten den kleinen Wasserhahn aus Kunststoff, und das Wasser lief. Schwerkraft ist das simple Geheimnis. Bei späteren Selbstausbauten an anderen Fahrzeugen habe ich dieses Prinzip gelegentlich übernommen. Getreu dem Motto: Technik, die man nicht hat, geht auch nicht kaputt.

Der VW-Camper war technisch tipptopp und optisch makellos. Mit rund 35 000 Kilometern Laufleistung war auch sein Herz jung. Generell sagte man damals, dass die Lebenserwartung eines VW-Motors bei rund 100 000 Kilometern läge. Also war schon beim Kauf klar, dass wir vor dem Start zur großen Reise den Motor vorsichtshalber wechseln lassen würden. Wir zahlten für den VW-Bus 5500 Mark, eine Menge Geld Ende Mai 1971.

Wir beide liebten unseren Bulli. Nach wenigen Tagen hatte er – als Hommage an sein Alter – seinen Namen weg: Methusalem.

Am 4. Juni 1971 wurde der T1 mit der Fahrgestellnummer 696 828 bei der Landeshauptstadt Hannover auf mich umgeschrieben.

Ausweislich des vor mir liegenden alten Kfz-Briefs hatte das Fahrzeug inklusive Campereinrichtung ein Leergewicht von 1300 Kilo. Das zulässige Gesamtgewicht betrug 1865 Kilo. Laut Adam Riese hatten wir legal also 565 Kilo Zuladung. Zieht man unser beider Körpergewicht von damals zusammen 130 Kilo ab, blieben letztlich 435 Kilo Zuladung. Das ist beachtlich und einiges mehr als das, was manches große Wohnmobil heute laden darf. Dennoch, an eine Situation fünf Jahre nach dem Kauf erinnere ich mich noch mit fast ungläubigem Staunen.

Schauplatz der Begebenheit ist Bangui, Hauptstadt der Zentralafrikanischen Republik:

Ein Durchkommen nach Ostafrika ist für uns wegen bürokratischer Hürden nahezu unmöglich; es bleibt nur die Obo-Piste in Richtung Sudan. Aber auf der gibt es auf rund 2500 Kilometern keinen Sprit zu kaufen. Also bunkern wir in eilig zusammengekauften Kanistern und Fässern 485 Liter Benzin und verstauen sie im Fahrzeuginnern. Allein damit überschreiten wir das zulässige Gesamtgewicht unseres Busses um runde 50 Kilo. Zähle ich Dachgepäckträger samt Staukästen, mehrere Reservereifen, Werkzeuge, Ersatzteile, Lebensmittel, Trinkwasser und die Ausrüstung für ein jahrelanges Leben *on the road* dazu, kommen wir locker auf eine Überladung von 250 Kilo.

Aber du, Bulli, hast uns all das verziehen!

Da ich manchmal die Sammelleidenschaft eines Eichhörnchens habe, grub ich dieser Tage in meinen Schätzen ein gebundenes, mit Schreibmaschine getipptes und dann vervielfältigtes Heft von einem Ehepaar Fürst aus. Herausgegeben wurde es im November 1970. Sein Titel: »Im Wagen nach Asien – Erfahrungen, Tipps, Ratschläge«.

So also sah es in der guten alten analogen Welt aus, wo auf 74 Seiten ein Erfahrungsbericht von Globetrottern für Globetrotter geschrieben worden war. Auf einem beigelegten Ergänzungsblatt vom Mai 1971 war sogar die Aktualisierung erfolgt: »Seite 27, Absatz 2: auf der Nordroute über Maschhad (Anmerkung: Iran) sind es statt 400 nur noch 150 Kilometer unbefestigte Straße.«

Wir hatten diese aktualisierte Ausgabe wahrscheinlich zum Zeitpunkt des T1-Kaufs, also im Sommer 1971, erworben. Gleich auf Seite 8 fühlten wir uns bestätigt: »Der VW-Bus gilt allgemein als ein ideales Fahrzeug für eine solche Reise.« Mut machte uns auch der Hinweis auf Seite 48, dass wir im Falle einer Panne nicht ganz hilflos sein würden: »VW hat beispielsweise an der großen Eisenhower Avenue, die zum Flugplatz (Anmerkung: Teheran) führt, eine sehr gute Kundendienst-Werkstatt. Wir wurden dort von zwei deutschen VW-Ingenieuren sehr hilfsbereit empfangen.«

»Dieses Heft ist Gold wert«, sagte ich zu Juliana, die schon begann, das Relevante für uns zu notieren, während ich weiterlas: »Aufgrund unserer Erfahrungen würden wir das nächste Mal mitnehmen: Schwarzbrot in Dosen, geräucherte Hartwurst, einige Suppen und Brühen, Maizola-Öl zum Braten.«

Wir lernten auch, dass man sich unterwegs für 4 Mark pro Person und Tag verpflegen kann. Die Auflistung der Gesamtkosten der beiden Autoren für ihre Hinreise nach Indien 1970 sah wie folgt aus: »Verpflegung, Übernachtung, Wagenservice, Souvenirs und so weiter für 2 Pers./6 Monate: ca. 4000 Mark.«

Zwei Monate nach dem Kauf unseres T1 starteten wir mit ihm unsere erste Testfahrt: durch Europa südwärts nach Marokko und dann durch die algerische Nordsahara. Über Tunesien und Italien ging es zurück nach Deutschland. Der Bulli lief ohne jeden Aussetzer!

Unsere Eltern hatten Angst um uns, als wir beide in Richtung Sahara aufbrachen. Auch mein Vater, der als 19-Jähriger gleich nach der Schlosserlehre als Soldat an der Ostfront kämpfen musste. Für ihn gab es damals kein Wenn und Aber, er *musste* von zu Hause fortziehen. Wir beide aber machten das freiwillig. Mein Vater hat nie verstanden, dass ich nicht anders konnte, als in die Welt zu ziehen, und bereit war, die Sicherheit meines Berufs als Beamter aufzugeben.

Die Entscheidung, im Bulli aufzubrechen, hatten Juliana und ich gemeinsam getroffen. Wir waren bereit, sie auch gemeinsam zu verantworten. Unsere erste »Schnuppertour« durch die Nordsahara hatte ja bestens geklappt, und wir kehrten ohne Blessuren heim. Von Italien über Österreich kommend, steuerte ich unseren VW-Bus Richtung Berchtesgaden, wo meine Eltern Urlaub machten.

»Ich muss mal für einen Moment hinter dem Busch dort verschwinden ...«, sagte Juliana. Ich fuhr zur Seite, und sie sprang raus. Es dauerte keine zwei Minuten bis sie weinend und mit den Armen rudernd zurückkam. Sie war in ein Wespennest geraten. Wir zählten später knapp ein Dutzend Wespenstiche. Ihr Gesicht glich schon bald einem Ballon – und als wir meine Eltern in ihrer Pension erreichten, führte uns der erste Weg ins Krankenhaus.

Juliana hatte viel Glück. So etwas kann sehr böse ausgehen. Ich hätte nun meinem Vater sagen können: »Siehst du – in der Sahara lief alles glatt, und ausgerechnet auf den ersten Kilometern in Deutschland passiert ein Unglück!«

Ich habe es nicht getan ...

ZWEI GREENHORNS IM BULLI AUF DEM HIPPIE TRAIL

Wir waren eine bunte Schar junger Leute, die zumeist für wenig Geld und auf sehr unterschiedliche Art und Weise reisten: Da waren solche mit oder ohne Auto, manche fuhren im öffentlichen Bus oder auf den hölzernen Sitzbänken alter Bedford Overland Trucks, die in der Regel von London in Richtung Indien oder Südafrika gestartet waren. Einige überführten auch Autos von Europa nach Persien, wie der Iran damals noch hieß. Eine gute Möglichkeit, die Welt zu sehen und gleichzeitig in Teheran beim Autoverkauf die Reisekasse aufzubessern.

Die klassische »Hippie-Route« führte von Europa über die Türkei durch Persien, Afghanistan, Pakistan nach Indien und Nepal. Das bevorzugte Fahrzeug: der Bulli. Neben Deutschen, Schweizern, Holländern und Engländern waren einige Amerikaner, Australier und Neuseeländer mit von der Partie. Darunter auch ein gewisser Tony Wheeler mit seiner jungen Frau Maureen. In London waren die beiden mit einem alten Auto gestartet, für das sie dem Verkäufer 65 britische Pfund in die Hand gedrückt hatten. In Kabul verkauften sie die alte Kiste und machten dabei noch 5 Pfund Gewinn. Anschließend reisten sie mit dem Rest ihres Ersparten nach Australien. Abgebrannt wie sie waren, ermunterten Freunde sie, einen Erfahrungsbericht über ihre Reise zu schreiben und zu veröffentlichen. Also verfassten sie »Across Asia on the Cheap«. Ihr dafür gegründeter Verlag hat seitdem 150 Millionen Bücher verkauft. Ich spreche von Lonely Planet.

Doch über den Hippie Trail werden ja nicht nur Loblieder gesungen, die vielen Gräber der jungen Drogentoten von damals sprechen Bände. Und Konflikte zwischen den Ländern, die wir durchquerten, gab es auch. Ich will nicht verhehlen, dass wir etwas beunruhigt waren, als die Nachricht von zwei in Afghanistan ermordeten Amerikanern die Runde machte. Noch wirkten der Schah von Persien (allerdings mithilfe seines berüchtigten Geheimdienstes Savak) und der afghanische König irgendwie als Stabilitätsfaktoren. Noch konnten wir Bilder sehen, die schon bald hinter dem Feuer und Rauch von Bomben für immer verblassen würden. Für uns war diese Reise vor den Umbrüchen eine besondere Lebenserfahrung, auch wenn auf dieser Bulli-Reise im Jahre 1972 nicht immer alles glatt verlief...

Zunächst verschoben wir den Reisestart um einen Tag, da aus einer Bremstrommel unseres VW-Busses merkwürdige Geräusche drangen. In einer Werkstatt wurde die Sache behoben. Tagelang goss es bei der Fahrt über die löchrigen Straßen der Ostblockländer Ungarn und Rumänien wie aus Eimern. »Verrottete Tankstellen, miserabler Service. Zu kaufen gibt es kaum etwas, stattdessen Regen, Regen, Regen!«, heißt es in unserem Tagebuch.

5. August 1972: Die Städte im kommunistischen Ostblock waren grau, desolat, unansehnlich. Alles spielte sich an diesem Tag unter tiefgrauem Himmel ab, aus dem in grauen Fäden Wasser auf eine ebenso graue Landschaft platschte. Dementsprechend war unsere Gemütsverfassung.

»Dahinten ist ein kleiner Laden. Halt mal. Ich kaufe noch schnell etwas ein.« Juliana nahm den Regenschirm und griff nach ihrer Tasche mit der Geldbörse. »Wo ist das Geld?« Sie suchte, ich suchte. Wir wurden nervös. Aber das Portemonnaie war nicht mehr da. Beim Stopp an einer Tankstelle oder bei der letzten kleinen Backstube musste der Geldbeutel aus dem Bulli gefallen sein. Über ein paar Mark hätten wir uns nicht auf-

geregt. Aber über 600 Mark schon, denn die waren darin gewesen. Ein halbes Nettomonatsgehalt! Wir fuhren 130 Kilometer im strömenden Regen zurück, stoppten immer wieder dort, wo wir meinten, ausgestiegen zu sein. Durchwühlten Pfützen mit den Händen. Nichts! Der Verlust traf uns, gefährdete aber zum Glück nicht unseren Traum von der Freiheit im Bulli auf dem Hippie Trail.

Tags darauf überquerte unser VW-Bus die Grenze nach Bulgarien. Die Grenzbeamten waren hier freundlicher als in den beiden Ländern zuvor, der Himmel klarte mit einem Mal auf, und unsere Stimmung besserte sich. Ich stoppte, als zwei Anhalter die Daumen rausstreckten: zwei Burschen aus der DDR, so alt wie wir. Eigentlich war unser Bulli schon voll, aber die beiden passten samt ihren großen Rucksäcken noch rein. Abends saßen wir auf einem Campingplatz am Lagerfeuer und plauderten. Vier junge Leute; dieselbe Kultur, dieselbe Sprache, bis vor wenigen Jahren dieselbe Nation, dieselbe Geschichte. Aber morgen würden wir unterschiedliche Wege gehen ... Ich, der ich keine Verwandtschaft in Ostdeutschland habe, hatte bislang keine Berührung mit DDR-Bürgern. Es bewegte mich, als die beiden sagten, spätestens an der Grenze zur Türkei sei ihre Reise zu Ende ...

Ich hoffe, dass die beiden nach dem »Wind of Change« und dem Mauerfall von 1989 ihren Traum von Indien doch noch live erleben konnten.

Als wir, über die Türkei und Persien kommend, die afghanische Grenze erreichten, wechselten schlagartig die Bilder: ärmliche Grenzgebäude; »die Zöllner in verwaschenen alten Rotarmisten-Uniformen«, steht in unserem Tagebuch. »Im Gebäude der Grenzbeamten ist es voll, und es stinkt. Links und rechts in der Hütte hocken ausgeflippte Europäer. Offenbar unter Drogeneinfluss: eingefallene Gesichter, lange ungepflegte

Haare, verlauste Kleidung, einer sogar ohne Hemd.« So sah unsere erste Begegnung mit einigen jener traurigen Gestalten auf dem Hippie Trail aus, die die Route nach Indien manchmal auch in Verruf brachten. Es war selbstverständlich für uns, dass Hitchhiker bei uns im Bulli willkommen waren. Aber wir nahmen sie nie über Grenzen mit. Es gab VW-Busse, die ungewollt zu Drogenkurieren wurden.

Die Bilder von Herat waren anders als alles, was wir je zuvor gesehen hatten. Eine archaische Welt. Vollverschleierte Frauen, Männer mit Turbanen, die auf Knien über die Straße rutschten, um den Kot von Pferden und Eseln als Brennmaterial zusammenzukehren. Zerlumpte Jungen, die »Limonaden« in leuchtendem Gelb, knalligem Rot oder Giftgrün in alten Cola-Flaschen verkauften. So zeigen es heute noch immer die flimmernden Bilder meines Schmalfilms. Schon beim Zoll hatte einer der Mitarbeiter versucht, uns Haschisch zu verkaufen. In den Straßen Herats wollten zehnjährige Bengel uns Hanf andrehen. Herat wirkte auf mich wie ein schläfriges, aber ungemein malerisches großes Wüstendorf. Dabei war es eine Stadt von 100 000 Einwohnern (heute sind es weit mehr als eine halbe Million). Der Autoverkehr war gering, und wenn einer der in der Mitte der Straßenkreuzung dösenden Verkehrspolizisten uns nahen sah, sprang er auf, trillerte wild auf seiner Pfeife und ruderte hektisch mit den Armen, um uns durchzuwinken.

Ankunft in Bombay, Indien

Das alles entnehme ich nicht nur unseren Aufzeichnungen, sondern auch meiner Erinnerung, denn das Afghanistan von 1972 ist in mir so präsent wie kaum ein anderes Land meiner frühen Reisen. Eine just asphaltierte Durchgangsstraße führte von Herat über Kandahar nach Kabul. Es hatte dort Überfälle auf Traveller gegeben, manche mit tödlichem Ausgang. Als unser Bulli Tage später Kabul erreichte, stand mein Entschluss fest, eine Waffe anzuschaffen. Der Tipp, wo so etwas zu kriegen sei, stammte von einem Landsmann, der schon lange auf dem Hippie Trail unterwegs war.

In jenen Tagen war das Ariana Hotel in Kabul einer von mehreren Anlaufpunkten für Overlander. Ich parkte unseren VW-Bus im Hof des Hotels neben anderen Bullis. Die Nacht war kühl, ich fror im dünnen Schlafsack, und eine Veranstaltung im Hotel hielt mich lange wach. Morgens schliefen wir länger als gewöhnlich, aßen dünnes Fladenbrot mit Schafskäse und nahmen dann ein Taxi, das uns zu dem von jenem Landsmann beschriebenen Markt brachte.

Schon immer waren die Afghanen ein kriegerisches, stolzes Volk unterschiedlicher Ethnien, das sich bereits mehrfach kolonialen Bestrebungen, vor allem Englands, aber auch Russlands, erfolgreich widersetzt hatte. Dass Kamelführer oder Schafhirten eine Waffe mit sich führten, war außerhalb der Städte unübersehbar. Mit diesem Hintergrundwissen näherten wir uns jenem Teil des Basars, in dem angeblich Waffen verkauft wurden. Als wir am dritten Laden vorbeischlenderten, sprach uns ein Afghane auf Deutsch an. Das musste der sein, den man uns empfohlen hatte. Wir traten ein, tranken ein Glas Tee und kamen anschließend zum Geschäft. Doch es dauerte zwei Tage, bis wir uns dazu durchgerungen hatten, umgerechnet 290 Mark (entspricht heute knapp 150 Euro) für eine Waffe auszugeben. Damals war das rund ein Viertel eines Monatseinkommens.

»Kommt, ich zeige euch, wie die Waffe funktioniert«, sagte der Verkäufer. Wir gingen in den Nebenraum, und er ballerte ein halbes Dutzend Kugeln in die dicke Lehmwand.

Ich hatte nach dem Kauf nicht den Eindruck, dass ich mich besser oder sicherer fühlte. Wir haben später nie wieder eine Waffe beim Reisen mit uns geführt, obwohl ich weiß, dass nicht wenige das zu ihrem persönlichen Schutz taten. Unser Kauf war auch nicht aus cowboyhafter Begeisterung für »Schießeisen« erfolgt. Er war wohlüberlegt, die Gespräche mit anderen Globetrottern hatten uns zunehmend beunruhigt. Die Sorge um unsere Sicherheit wäre vermutlich noch größer gewesen, hätten wir gewusst, was am Khyber-Pass, der Grenzregion zu Pakistan, wirklich los war. Schon immer war dieses Gebiet zwischen Afghanistan und Pakistan umkämpft. So begannen die Männer hier früh, jede Art von Metall, von der Eisenbahnschiene bis zum Schrottauto, einzuschmelzen und zur Waffenherstellung zu verwenden. Im Grenzgebiet sahen wir bis an die Zähne bewaffnete bärtige, kräftige, stolz wirkende Männer. Googelt man heute den Begriff »Khyber Pass Copy«, liest man von nachgemachten Smith-&-Wesson-Revolvern und Royal-Enfield-Gewehren, die noch immer dort hergestellt werden. Natürlich gibt es auch am Khyber-Pass gefertigte Munition. Hände weg von all dem Zeug! Man versuchte, uns zu überreden, Kugelschreiber zu kaufen, mit denen wir Kaliber-22-Geschosse abfeuern könnten. Dies waren Bilder und Eindrücke, wie sie zuvor allenfalls in meiner Fantasie bei der Lektüre von Karl-May-Schmökern aufgekommen waren.

»Ich traue meinen Augen nicht …«, sagte ich, als ich unmittelbar vor der Grenzstation zwei junge Männer mit vorgestrecktem Daumen sah. Anhalter hier in der Mitte von Nirgendwo? Ich stoppte unseren VW-Bus: Rudi und Manfred aus Altenessen fragten, ob wir sie mitnehmen könnten.

»Hinter der Grenze ist das okay«, sagte ich. Nachdem wir erfolgreich Haschisch- und Opiumhändler sowie Waffendealer abgewimmelt hatten, waren die Grenzformalitäten zügig erledigt.

Auf pakistanischer Seite stiegen die beiden Deutschen bei uns ein. »Könnt ihr uns bis Peschawar mitnehmen?« Ich nickte. Als wir in Peschawar ankamen, fragten sie, ob sie bis Islamabad, der pakistanischen Hauptstadt, bei uns bleiben könnten. Auch das war okay.

Wir lauschten ihrer Geschichte: Sie erzählten, sie seien junge Ingenieure, die nach Teheran gefahren seien, wo sie ihr Fahrzeug verkauft und danach monatelang Swimmingpools konstruiert und gebaut hätten. »Denn davon verstehen wir was.«

Wir kamen prächtig miteinander aus. So wie wir wollten die beiden von Haschisch nichts wissen. Ein kaltes Bier wäre uns allen aber ganz lieb gewesen.

»Das Hotel da drüben sieht aus, als hätte es eine Bar«, meinte Rudi und wies mit der Hand auf das sehr gepflegte Hotel im britischen Kolonialstil.

Wir hielten auf dem Parkplatz, verriegelten unseren Bus und gingen hinein. Schick war es auch drinnen, wenn auch plüschig und ein wenig altmodisch. Aber das 5-Sterne-Niveau spürte man überall. Wir setzten uns ins Restaurant, der Ober kam, wir bestellten für jeden ein Bier. Sein Zögern war kaum wahrnehmbar ... Kurz darauf kam er mit einem Tablett zurück und stellte vor jeden von uns eine Teetasse. Wir machten große Augen, als er aus einer geblümten Porzellankanne eine Flüssigkeit in unsere Tassen goss, die garantiert kein Tee war. Es gelang uns kaum, den aufkommenden Lachanfall zu unterdrücken – Bier wurde in der Islamischen Republik Pakistan als Tee getarnt ausgeschenkt!

Westlich der indischen Stadt Amritsar, in der der goldene Tempel der Sikhs steht, lenkte ich unseren rot-weißen T1 auf die Straße nach Kaschmir. Rudi und Manfred fuhren wie selbstverständlich mit. Da sie knapp bei Kasse waren, zahlten sie auch kein anteiliges Spritgeld. Und als Manfred später Geburtstag hatte, backte Juliana ihm Kuchen und richtete eine kleine Geburtstagsfeier aus.

Wie eine Oase im Himalaja, so habe ich Srinagar, die Sommerhauptstadt Kaschmirs, in Erinnerung. Das Herzstück dieses Idylls ist der Dal Lake, auf dessen stillem Wasser die hübsch bemalten und überdachten Paddelboote der Händler dahinglitten. Sie hielten an den zahlreichen Hausbooten, um ihre Waren anzupreisen. Aber was für Hausboote! Das waren große schwimmende Paläste, geschmackvoll drinnen und draußen

mit kunstvollem Schnitzwerk versehen.

Wir fanden einen sicheren Platz für unseren Bulli und zogen in eins dieser Hausboote. Ein Händler kam, um uns jene für die Hippiezeit typischen bestickten Hemden zu nähen. Ein anderer fertigte Juliana in Handarbeit eine maßgeschneiderte Wildlederjacke an (die sie heute noch besitzt). Kaschmiris sind begnadete Handarbeiter.

Nachdem wir eine Woche lang mit Pferden durch die schroffe Bergwelt des Himalaja in Richtung pakistanische Grenze geritten waren und dem Nanga Parbat in der Ferne zugewinkt hatten, setzten wir uns erneut in unseren Bulli und fuhren über Neu-Delhi in Richtung Benares (heute Varanasi), der heiligen Stadt am Ganges. Wie immer hatten wir vier eine gute Zeit miteinander. Der Gesprächsstoff ging nie aus, und es wurde viel gelacht. Wie immer hatte Juliana an diesem Abend das Essen auf dem kleinen Kocher unseres Bullis zubereitet und die beiden dazu eingeladen.

Es war dämmrig; von einem Park unweit des Hotels, auf dessen Hof wir im VW-Bus übernachteten, hörten wir Musik. »Gehen wir doch mal rüber und sehen, was los ist!«, sagten wir. Rudi begleitete uns. Manfred meinte, er fühle sich nicht gut, und blieb zurück. Ich verschloss die Türen unseres Bullis, und wir gingen los.

Nach einer Stunde waren wir zurück. In der Zwischenzeit hatte Manfred die Seitentüren unseres T1 aufgebrochen, das Innere durchwühlt und unsere komplette Kameraausrüstung mit den teuersten Wertsachen vor dem Bulli gestapelt. Die von ihm bestellte Rikscha wartete bereits an der Hotelpforte auf den Abtransport unserer Sachen. Als Manfred uns kommen sah, ließ er das Gros der Sachen zurück und kletterte blitzschnell aufs Hoteldach, sprang in den dahinterliegenden Park und verschwand. Er hatte einen überschaubaren Geldbetrag, ein Fernglas und die in Kabul gekaufte Pistole gestohlen! Ich war froh, sie los zu sein. Manfred verschwand in dieser Nacht auch aus unserem Leben. Nicht aber aus meiner Erinnerung.

Einige Tage später trennten wir uns auch von Rudi. Irgendwie fanden er und Manfred in Indien wieder zueinander, hörte ich später. Zurück in Deutschland, telefonierte ich mit Rudi und erfuhr auch, dass die beiden von Beruf nicht Ingenieure, sondern Bierwagenfahrer waren. Ich fragte ihn: »Hat Manfred seinen Aussetzer bedauert?« Rudi schwieg einen Moment und meinte dann: »Nein, er sagte nur: Schade, wärt ihr fünf Minuten später gekommen, wäre ich mit den Sachen aus dem Bulli über alle Berge gewesen.«

In unserem gesamten Traveller-Leben – weder zuvor noch danach – hat mich nie etwas so tief getroffen wie dieser Vertrauensbruch. Ich könnte nun für alle Zukunft misstrauisch sein und nie wieder Anhalter in mein Auto einsteigen lassen. Aber nein! Ich nehme auch heute noch gern Menschen auf. Nur in einem kleinen Winkel meines Herzens blieb ein Rest Bitterkeit zurück.

Nach einem Monat zu viert verließen Juliana und ich die Ganges-Ebene und fuhren zum ersten Mal in unserem Leben nach Kathmandu. Danach bummelten wir über den berühmten Hippie-Strand von Goa. Viele andere mit VW-Bussen hatten sich hier versammelt und unter Palmen ihre Aussteiger-Camps aufgeschlagen. Gern wären wir länger geblieben, doch das ging nicht. Wir mussten zurück an unsere Arbeitsplätze. Ohne nennenswerte Probleme brachte unser VW-Bus uns zurück nach Deutschland.

Die Monate der Freiheit und Unbeschwertheit im Bulli hatten Juliana und mich noch enger zusammengeschweißt. »Das kann's nicht gewesen sein …«, sagte ich mir. Ich hatte Blut geleckt!

Etwas war mit mir auf dieser Reise geschehen; kaum daheim, träumte ich mich in das nächste Abenteuer hinein.

Ich sprach mit Juliana. Sie würde meine Pläne mittragen. Wir fühlten uns als starkes Team, was Juliana gelegentlich so beschreibt: »Dieter ist der Motor, und ich bin die Bremse.« Bis heute steht diese Aussage. Gut so. Denn jeder weiß, wohin die Reise mit einem Auto ohne Bremse führt.

Der Bulli und wir hatten beide Testfahrten bestanden: die durch die Nordsahara und jene auf dem Hippie Trail.

Die nächste große Reise sollte uns durch alle Kontinente und um die ganze Welt bis nach Alaska, den Höhepunkt meiner Träume, führen – ein Großteil der Strecke im Bulli. Ein mutiges Vorhaben in jenem Frühjahr 1973, als ich mit der Planung begann.

»In zwei Jahren können wir die Reise beginnen. Also im Frühjahr 1975«, sagte ich. Ich wäre dann 29, Juliana knapp 26 Jahre alt. Wann, wenn nicht jetzt? Juliana war einverstanden. Wir hatten etwas Erspartes, und zwei Jahre lang würden wir jeden überschüssigen Groschen auf die hohe Kante legen. Unser Bulli war in einem Topzustand. Wir würden ihm vorsichtshalber einen neuen Motor spendieren, zum Schutz des Lenkgetriebes sollte er dort eine robuste Gleitkufe erhalten. Die Westfalia-Einrichtung bot alles, was wir im mobilen Zuhause benötigten, und der zweiflammige Spirituskocher war die Plattform für viele leckere Mahlzeiten *on the road*. Mehr brauchten wir nicht.

Wir hatten schließlich uns – und nichts weniger als die ganze Welt!

OPA, HUGO UND METHUSALEM WOLLEN DURCH AFRIKA ...

»Das Leben schreibt die schönsten Geschichten, du brauchst sie nur zu sammeln.« Dieser Satz ging mir durch den Kopf, als ich schmunzelnd die von mir aufgezeichneten Erlebnisse dreier Bulli-Teams betrachtete und zusammenfügte.

Alle drei Bullis brachen im Jahr 1975 auf. Alle drei hatten dasselbe Etappenziel, das sie allerdings auf verschiedenen Routen und sehr unterschiedliche Art und Weise erreichten: Bangui, die Hauptstadt der Zentralafrikanischen Republik. Bis dahin hielten alle durch: Opa, ein mausgrauer T1 mit 30 PS von 1960, gefolgt von unserem rot-weißen T1 Methusalem, ein Jahr jünger als Opa, dessen 34 PS uns nach Kapstadt bringen sollten. Hugo, gegenüber den beiden anderen das Nesthäkchen, war ein blau-weißer T2 mit stolzen 44 PS.

Während Opa und Hugo sich gemeinsam von Deutschland bis zur Mitte Afrikas durchschlugen – wo sich ihre Wege trennten –, fanden Methusalem und Opa dort ihren ersten Berührungspunkt und sollten von da an Seite an Seite bis Südafrika durchhalten. Das klingt nicht nur verrückt, das war es auch! Und die drei Bulli-Crews, Udo und Josef (Opa), Hans-Peter (Hugo) sowie Juliana und ich (Methusalem), trafen sich kurz vor dem 70. Bulli-Geburtstag mit vielen Dias von damals und einigen Gläsern Rotwein, um ihre Erinnerungen zu feiern.

Wer das für Seemannsgarn von Landratten hält, dem sei versichert, diese Geschichte ist wahr.

HANS-PETER BOLDT ODER DIE LEICHTIGKEIT DES SEINS …

Ich fand schnell zu dieser Überschrift, als ich meine Notizen über das Gespräch mit Hans-Peter las. Wer seinen alten T2 bravourös durch Afrika lenkt, obwohl der TÜV dem Bulli aufgrund technischer Macken keine Überlebenschancen eingeräumt hatte, und dann im tiefsten Afrika noch 2000 Mark für diese Schrottlaube kassiert, der kann nur ein Glückspilz sein!

1950 in Ahrensburg bei Hamburg geboren, zieht Hans-Peter mit seinen Eltern nach Wiesbaden, wo er Udo und Josef (also die spätere Besatzung von Opa) kennenlernt. Doch auch der Aufenthalt dort währt nicht lange, denn mit achtzehn geht er nach Berlin: »Bin bis heute hier hängen geblieben«, sagt er, als wir uns bei ihm zu Hause treffen.

Die Lust auf die weite Welt steckt Hans-Peter im Blut. Gleich nach dem Abitur beantragt er ein Seemannsbuch und verdient auf Kreuzfahrten nach Norwegen als Messesteward sein erstes Geld: bescheidene 2 Mark am Tag.

»Ich weiß noch, wie ich am ersten Tag mit meiner Gitarre unterm Arm an Bord kam. Die anderen Besatzungsmitglieder haben sich totgelacht: ›Weißt du eigentlich, wo du hier bist?! Du wohnst neben dem Maschinenraum, da ist es immer 35 Grad heiß. Und du siehst da kein Tageslicht. Ausgang kriegst du auch nicht, da kommen erst mal die anderen dran. Privilegien erarbeitet man sich!‹ Mit meiner Seefahrerromantik war es schnell vorbei.«

Auf den Bulli-Trip kam er Anfang der Siebzigerjahre bei einem Besuch seiner alten Kumpels in Wiesbaden: »Mit Udo, Josef und Ingo, einem weiteren gemeinsamen Freund, heckte ich bei einigen Bierchen den Plan aus, in zwei Jahren – also 1973 – mit einem VW-Bus nach Indien aufzubrechen. ›Egal, was kommt!‹, erklärte ich.

Als Student hatte ich fast kein Geld. Aber ich hatte Ideen. Also nannte ich das, was wir vorhatten, ›Expedition Asien-Afrika‹, gestaltete entsprechende Briefbögen mit schicken Logos und schrieb Firmen mit der Bitte um Sponsoring an: ›Wir testen unterwegs Ihre Erzeugnisse‹, schrieb ich, ›und stellen davon Bilder für die Produktwerbung zur Verfügung.‹ Es klappte. Zum Schluss war die Garage meiner Eltern voller Fertiggericht-Dosen, Haferflocken und vielem mehr. Mehr jedenfalls, als überhaupt in den T2 hineinpasste. Was übrig war, verkaufte ich, stockte so noch mehr Startkapital auf.«

»Wie würdest du deinen T2 von damals beschreiben?«, frage ich.

Hans-Peter lacht: »Ein uraltes Schrottfahrzeug! Mit selbst gebastelter Einrichtung und riesigem Dachgepäckträger. Erst nachdem mir meine Wiesbadener Freunde Josef und Udo geholfen hatten, Hugo technisch fit zu machen, wagte ich mich mit Ingo im Bulli nach Indien. Es sollte die übliche Route über Istanbul, Teheran und Kabul sein.«

Die Lust aufs klassische Abenteuer war ihre Motivation: Zwar hatten sie im Pudding Shop in Istanbul jede Menge Kiffer gesehen, doch mithilfe von Hanf auf Wolke sieben zu fliegen war nicht ihr Ding.

»Aber in Afghanistan wurden wir dann doch neugierig und meinten, man müsste das mal ausprobieren. Aber beide hatten wir ziemlichen Schiss. Da Ingo Raucher war, musste er dann das recht stark qualmende Zeug rauchen, und ich schob Wache, damit wir nicht ausgeraubt würden … Ingo musste mir erzählen, wie er sich fühlte. Als Messlatte nahmen wir das Bier-Barometer: Während Ingo rauchte, hat er mir seine Höhenflüge wie folgt erklärt: ›So, jetzt fühle ich mich wie beim dritten Bier …‹ Nach einer Weile: ›Jetzt wie beim fünften …‹ Als Ingo auf dieser Messlatte Bier Nummer acht erreichte, faselte er nur noch wirres Zeug. Es war das erste und letzte Mal, dass er Hanf ausprobiert hat.«

Ihr blau-weißer Bulli erreichte Indien und kam auch wieder heil mit ihnen zurück.

OHNE TÜV DURCH AFRIKA

Nach diesem Abenteuer fühlten Hans-Peter und Ingo sich fit für Afrika. Auf dem Hippie Trail hatten sie Jürgen, genannt Pille, kennengelernt, der gern bei der Afrikareise mit von der Partie sein wollte. Platzmäßig würden sie das im Bulli hinkriegen.

»Es war geplant, dass Udo und Josef uns in einem Zweitfahrzeug begleiten würden.« Hans-Peter lacht. »Wir mit 44 PS! Da fühlten wir uns gegenüber dem Bulli der beiden mit dürftigen 30 PS schon mächtig überlegen! Aber Josef hatte als Kfz-Mechaniker natürlich ihren eigenen T1 Bulli tipptopp überholt und jede Menge Ersatzteile inklusive Ersatzmotor an Bord. Als er den Zustand unseres Autos sah, schlug er die Hände über dem Kopf zusammen. Ich beruhigte ihn: ›Ich geh da mal locker ran. Ich habe den Plan, Südafrika zu erreichen. Und da werde ich hinkommen. Notfalls geht's mit dem Rucksack weiter!‹«

Südafrika war für Hans-Peter wegen der Reisefinanzierung wichtig: »Dieses Mal nannte ich es nicht ›Expedition‹, sondern ›Anreise zu einem technischen Pflichtpraktikum‹. Dieses Praktikum hatte ich mir in Südafrika besorgt und den Flug dafür bezahlt bekommen. Sogar mit Lufthansa. Das Ticket war viel Geld wert. Da dachte ich mir, du nimmst nicht den Flug, sondern fährst mit dem VW-Bus. Lässt dir aber das Geld für den Flug ausbezahlen. Als ich meine Idee den Leuten vortrug, die darüber zu entscheiden hatten, wussten die zunächst mal gar nichts damit anzufangen. Letztlich aber hat's geklappt. Damit finanzierte ich einen Teil der Reise.«

Da der T2 aufgrund seiner technischen Macken nicht mehr durch den TÜV gekommen wäre, aber Hans-Peter ihn allemal fit genug für Afrika fand, ließ er ihn in Deutschland quasi »ausmustern«. Im Amtsdeutsch heißt das: »Das Fahrzeug scheidet aus dem Zulassungsverfahren aus. Grund: Export Afrika.« TÜV war jetzt nicht mehr nötig, und Hugo bekam ein sogenanntes Zollkennzeichen.

Es war das Jahr 1975. Hans-Peter, Ingo und Pille mit Hugo sowie ihre beiden Kumpels Udo und Josef mit Opa brachen auf – vier Monate nach Juliana und mir. Während Algerien Juliana und mir aus nicht nachvollziehbaren politischen Gründen wenige Monate zuvor die Einreise verweigert hatte, ließ man diese beiden Fahrzeuge herein. Opa und Hugo folgten damit jener Route, die damals von 80 Prozent aller Afrikareisenden befahren wurde, der sogenannten Hoggar-Route durch das Herz Algeriens. Juliana und ich hingegen mussten uns über die schwierige Mauretanische Piste quälen und kamen nur über lange, abenteuerliche Umwege nach Bangui, der Hauptstadt der Zentralafrikanischen Republik.

»Unsere Route«, erinnert sich Hans-Peter Boldt, »führte uns zunächst nach Genua, wo wir die beiden VW-Busse per Fähre nach Tunis verschifften. Von dort sollte es nach Algerien, durchs Hoggargebirge und über das algerische Wüstenkaff Tamanrasset, weiter über Niger, Nigeria und Kamerun nach Zentralafrika gehen.«

Doch bereits in der algerischen Sahara war ein Umweg nötig, weil Reisegefährte Pille ernsthaft krank geworden war. »Also lenkten wir unsere Bullis über die Grenze nach Arlit in Niger, wo es ein hochmodernes französisches Militärkrankenhaus gab. Bei bester Verpflegung erholte Pille sich im klimatisierten Krankenhauszimmer zusehends. Während wir draußen saßen, schwitzten und nichts weiter tun konnten, als zu warten und nochmals zu warten … Wir wurden immer nervöser. Ihm ging's schon viel besser, aber er machte keine Anstalten zu gehen. Ich glaube, ohne unseren Druck wäre er noch viel länger im Krankenhaus geblieben. Klar … bei Vollverpflegung in klimatisierter Umgebung!«

Im Opa-Team war inzwischen Udo schwer erkrankt, offenbar hatte ihn beim Schlafen auf dem Bulli-Dach eine Malariamücke gestochen. Durch die beiden Krankheitsfälle verloren die Bulli-Fahrer viel Zeit.

Doch Hans-Peter musste ja ein Praktikum in Südafrika antreten. So rasch es ging, fuhren sie in die Zentralafrikanische Republik.

»Die Sahara-Durchquerung hatte unserem VW-Bus übel mitgespielt. Einige Verschraubungen waren gebrochen, wodurch das Getriebe verrutscht und nicht mehr in der normalen Position war. Deswegen konnte ich nur noch die unteren drei Gänge einlegen«, erinnert sich Hans-Peter.

Udo und Tischgenosse

»Josef meinte: ›Alles lässt sich reparieren!‹ Aber ich kannte mittlerweile mein Auto wie meine Westentasche. Der T2 hätte von Grund auf überholt werden müssen ... Für mich gab es nur eins: Augen zu und durch. Mit dem Slogan ›Wir schaffen es bis Bangui!!!‹ habe ich mir selbst Mut gemacht. Es war wie das Pfeifen im Walde. Erschwerend kam hinzu, dass ich gegen Ende der Fahrt fast so viel Motoröl nachfüllen musste, wie ich Sprit tankte ... Hugo war fertig mit der Welt.

Aber wir schafften es bis Bangui, stellten uns auf den Marktplatz und verkauften alles aus dem Bulli – bis auf unsere Rucksäcke und ein wenig Kleidung, die wir für die Weiterreise benötigten. Pille flog von hier zurück nach Deutschland. Ganz schnell fand sich jemand, der unseren VW-Bus kaufte. Unglaublich: Er legte umgerechnet 2000 Mark, also gut 1000 Euro, auf den Tisch. Der war richtig heiß auf den kaputten Bulli und meinte, alles – auch die Zollformalitäten mit dem *Carnet* – sei kein Problem. Nach dem Deal hatten wir gutes Startkapital für die nächste Etappe.

Aber es war ein merkwürdiges Gefühl: das erste Mal ohne unseren VW-Bus ... Allerdings stand ich etwas unter Zeitdruck. Denn ich musste ja mein Praktikum in Südafrika antreten – sonst hätte ich das vorgestreckte Geld für den Flug zurückzahlen müssen.«

Also schipperten sie eine Woche lang mit einer Kongo-Fähre zur Küste und erwischten dort einen Flug, sodass Hans-Peter

sein Praktikum in Südafrika pünktlich beginnen konnte.

»Dort arbeitete ich in einem Bergwerk und sah, wie die weißen Vorarbeiter mit den schwarzen Arbeitern umgingen ... und ich sah auch, wie die Bedingungen für die Schwarzen waren. Das war damals die üble Zeit der Apartheid. Für mich war das alles neu – und völlig unerträglich. Ich sprach mit den Verantwortlichen der GTZ, der Gesellschaft für Technische Zusammenarbeit, die mich vermittelt hatte. Im beiderseitigen Einvernehmen wurde mein Praktikum beendet, ohne dass ich das Geld für den Flug zurückzahlen musste.«

Ingo und Hans-Peter bestiegen daraufhin in Durban ein indisches Schiff, genau genommen einen Seelenverkäufer, mit dem sie einen Monat lang über die ostafrikanischen Häfen Daressalam und Mombasa bis nach Karatschi in Pakistan und weiter nach Indien fuhren.

»So sah unser Abschied von Afrika aus.«

MIT 34 PS UM DIE WELT

Der Schnitt zum alten Leben war konsequent. Damals gab es noch keine Sabbatjahre. Ich ließ mich als Regierungsamtmann und Lebenszeitbeamter entlassen, Juliana gab die Leitung eines Kindergartens auf.

Am 26. April 1975 lenkte ich unseren sturmerprobten T1-Bulli von Hannover aus nach Süden!

»Nächster Stopp Kapstadt!«, sagte ich.

Juliana hob den Daumen. »Yes, Sir!« Und beschwingt fuhren wir im Bulli in die Welt hinaus. Bei unserer Rückkehr würden wir acht Jahre älter sein. Aber das wussten wir noch nicht ...

Hans-Peter Boldt, Udo und Josef hatten an diesem 26. April 1975 nicht mal mit dem Beladen ihrer Bullis begonnen, als Juliana und ich dieses neue Kapitel unseres Lebens aufschlugen. Da wir weder über Erbonkel noch über Lottogewinne verfügten, war unser Erspartes das Fundament dieses Abenteuers. Unser einziges Zuhause war der Bulli. Vor der Zukunft – auch dem »Danach« – hatten wir keine Angst. »Irgendwie werden wir wieder Fuß fassen«, sagten wir uns.

»Sturm- und Drangzeit jetzt verwirklicht!«, titulierte die Neue Hannoversche Presse am 26. April 1975. »Ein 34-PS-starker VW-Kombi, Baujahr 1961, startet zu einer etwa dreijährigen Weltreise. [...] ›Mein Mann ist der eigentliche Motor, aber

mir macht es auch Spaß‹, sagt Frau Juliana der NHP. Mit dem siebenfach!!! bereiften Fahrzeug, Wassertanks für 100 Liter Vorrat und Kanistern für 200 Liter Benzin soll die Fahrt losgehen, deren Route erst einmal bis Afrika feststeht.«

Drei Jahre, so hatten wir es am grünen Tisch geplant. Dass es letztlich fast acht Jahre werden würden, hätte ich an diesem 26. April 1975 nicht mal zu träumen gewagt. Es war ein beschwingter Auftakt! Der einzige Wermutstropfen: Mein Vater war nicht zum Abschied erschienen.

Er verzieh nicht, dass sein Ältester beruflich alles »hingeschmissen« hatte – »nur, um auf Weltreise zu gehen«.

Obwohl wir in der Nacht vor dem Aufbruch nur zweieinhalb Stunden geschlafen hatten, hielt uns die Anspannung auch am ersten Tag *on the road* noch lange wach. Abends notierte Juliana im ersten von insgesamt 22 eng vollgeschriebenen Tagebüchern:

»Später als geplant kommen wir los. Beim Tanken klopft jemand gegen das VW-Bus-Fenster: ›Ich denke, ihr seid schon unterwegs. Hab' euch heute Morgen in der Zeitung gesehen.‹ Bei Sonnenschein verlassen wir Hannover. Langsam wird uns beiden klar, dass wir frei sind, so frei wie noch nie!« Daneben hat sie unser Startgewicht notiert: »Dieter 67 Kilo. Juliana 61 Kilo.« Damit beginnt eine Reisestatistik, die Juliana viele Jahre lang unermüdlich durchhalten wird.

Daher weiß ich auch, dass wir an diesem Tag noch für 1,70 Mark Eis schleckten und für die Übernachtung auf dem Campingplatz in Rothenburg ob der Tauber laut Statistik 6 Mark zahlten. Und wer wissen will, was wir am 29. November 1975 in Juba/Südsudan oder anderthalb Jahre später am 25. Mai 1977 in Kathmandu gekauft haben, wird es in ihrer Statistik finden.

Am 28. April lenkte ich den Bulli in Ulm auf den Betriebshof einer Firma Herrmann, bei der wir einen *Bull Bag* erwarben. Das Teil schien mir vielversprechend: Der Luftsack-Wagenheber, auch *Air Jack* genannt, wird bei einem im Schlamm versackten Bulli unter das Fahrzeug geschoben, worauf man den daran befindlichen Luftschlauch an den Auspuff anschließt. Dann tritt man kräftig aufs Gaspedal, der Hubsack füllt sich und hebt so den Bulli aus dem Schlamassel heraus. Laut Julianas Statistik legten wir in Ulm dafür 150 Mark auf den Tisch. Später im Schlamm Zentralafrikas wussten wir: Jeder einzelne Pfennig dafür hatte sich gelohnt.

Während Hans-Peter vor seiner Indienreise den T2 Hugo mit massenhaft gesponserten Dosensuppen und Köllnflocken vollgepackt hatte, verdankten wir unsere Vorräte Günter, einem großzügigen Freund aus unserem Karate-Club, der praktischerweise Lebensmittelgroßhändler war. Um Julianas Hang zur perfekten Statistik hier ein letztes Mal zu verdeutlichen: Auf zwei DIN-A4-Seiten hatte sie 64 Lebensmittelpositionen aufgelistet; von A wie Aprikosenmarmelade bis Z wie Zwieback. Darunter dreizehn Tüten Kartoffelpüree, zehn Rindfleischsuppen und sechs Dosen Würstchen. Insgesamt schleppte Bulli Methusalem 204 Einzelpositionen Lebensmittel in Richtung Afrika. Maximal 750 Kilo Zuladung hatten seine »Väter« im VW-Werk ihm 1950 bewilligt. Da war sogar noch Luft nach oben …

Drei Michelin-Landkarten mit den Nummern 153, 154 und 155 hatten wir dabei: Sie deckten Gesamtafrika ab, alle waren sehr gut, aktuell und zuverlässig. Für das Aufzählen unserer Reiseführer reichen die fünf Finger einer Hand. Darunter »Sahara. Mai's Weltführer«, erschienen im Verlag Volk und Heimat. Der Verlagsname mochte schon damals altbacken klingen, aber dieses notizbuchgroße, 91 Seiten umfassende Büchlein war authentisch und beschrieb mit knappen Worten, welche Routen durch die Sahara führen und worauf man sich bei der Fahrt einlässt. Steinzeit, mag mancher denken, weil das Lichtjahre von Google, Wikipedia und Co. entfernt scheint. Sei's drum – es funktionierte. Der Verfasser schreibt: »Die Faustformel: Benzinvorrat für 2000 Kilometer, Wasser für drei

Wochen, Lebensmittel für 15 Tage. Auf den Pisten Tanezrouft, Hoggar und Nil kann man heute mit normalen Pkws durchkommen [...] Aber nur Fahrzeuge mit hohem Radstand, so etwa der VW-Kombi beziehungsweise der VW-Bus.«

Na bitte!

Ein wenig Kopfzerbrechen bereitete uns allerdings, dass der Verfasser die Mauretanische Piste nicht in die Kategorie »VW-Bus-tauglich« eingruppiert hatte. Denn die blieb uns als einzige, um Algerien zu umgehen, wo man zu unserem Pech damals keine Individualreisenden hineinließ. Wir wussten auch, dass es die Mauretanische Piste in sich hatte – zumindest für alle, die wie wir ohne Allrad und Differenzialsperre unterwegs waren.

Die politische Landkarte Afrikas hatte zwanzig Jahre vor unserer Reise noch völlig anders ausgesehen: Den Löwenanteil hatten sich im Kolonialrausch Engländer und Franzosen unter die Nägel gerissen. Den Rest teilten sich Spanier, Italiener, Portugiesen und Belgier. Deutschland hatte bei diesem Wettlauf – relativ spät erst – Togo, Kamerun, Deutsch-Ostafrika (im Wesentlichen die heutigen Länder Tansania, Burundi und Ruanda) und Deutsch-Südwestafrika (heute Namibia) abbekommen, aber während des Ersten Weltkrieges wieder verloren.

Genau fünfzehn Jahre vor unserer Afrika-Durchquerung erlangten achtzehn Kolonien mit einem Schlag ihre Unabhängigkeit. Darunter viele der Länder, die wir auf dieser Reise durchfuhren. So verwundert es kaum, dass in manchen afrikanischen Staaten nach deren Unabhängigkeit bizarre Emporkömmlinge ihr Unwesen trieben. Einer der skurrilsten war ein ehemaliger Soldat in französischen Diensten, der spätere Kaiser Bokassa: Er hatte achtzehn Ehefrauen, schreckte nicht vor Mord und Totschlag zurück und plünderte sein bettelarmes Land für seinen aberwitzigen Lebensstil aus. Ein anderer, von dem noch im Zusammenhang mit unserer weiteren Bulli-Fahrt gen Ostafrika kurz die Rede sein wird, ist der ugandische Machthaber Idi Amin. Seine Karriere ähnelt der Bokassas: Am Anfang Soldat bei der britischen Kolonialmacht und am Ende Diktator; »Schlächter von Afrika« nannte man ihn. Vor diesem Hintergrund überrascht es nicht, dass Mitte der Siebzigerjahre vieles auf dem Schwarzen Kontinent unrund lief. Manche Grenze war für uns nur schwer zu überwinden, andere Länder ließen uns gar nicht erst herein: so etwa Angola, das nach der Unabhängigkeit ab 1975 im Bürgerkrieg versank.

Dies alles berührte uns bei unserer VW-Bus-Tour, oft sogar gefährdete es uns, und aufgrund der allgemeinen politischen Wirren mussten wir mehr als einmal ungewollt die Fahrtrichtung wechseln.

In Marokko stand Anfang Juni 1975 endgültig fest, dass man uns keine Einreisegenehmigung für Algerien erteilen würde. Also blieb nur die Mauretanische Piste. Um dort hinzukommen, durchquerten wir zunächst Spanisch-Sahara, ein riesiges Wüstengebiet, das damals noch von Madrid beansprucht wurde.

BULLI-WRACK IN DER WÜSTE: »DAS WAR SIGIS WERK«

Zwischen den beiden Wüstenorten Guelta Zemmur und Bir Moghrein fuhren wir über die Grenze nach Mauretanien, eines der ärmsten Länder der Welt und dreimal so groß wie Deutschland. Ein paar Kilometer Asphalt gab es 1975 nur nahe der Hauptstadt Nouakchott. Mit 34 PS diesen Sahara-Staat zu durchqueren würde eine harte Nuss werden. Aber wir hatten ja Sandbleche, den *Bull Bag*, Schaufeln, einen Greifzug und einiges mehr, um unseren Bulli über alle Hindernisse hinwegzubringen. Zumindest in der Theorie war alles klar ...

Nachdenklich machte uns das Skelett eines ausgeschlachteten VW-Busses, auf den irgendein Witzbold in Farbe »Das war Sigis Werk« gepinselt hatte ...

Während ich dies schreibe, liegt vor mir genau jene abgegriffene Michelin-Karte (Nr. 153) »Africa North and West«, die ich am 9. Juni 1975 in der Hand hatte, als ich mich an der mauretanischen Grenze mit einem Deutschen unterhielt, der es gerade geschafft hatte, mit seinem neuen T2-Bus, von Nouakchott kommend, durch Mauretanien nordwärts zu fahren.

Ich weiß nicht, wie unsere Reise ohne seine Tipps verlaufen wäre und welche Geschichte ich dann erzählen würde. »Die Piste zwischen F'dérik und Atar im Süden ist für einen VW-Bus nicht zu schaffen«, sagte er. »Es sei denn …«

Und er berichtete von einer gewaltigen Erzbahn, die zwischen den Eisenerzbergwerken bei Zouérat und der Hafenstadt Nouadhibou am Atlantik verkehrt.

»Folgt dieser Versorgungstrasse, und wenn es für euch im Sand partout nicht mehr weitergeht, könnt ihr es – bei extremer Vorsicht – wagen, mit dem Bulli auf dem Schienenstrang der Erzbahn zu fahren. Genau genommen also von Schwelle zu Schwelle hopsen. Aber seid vorsichtig, es gibt auf den Schienen hohe Sandverwehungen! Und wenn du da feststeckst und der Zug kommt, denk dran: Sein Bremsweg ist meist länger als der Bereich, den der Lokführer überschauen kann!«

Keine sonderlich rosigen Aussichten. Dennoch brachen wir auf, denn eine Alternative gab's nicht. Unerfreulich war, dass seit Kurzem unser Anlasser zickte: Er sprang nicht zuverlässig an.

Heute würde ich dort mit mindestens 130 PS unter der Haube reisen, ich hätte einen Allradantrieb, und mein GPS würde mir fast auf den Meter genau anzeigen, wo ich gerade bin. Selbst solch entlegene Tracks sind auf OpenStreetMap (OSM) und damit auch offline im letzten Winkel der Welt erhältlich. Seit ein paar Jahren habe ich bei Extremreisen für den Notfall sogar einen Spot Messenger, einen sogenannten GPS-Tracker dabei, mit SOS-Knopf. Drücke ich den, wird eine aufwendige Rettungsmaschinerie in Gang gesetzt. Und die Sahara könnte ich heute sogar mit Satellitentelefon durchqueren.

An all das dachte damals kein Mensch. Also waren wir vorsichtig, vertrauten unseren Sinnen und unserem Verstand, setzten behutsam einen Fuß vor den anderen und wussten dank klassischer Navigation immer, wo wir waren. Und was den Bulli betraf, verließen wir uns auf seine robuste, simple Technik und verziehen ihm seine Macken beim Anlassen.

Tagebuchnotiz vom 13. Juni:

Um 5:20 Uhr klingelt der Wecker. Beim ersten Sonnenstrahl brechen wir auf.

8:45 Uhr: Die Sonne steht bereits als weißer Ball am Himmel. Vor uns ein Meer aus Sanddünen. Als »Schreckenspiste« hatte unser Landsmann diesen Abschnitt bezeichnet. Treibsand und Dünen auf mehr als 50 Kilometern. Wir schauen noch mal auf seine Skizze und flüchten – wie von ihm angeregt – auf den Damm der Erzbahn von Zouérat nach Nouadhibou am Atlantik.

9:50 Uhr: Die Räder versinken in einer Sandverwehung auf dem Schienenstrang. Mit den Händen schaufeln wir Sand weg, um freizukommen. Plötzlich Julianas entsetzter Ausruf. Das Fernglas vor den Augen, zeigt sie auf einen Punkt am Horizont, der langsam größer wird. Der Erzzug hält auf uns zu. Und wir sitzen fest.

Ich schaufle wie wild. Juliana schiebt Sandbleche unter die Reifen. So soll das Ende unserer Weltreise nicht aussehen! Ich springe hinters Lenkrad, gebe Gas, würge aber den Motor ab. Mist! Wieder streikt der Anlasser! Schon bin ich unter dem Bulli, schließe den Anlasser kurz. Der Motor heult auf, als ich erneut Gas gebe: Räder singen, es stinkt nach Gummi. Endlich ein Ruck, und wir sind aus der Sandverwehung raus. Die fünf Lokomotiven mit 156 erzbeladenen Waggons sind schon bedrohlich nah, als ich Methusalem vom Bahndamm in den weichen Wüstensand lenke.

Es ist Freitag, der 13.! Dennoch, Glück gehabt!

Nach turbulenten Wochen in der Sahara erreichten wir den Senegal.

Nördlich von Dakar campierten wir am Strand des kleinen malerischen Küstenorts Kayar. Die wenigen Traveller, die wir hier trafen, bestätigten, was wir befürchtet hatten: Die für uns wichtigsten Transitländer Zaire (heute Kongo) und Angola waren dicht. Wie unüberwindliche Mauern standen sie zwischen uns und den ostafrikanischen Tierparadiesen, unserem

Zwischenziel. Stundenlang brütete ich über der Karte und wog ab, was möglich war ...

Systematisch schloss ich erst mal die Länder auf meiner Karte aus, die als gefährlich oder aus politischen Gründen als unpassierbar galten. Bei den übrigen suchte ich nach Namen, die meine Träume beflügelten: Timbuktu zum Beispiel. Dass es bis dorthin 2500 Kilometer auf teils schwierigen Strecken sein würden, war mir dennoch klar.

Unser Anlasserproblem konnten wir zum Glück beheben, der T1 war fit für die Weiterreise. So steuerte ich unseren Bulli eines Tages von Dakar in Richtung Tambacounda, einer Stadt im östlichen Senegal. Dort sollte es angeblich wegen fehlender Straßen die Möglichkeit geben, auf einem Güterzug nach Bamako, der Hauptstadt Malis, zu gelangen. All das wussten wir nur vom Hörensagen. Allerdings stand auf meiner Karte der kleine rote Zusatz: »Transport des voitures par le chemin de fer«. Die Sache mit dem Bulli auf dem Zug sollte also klappen ...

Gelegentlich fallen bei uns noch heute die Namen Tambacounda/Bamako. Sie stehen für tagelanges Warten darauf, dass unser Bulli auf den Zug verladen wird. Und für eine bis dahin nie zuvor erlebte tropische Hitze mit extremer Luftfeuchtigkeit.

»Morgen oder übermorgen kommt euer VW-Bus auf die Plattform. Spätestens aber überübermorgen«, vertröstete man uns.

Irgendwann waren wir drauf ... Es folgte eine Fahrt voll intensiver Eindrücke. Tagsüber schmorten wir auf winzigen Bahnhöfen in der prallen Sonne und warteten auf die Weiterfahrt. Erwachsene und Kinder bestaunten uns gleichermaßen. Nachts fuhr der Zug. Dann fühlten wir uns in unserem Bulli wie in einem 5-Sterne-Schlafwagen. Dieses Leben war herrlich. Klar, das war alles kein Honigschlecken – sondern Abenteuer pur!

Zu Hause hatten wir sechs Monate für die Afrikadurchquerung im Bulli veranschlagt. »Das ist nicht mehr zu halten«, sagte ich zu Juliana. Wir begannen uns von den daheim ausgetüftelten Zeitplänen zu verabschieden.

In der Hauptstadt Bamako verließen wir den Zug und fuhren Richtung Mopti am Niger. Atemberaubend schön waren

die großen, filigran wirkenden Moscheen mit ihrer unverwechselbaren Lehmarchitektur. In Mopti staunten wir über die unzähligen bunten Boote, die von geschäftigen Händlern be- oder entladen wurden. Nur Timbuktu erreichten wir nicht. Die Regenzeit machte uns einen Strich durch die Rechnung, wir kehrten um.

Unser Bulli lief und lief und lief ... Klar – Regen, Sand, Salz und der feuchte Wind am Meer bei Dakar hatten ihm zugesetzt. Ein Außenspiegel war durch das ständige Gerüttel abgebrochen. Irgendwo war ich beim Rückwärtssetzen im tiefen Gras gegen einen umgestürzten Baumstamm geprallt. Danach war die Stoßstange derart verschoben, dass wir die Motorraumklappe vorübergehend nicht öffnen konnten. Aber all das waren Kleinigkeiten, die wir selbst in den Griff bekamen.

Auch wenn unser Schulfranzösisch hörbar unterentwickelt war, faszinierte uns das frankofone Westafrika. Zunehmend neugierig geworden, fuhren wir durch die Elfenbeinküste und Ghana (wo man endlich wieder Englisch sprach) nach Togo. Dieses Land empfanden wir als sicher und freundlich, seine Strände waren malerisch.

Am Strand östlich der Hauptstadt Lomé bestand für uns die einzige Gefahr darin, von einer herabfallenden Kokosnuss getroffen zu werden. Wir wollten dort eine Woche campen, am Ende wurden es drei. Während dieser Zeit geschah etwas Wegweisendes: Ein alter weißer Unimog aus Berlin traf mit Jürgen und Ingrid ein. Kurz darauf ein T2-VW-Bus mit Herbert und Horst aus München. Allen war es so ergangen wie uns; das strikte »Non!« der Algerier hatte uns nach einem irre langen Umweg hier zusammengeführt. Und dann erschien noch ein grüner Unimog mit Bernd, Brigitte und ihrer Tochter Miriam, die nach Südafrika auswandern wollten. Als dann noch ein

Hanomag-Henschel mit den Schweizern Hans und Uschi eintraf, war unsere Wagenburg unter Palmen auf fünf Fahrzeuge angewachsen. Zwei davon Bullis.

Wir alle wollten nach Ostafrika: ein bunt zusammengewürfeltes Häufchen. Uns einte die Not, zwar gestrandet zu sein, aber dennoch ein in weiter Ferne liegendes Ziel erreichen zu wollen.

»Fahren wir doch gemeinsam nach Bangui!«, beschlossen wir. »Dort werden wir weitersehen.« Eine andere Alternative gab es in diesem Jahr der vielen politischen Umbrüche nicht. Und so zog der Konvoi der Globetrotter durch Nigeria und Kamerun ins Herz der Zentralafrikanischen Republik.

August 1975: Zu dem Zeitpunkt, als wir dem Donnern der Brandung am Strand von Togo lauschten, machten sich in Berlin und Wiesbaden die Crews von Opa und Hugo auf den Weg nach Süden. Auf wundersame Weise hatten Udo und Josef sowie Hans-Peter und seine beiden Mitfahrer Visa für Algerien erhalten und steuerten direkt über die Hoggar-Route auf Bangui zu. Aber davon wussten wir zu diesem Zeitpunkt nichts.

Bulli Methusalem erreichte Bangui am 8. Oktober. Zwei Tage später wurden unsere Anträge für die Einreise nach Zaire endgültig abgeschmettert. Doch wir alle hatten jetzt Plan B in der Hinterhand: Der sah vor, dass wir uns auf der sogenannten Obo-Piste bis zum Südsudan durchschlagen würden. Knapp 2500 Kilometer auf übelsten Pisten ohne jegliche Spritversorgung ... Allerdings: Auch für den Südsudan benötigten wir Visa, die nur sehr widerwillig erteilt wurden ...

DIE VERSUCHUNG

In Bangui drehte sich in diesen Tagen alles ums Weiterkommen. Wenngleich unser Camp auf der Wiese bei der evangelischen Missionsstation vor den Blicken Neugieriger geschützt war, erregten wir bei den Einheimischen doch Aufmerksamkeit. Am späten Nachmittag des 20. Oktober geschah etwas Eigenartiges: Ein Mann aus Bangui, offenbar ein Autoaufkäufer, erschien und zeigte Interesse an Hans' Wagen. »Wie viel?«, fragte er.

»Ist alles eine Frage des Geldes«, sagte Hans und nannte einen sehr hohen Preis. Er wollte ja gar nicht verkaufen. Der Mann winkte ab und kam zu mir. Ob ich unseren VW-Bus verkaufen würde?

»Ist alles eine Frage des Geldes«, wiederholte ich Hans' Worte. Natürlich hatte ich mit keinem Gedanken einen Verkauf in Erwägung gezogen. Doch es ging eine Weile so zwischen dem Autoaufkäufer und mir hin und her. Für mich ein Zeitvertreib, doch der Mann schien ernsthaft interessiert. »Wie viel?«, wiederholte er hartnäckig.

»500 000 CFA«, sagte ich lässig. Damals waren das umgerechnet 6000 Mark. Also 500 Mark mehr, als wir vor Jahren für unseren schmucken Bulli bezahlt hatten.

Der Mann dachte nach und schrieb »400 000 CFA« in den Staub auf unserem Lack. Donnerwetter, er schien wirklich ernsthaft interessiert. Dabei wollten wir den Bulli doch überhaupt nicht verkaufen! Schritt für Schritt erhöhte er sein Angebot, dann kritzelte er »500 000 CFA« auf unser Auto. Der von mir genannte Preis! Ein Batzen Geld. Plötzlich geriet ich ins Schwanken. Ich spürte, wie ernst es meinem Gegenüber war. VW-Busse schienen in Bangui beliebt und begehrt zu sein.

»Schlag ein!«, meinte Jürgen. Auch Bernd riet zum Verkauf. »So viel kriegt ihr nie wieder dafür.« Hans bot an, uns in seinem Hanomag-Henschel bis Ostafrika mitzunehmen. Es wurde für uns eine unruhige Nacht. Danach entschieden wir uns gegen diese Versuchung. Die anderen unserer Gruppe erklärten uns für verrückt.

Gegen Mittag des darauffolgenden Tages erschien der Autoaufkäufer vom Vortag erneut. Wir alle standen mit offenen Mündern da, als er eine prall mit Geldscheinen gefüllte Aktentasche öffnete: mit 500 000 CFA. Wortwörtlich zitiere ich hier meinen Tagebucheintrag vom 21. Oktober 1975: »Ich schwanke! Doch unsere Entscheidung steht fest: Nein! Hoffentlich war es keine Fehlentscheidung!«

Ich lasse meiner Fantasie freien Lauf: Was wäre wohl geschehen, hätten wir dieser unerwarteten Verlockung nicht getrotzt und den Bulli verkauft? Für den Betrag hätten wir ein zusätzliches Dreivierteljahr mit Rucksäcken durch Afrika oder Asien reisen können ... Oder wir hätten uns in Südafrika oder Australien einen neuen VW-Bus leisten können.

Eingangs bemerkte ich, dass wir unseren Bulli gut anderthalb Jahre später in Kathmandu verschenkten – also keinen Pfennig dafür bekamen ...

Doch all das, was wir in dieser langen Zeit zwischen Bangui und Kathmandu in unserem Bulli erlebten, die Begegnungen, die Schlammabenteuer in Afrika, Afghanistan und Indien, die Monate schöner Zweisamkeit, all das wäre mit keinem Geld der Welt zu erkaufen gewesen. Gut, dass wir der Versuchung in Bangui widerstanden haben!

Am Vormittag des 16. Oktober dann die gute Nachricht: Die sudanesische Botschaft erteilte uns die Einreisegenehmigung für den Südsudan. Dreizehn Personen in sechs Autos, drei davon VW-Busse, zwei Unimogs und ein Hanomag-Henschel, sollten in wenigen Tagen Richtung Ostafrika aufbrechen.

Tags darauf begann der Wettlauf um Benzinkanister und Fässer. In Bulli Methusalem bunkerten wir 485 Liter Sprit, was auch bedeutete, jeden Abend die Fässer raus- und morgens wieder reinzuhieven. Jürgen und Bernd hatten wegen ihrer extrem durstigen Unimogs das zu einem Anhänger umfunktionierte Hinterteil eines Geländefahrzeugs erworben. Dieses Monstrum, beladen

mit mehr als 2000 Liter Benzin, würden sie hinter dem Unimog herziehen …

Solch einem Ansturm waren Banguis Tankstellen nicht gewachsen: Drei zapften wir komplett leer, erst bei der vierten waren alle Behälter voll. Am Morgen des 23. Oktober setzte sich ein explosiver Konvoi von Bangui aus gen Ostafrika in Bewegung. Erst am 19. November sollten wir Juba, die Hauptstadt des Südsudans, erreichen. Knapp einen Monat lang schlugen wir uns gegen Ende der Regenzeit durch eine der ärmsten, landschaftlich wildesten und entlegensten Regionen der Erde.

Es war ein Härtetest für unsere Fahrzeuge. Dabei lernte ich, dass das nahezu durchgängige Bodenblech unter dem Bulli ihm im Schlamm phänomenale Gleitfähigkeit verleiht – ein Riesenvorteil! Dass ich die überwiegende Zeit mit Schneeketten fuhr, war dabei eine große Hilfe. Der Benzinverbrauch unseres 34-PS-Motors kletterte bei dieser Tortur gelegentlich auf 30 Liter pro 100 Kilometer. Und gab es doch mal eine Situation, in der unser Bulli nicht mehr durchkam, war der grüne Unimog zur Stelle – danke, Bernd!

So arbeiteten wir uns durch ein nahezu unberührtes Afrika vor. Da der Spritverbrauch bei allen höher war als veranschlagt,

fragte sich jeder: »Schafft es mein Fahrzeug bis zur nächsten Tankstelle in Juba?«

Jeden Tag ging bei irgendjemandem irgendetwas kaputt. Natürlich half jeder jedem. Als Folge des Fahrens in der Sahara mit niedrigem Luftdruck lösten sich bei uns die Laufflächen der Reifen. Bei Jürgens Unimog brach die Anhängerkupplung, dann die Getriebeaufhängung. Bernd hatte ein Kardanproblem. Wir improvisierten, so gut wir konnten. Alles andere – wie ausgeprägte Körperhygiene, Haarewaschen, Putzen des Wageninneren – wurde als überflüssiger Luxus abgetan.

Irgendjemand schlug vor, bei dem Ort Yei im Südsudan in Richtung Uganda abzuzweigen. Das wäre eine spürbare Abkürzung auf dem Weg nach Kenia, zudem gab es in Uganda Sprit. Gesagt, getan: Doch da wir keine Visa für das von dem Despoten Idi Amin geknechtete Land hatten, ließ man uns im Niemandsland zwischen Sudan und Uganda schmoren. Am zweiten Tag unserer Warterei tauchte ein grauer VW-Bulli auf und parkte direkt hinter uns am Straßenrand.

So lernten wir am 16. November 1975 Udo und Josef im T1 Opa kennen.

Tags darauf erschien eine hochrangige ugandische Militärdelegation unter Leitung des Distriktgouverneurs und scheuchte uns wie lästige Fliegen fort. Also zurück in den Sudan …

Mit den letzten Tropfen Sprit erreichten Methusalem und Opa Juba. Doch die Behälter der Tankstellen waren hier ebenfalls leer. Sechs Tage campierten wir neben Udo und Josef auf dem Gelände der größten Tankstelle unmittelbar vor der Zapfsäule und warteten auf den Benzinkonvoi, der von Khartum aus hierher unterwegs sein sollte …

»UNSER HÄRTETEST IM DSCHUNGEL«

Rund viereinhalb Jahrzehnte später treffen wir Udo und Josef anlässlich des 70. Bulli-Geburtstags und lassen unser großes Abenteuer Afrika Revue passieren. Ich frage Udo, was die Reise im VW-Bulli in ihm bewegt hat.

»Sie veränderte mich und hat mich bis heute geprägt – ein Meilenstein in meinem Leben! Die Erfahrungen dort machten mir klar, wie wenig Materielles wirklich lebensnotwendig ist. Ich kam von dieser oft auch entbehrungsreichen Reise zurück und erlebte gleich danach bei einer Party, wie jemand nörgelte, dass das Baguette nicht knusprig genug und der Camembert nicht durch sei. Eine beiläufige Bemerkung nur, aber doch symptomatisch: Wo wir gerade zuvor gewesen waren, gab es gar keinen Käse und nur selten Brot. Ich hatte gelernt, mit sehr viel weniger zurechtzukommen. Das hatte mich nachdenklich gemacht.«

Ich erinnere mich genau an das erste Foto, das ich an der sudanesisch-ugandischen Grenze von ihrem Bulli Opa gemacht habe. Im Vordergrund sieht man Juliana lesend im Campingstuhl neben Methusalem. Dahinter der kurz zuvor dazugekommene Opa. Zwei Benzinkanister dienten dort als

Stütze für ein darüberliegendes Brett, die Tischplatte. An der Außenseite des Bullis eine locker flatternde Plane, das Sonnensegel: Spartanischer geht's kaum. Einer der beiden »Wiesbadener«, wie wir sie anfangs nannten, kam auf uns zu und stellte sich vor: »Ich bin der Josef B. aus W. in G.« Was im Volltext heißt: Josef Britschkowski aus Wiesbaden in Germany. Bei Udo ging das deutlich flotter: »Hallo, ich bin Udo Mielke.« Kurz und bündig: Udo und Josef!

»Wer war bei euch beiden der eigentliche Motor für dieses Bulli-Abenteuer?« Mit dem ihm eigenen Humor antwortet Josef trocken: »Udo! Ich wurde getrieben!« Die beiden hatten sich bereits als Zwölfjährige in einem Vorort von Wiesbaden kennengelernt.

»Hans-Peter Boldt, mein Freund, war nach seiner Indienreise meine Inspiration für Afrika. Auch für mich war klar, dass es ein VW-Bus sein musste – allerdings hatten wir junge Burschen nur ein sehr überschaubares Budget. Josef, damals schon Kraftfahrzeugmechaniker, fand das zum Geldbeutel passende Auto. Knapp 2000 Mark legten wir auf den Tisch«, erinnert sich Udo. »Versierte Wüstenfahrer hatten uns gesagt, dass der hinten befindliche Motor zu viel Staub ansaugen und so sein Leben verkürzen würde. Deswegen verlegten wir die Luftansaugung weit nach oben. Eine gute Idee, wie sich herausstellte. Irgendwann sagten wir stolz: ›Opa ist startklar für Afrika.‹ Am Auto wurde nicht gespart. Unsere Wohneinrichtung aber war spartanisch; das Bett ein Holzgestell mit Matratze.

Der T2 unserer Freunde war uns leistungsmäßig haushoch überlegen; Hugo hatte 44 PS, Opa nur 30. Das merkten wir vor allem, als wir im algerischen Assekrem-Gebirge zu der legendären Hermitage des Pater Foucauld hochfahren wollten. Ich sage bewusst ›wollten‹, denn unser 30-PS-Bulli machte da nicht mit. Also stiegen wir beide bei Hans-Peter ein und fuhren zu fünft in seinem Auto hoch.

Manche haben es für ziemlich verrückt gehalten, mit 30 PS zu fahren«, räumt Udo ein. »Aber das Ergebnis zählt. Auch wenn unser Auto spartanisch eingerichtet war, so war unser T1 doch, was die technische Seite anbelangt, bestens aufgestellt.

In Wiesbaden war irgendwann die Idee aufgekommen, statt vieler Einzelteile einen kompletten Reservemotor mitzunehmen: Wir besorgten uns einen gebrauchten, entfernten sämtliche drum herum befindlichen Bleche, sodass nur der nackte Block mit den Zylinderköpfen übrig blieb, und verstauten ihn unter dem selbst gezimmerten Bett. Als Opa die Sahara ohne Motorschaden gemeistert hatte, verkauften wir das gute Stück in Kano im Norden Nigerias.«

DIE SAU AUF DEM DACH

Auf der Schlammstrecke von Bangui über Obo zum Südsudan hat sich auch Opa die Zähne ausgebissen. »Mit 400 Litern zusätzlichem Sprit war er eigentlich überladen«, sagt Udo. Respekt, denke ich. Während wir uns im kleinen Konvoi auf der Obo-Piste nach Osten durchgeschlagen haben, war Opa mit Udo und Josef ein Einzelgänger. »War euch dabei nicht mulmig zumute?«, will ich von Udo wissen.

»Mulmig eigentlich nicht – aber eine extrem schwierige Sache war's schon! Ich erinnere mich an einen Abschnitt von gut 100 Kilometer Länge, für den wir drei Tage brauchten. Es waren diese 400 Liter Extrasprit, die Opa dort in die Knie zwangen. Letztendlich haben wir das 200-Liter-Fass aus dem Auto rausgewuchtet und alle zehn 20-Liter-Kanister vom Dach runtergeholt. Dann rollten wir das schwere Fass den Berg hoch, unterlegten es immer wieder mit Steinen, damit es nicht zurückrollte. Das Hochrollen des Fasses war wie ein Ritual: Opa fuhr ein Stück vor, der Fahrer sprang wieder raus und half, das Fass hochzurollen, danach wurde Opa erneut vorgefahren ... So ging das Kilometer für Kilometer, Stunde für Stunde, Tag für Tag.«

»Ich konnte Opa dabei nicht schonen«, erinnert sich Josef. »Bei schleifender Kupplung und Vollgas haben wir uns aber arrangiert. Und wenn ich auf halber Höhe am Berg den Motor abgewürgt habe, ließ ich den Bulli wieder zurückrollen. Und schon war ich beim nächsten Versuch. Wieder mit schleifender Kupplung und Vollgas, bis ich irgendwann oben war. Einer

Opa in seinem Element

schob. Aber Vorsicht! Da spritzten schon mal die Steine unter den Reifen wie Geschosse nach hinten weg.«

»Ich weiß nicht mehr genau, auf welchem Streckenabschnitt es war«, sagt Udo. »Jedenfalls hörten wir plötzlich einen Schuss. Vorsichtig fuhren wir noch ein Stückchen weiter. Da sahen wir neben der Piste eine Frau mit zwei erlegten Perlhühnern im Schatten eines Baumes sitzen. Wir verhandelten mit ihr und kauften ihr ein Perlhuhn ab. Sie sprach ein paar Worte Französisch, und wir fragten, ob sie auch den Schuss gehört habe. ›Ja, das ist mein Mann, der jagt im Busch Wildschweine.‹

Spannend: Wir ließen das Auto stehen und gingen in den Busch. Natürlich machten wir Lärm, denn wir wollten ja nicht versehentlich erschossen werden. Dann trafen wir den Jäger, der gerade an Ort und Stelle eine mächtige Sau ausnahm. Wir kamen ins Gespräch und boten ihm an, die Jagdbeute in sein Dorf zu fahren. Ein Glücksfall für ihn. Wir schleppten das Wildschwein zum Bulli und hievten es auf den Dachgepäckträger. Zwar liefen rechts und links frisches Blut, Fett und Wasser am Blech runter, aber das machte Opa nichts aus. So erreichten wir das Dorf und wurden gefeiert wie die Könige.«

All das geschah, kurz bevor wir Udo und Josef an der Grenze nach Uganda begegneten und gemeinsam bis Juba im Südsudan weiterreisten.

Verschiffung unseres T1 von Südindien nach Sri Lanka, Herzklopfen inklusive ...

Bulli Methusalem erreicht nach 100 000 Kilometern Weltreise erneut Afghanistan.

Unterwegs im Hindukusch: Mit diesem T1 beginnt Gerd Brauner 1972, die Welt zu erforschen.

Raum ist in der kleinsten Hütte. In unserem T1 in Namibia: Juliana, ich und Josef.

Unsere gut gefüllte Reiseapotheke ist im Südsudan ständig im Einsatz.

Trotz seiner nur 34 PS bewährt sich Methusalem im Schlamm Äthiopiens als wahrer Kraftprotz …

Zentralafrika: »Hanglage mit Blick auf See«. Damals konnten wir gar nicht darüber lachen.

Auf gen Südsudan! Jeder Tag ist ein neues tolles Abenteuer.

Traumzeit unter Kokospalmen
am Hippie-Strand von Goa

Juliana mit unserem Weihnachtsschmuck: Heiligabend
auf der unzugänglichen Nordroute Afghanistans

Bangui, Zentralafrika: Wir bunkern 485 Liter
Sprit für 2500 Kilometer Schlammabenteuer.

Globetrotter-Camp im Hindukusch:
in der Mitte Gerd Brauners T1

»Neugier treibt mich um die Welt!«,
sagt mir Gerd. »Und das seit 50 Jahren.«

Nach haarsträubenden Schlamm-
schlachten erreichen wir die äthiopisch-
sudanesische Grenze.

Globetrotter entdecken im Bulli die Welt – zu Hause ist er der Lastesel der Wirtschaftswunderjahre.

Nach mehr als tausend Stunden Restaurierung: Beatrice und Maik in Pritsche Erna

Bulli Opa: Bravourös geht's
mit 30 PS durch den Sudan.

MOTORREPARATUR IN NAIROBI

Irgendwann traf der Tanklasterkonvoi, von Khartum kommend, in Juba ein. Unsere Autos erhielten Sprit, wenngleich rationiert, damit für die Einheimischen noch genug übrig blieb. Dann setzten wir unsere Reise fort. Unser in Lomé locker gebildeter und in Bangui fest geschlossener Konvoi begann sich aufzulösen. Doch da wir alle etwa gleich schnell fuhren, begegneten wir uns immer wieder in wechselnder Zusammensetzung. Abschnittsweise fuhren wir auch gemeinsam mit Udo und Josef. Unsere Statistik, die Methusalem zum »Plattenkönig von Afrika« erhob, mussten wir ein paar Tage nach dem Aufbruch in Juba wieder einmal korrigieren: Reifenpanne Nr. 23!

Josef (links), mein technischer Mentor

Doch es waren nicht nur unsere Reifen, die sich auflösten. Alles hatte gelitten: Bremsen, Spurstange, Lenkung; an den anderen Autos auch Blattfedern oder Stoßdämpfer, die Motoren und Getriebe, selbst die Rahmen. Ganz egal, ob das Fahrzeug ein VW-Logo oder wie die Unimogs einen Mercedes-Stern trug.

Da wir Uganda aus den erwähnten politischen Gründen umgehen mussten, fuhren wir auf Höhe der Südgrenze Äthiopiens ostwärts Richtung Lake Turkana. Die Turkana sind ein stolzes, archaisch wirkendes Volk. Aber nicht nur diese Menschen machten unsere Reise zu einer Begegnung mit einem »alten Afrika«, wie es heute kaum noch existiert. Unvergesslich sind mir die Bilder jener nackten Männer im Südsudan; zwei Meter groß, ihre tätowierten schlanken Körper ästhetisch-muskulös.

Die Gesichtszüge fein geschnitten. Sie trugen lange Speere und Schilde, wie zur Verteidigung. Doch wenn einer dieser Männer unsere Autos sah, kam es vor, dass er fortlief und sich hinter Savannenbüschen verbarg, als wollte er wachsam einem Angriff begegnen.

Am ersten Advent dieses Jahres badeten wir im Lake Turkana. Vier Tage später schweißte Josef auf einer Missionsstation bei Lodwar, dem Hauptort dieser Region, den ersten bei uns festgestellten Rahmenbruch. Danach löste sich unsere Gruppe wieder einmal auf. »Bis spätestens in Nairobi!«, sagten wir und verabredeten uns lose am Westwood Hotel, einem bei Overlandern angesagten Platz.

Es sollte mehrere Wochen dauern, bis wir Udo und Josef dort wiedersahen. Juliana und ich kampierten auf dem Platz eines Pfadfindercamps, großzügig angelegt und grün. Hier erledigten wir die tausend Dinge, die an solch zentralen Plätzen wie Nairobi anstehen: Visa besorgen, Auto putzen, Kleidung flicken. Wir verschickten Weihnachtsbriefe und sandten per Luftfracht Souvenirs nach Haus. In der offiziellen Volkswagenvertragswerkstatt wurde der ausgeschlagene Lenkungsmittelbolzen unseres Bullis ausgewechselt. Von der zuvor vom Meister angekündigten Probefahrt wollte der Mann dann aber nichts mehr wissen: »Ich habe Familie ... Das Auto ist weder fahrtüchtig noch sicher.« Womit er auf die Bremsen anspielte. Also nahm ich unser Auto ohne Probefahrt entgegen, erfuhr dabei aber auch, dass der von Josef geschweißte Rahmen erneut gebrochen sei. Es war höchste Zeit, unserem Bulli etwas Gutes zu tun!

Wir zogen auf das weitläufige Gelände am Westwood Hotel um, wo wir auf einige Freunde unseres Trans-Afrika-Konvois stießen. Bernd und Hans reparierten hier schon seit Wochen ihre Autos. Als wir uns an diesem Abend unter blühenden Jacarandabäumen mit Tusker Bier abkühlten, meinte Hans: »Eine Motorüberholung täte auch eurem VW-Bus gut.« Ich widersprach nicht. Das Problem ließ sich wie folgt auf den Punkt bringen: In Deutschland waren wir mit 34 PS gestartet und in Nairobi mit 20 PS angekommen. Der hinten angesogene Staub hatte seinen Tribut gefordert. Die Kompressionen pfiffen durch die Kolbenringe. »Die musst du unbedingt austauschen«, sagte Hans.

Ich selbst habe mich nie als »Schrauber« bezeichnet. Wenn ich Hand angelegt habe, war das eher der Not geschuldet. Josef und ich begossen an diesem Abend mit Bier seine Zusage, dass er uns bei der Motor- und Bremsenreparatur helfen würde. Wir hatten zwar das Original-VW-Werkstatthandbuch dabei, bestens bebildert und verständlich geschrieben. Doch das war trockene Theorie. Ohne Josefs »Ich helfe dir, Dieter!« hätte ich mich nie an die Sache herangetraut. Mein Lehrmeister griff mir tatkräftig unter die Arme: Unter seiner Anleitung schliffen Juliana und ich erstmals im Leben Ventile ein, wechselten Kolbenringe und bauten alles wieder zusammen. Am Heiligabend lief der Motor sogar! Was für ein Weihnachtsgeschenk!

Abends tranken wir ein Glas Wein, und angesichts dieses ungewöhnlichen Weihnachtsfestes unter Jacarandablüten wurde ich doch kurz nachdenklich: Alle, die um mich herumsaßen, hatte das Schicksal nur deswegen zusammengewürfelt, weil Algerien uns vor langer Zeit die Einreise verweigert hatte. Danach hatte eine fast unglaubliche Abfolge von Verknüpfungen zu dieser Momentaufnahme im Park des Hotels Westwood in Nairobi geführt.

Auch nur deshalb konnten wir uns rund 45 Jahre später mit Udo und Josef in Wiesbaden erneut zum Glas Wein treffen …

Udo: »Ich werde nie vergessen, wie ich Heiligabend 1975 meine Mutter in Deutschland anrief. Das erste Live-Lebenszeichen seit unserem Auf-

Udo, ich, Juliana, Josef

bruch. Sie hörte meine Stimme und brach sofort in Tränen aus: ›Du lebst, du lebst! Gott sei Dank!‹

Ich war völlig irritiert und konnte sie schließlich beruhigen. Sie sagte mir, in Wiesbaden habe das Gerücht kursiert, dass uns etwas zugestoßen sei und wir wahrscheinlich nicht mehr am Leben wären. Dass ich ausgerechnet an Heiligabend anrief, war das schönste Weihnachtsgeschenk für sie und mich.«

Man muss sich ja jene Zeiten in Erinnerung rufen. Zwar funktionierte die Kommunikation per Brief recht zuverlässig, aber im Vergleich zu heute lief alles im Schneckentempo ab. Man schrieb nach Hause, was einen bewegte. Anschließend schätzte man ab, wo man in zwei, drei Monaten sein würde, und nannte einen Ort, wohin postlagernd geantwortet werden konnte. Und erreichte man diesen Ort, steuerte man aufgeregt das General Post Office an, um nach postlagernden Postsendungen *(poste restante)* zu fragen.

Für Juliana und mich gab es auch einen Moment, in dem die Dinge unrund liefen: Am Silvesternachmittag wurde in Nairobi unser Bulli aufgebrochen. Unser Verlust: Kameras und andere Gegenstände im Wert von über 1000 Mark. Das traf uns.

Um Mitternacht holten einige unserer Reisegefährten »scharfe Kanonen« aus ihren Verstecken: einer seine Smith & Wesson Kaliber .38, der andere eine Pistole Kaliber 7,65. Und mit diesen Dingern ballerten sie in den Himmel. So begrüßten wir das Jahr 1976 ...

Tage später brachen wir gemeinsam mit Udo und Josef auf und fuhren von Kenia in Richtung Tansania. Serengeti und Masai Mara waren zwei der vielen Nationalparks, die uns faszinierten.

Udo erinnert sich: »Gemeinsam bestiegen wir vier später den Kilimandscharo. Von den Bananenplantagen unten zum Eis am Gipfel. Drei Tage hoch, einen Tag runter. Das war sportlich. Mein Tiefpunkt bei diesem Abenteuer war die Nacht des Aufbruchs von der Kibo Hut in 4700 Metern Höhe zum Gipfel. Wir starteten in aller Herrgottsfrühe. Josef und ich waren wegen der Höhe fix und fertig. Und Juliana ging es sogar richtig schlecht. Ich weiß noch genau, wie du, Dieter, unterwegs umkehrtest und Juliana zurück in den Schutz der Kibo-Hütte brachtest. Wir wussten ja nicht, dass du – nachdem du sie dort abgeliefert hattest – erneut aufbrechen würdest. Wir quälten uns weiterhin stumpf Schritt für Schritt nach oben. Und auf einmal tauchst du auf, obwohl du bei dem zweiten Start anderthalb Stunden nach uns aufgebrochen bist, und überholst uns. Ich habe gedacht, das ist ja der Wahnsinn! Unser Führer kam auf Josef und mich zu, trat uns quasi in den Hintern: ›Come on, you guys, you can't sleep here!‹ Wir rappelten uns auf und folgten dir, obwohl Josef und ich dachten, wir schaffen es nie. Und doch haben wir es gepackt. Am Uhuru Peak in 5895 Meter Höhe zu stehen und im aufgehenden Licht der Sonne auf Afrika zu schauen … das war der Hammer!«

In Johannesburg verkauften Udo und Josef ihren Opa. Derweil hatten Juliana und ich Kontakt zu Schifffahrtsagenturen aufgenommen, um Methusalem wie geplant zu unserem nächsten Reiseziel, Australien, zu verschiffen.

DIE VERRÜCKTE NACHT VON JOHANNESBURG

In Johannesburg lernten wir eine deutsche Familie kennen und genossen zu viert deren Gastfreundschaft. Inzwischen hatten Juliana und ich unsere Schmalfilme und Dias in Südafrika entwickeln lassen. Udo und Josef besaßen jetzt kein Auto mehr. Ihr Plan war, nach sechs Monaten Afrikaabenteuer entweder nach Indien oder zurück nach Deutschland zu fliegen. Doch bevor sich unsere Wege trennten, wollten wir mit unseren Fotos und Filmen in den Erinnerungen an die Afrikadurchquerung

schwelgen. Gesagt, getan. Gucken machte durstig; das Bier schmeckte, der Rotwein floss. Die Schinderei im Schlamm war vergessen, als wir im Schmalfilmbild unsere Bullis über die Leinwand hopsen sahen. Und wir berauschten uns an der Erinnerung und riefen ein ums andere Mal begeistert: »Toll! Toll! Toll!«

»Ihr Burschen seid völlig durchgeknallt«, meinte Juliana, gab mir einen Gutenachtkuss und legte sich im Bulli schlafen. Es war nach Mitternacht.

Udo erinnert sich heute an diesen Moment: »Jetzt waren wir allein, holten noch einmal all unsere fleckigen Michelin-Karten hervor, breiteten sie auf dem Boden aus und steckten die Köpfe zusammen: Dieters Kopf, Josefs Kopf und meiner. Und wir guckten, träumten, schwärmten, tranken, planten und sagten: ›Menschenskind – das kann's doch wohl nicht gewesen sein! Warum können wir nicht von Südafrika über Südwestafrika, dann durch Botswana zurück nach Ostafrika und von dort über Äthiopien nach Ägypten?! Von da ist es nur noch ein Sprung bis Deutschland.‹«

Josef nickt. »Für Udo und mich war in dieser Nacht natürlich die Frage vorrangig: Wie sollen wir das umsetzen? Wir haben ja kein Auto mehr! Aufgewühlt legten Udo und ich uns schlafen.«

Ich hatte mir die Flasche mit dem Rest Rotwein genommen und mich mit drei Landkarten an den Tisch gesetzt. Um 4.15 Uhr ging ich nach draußen zum Bulli, wo Juliana schlief. Mein Gesicht glühte vor Aufregung: »Schatz, wir wollen doch mit dem Bulli nach Australien.« Und dann sprudelte aus mir heraus, dass es doch zur Schiffsfahrt eine reizvolle Alternative gebe. Noch mal durch Afrika: über Kenia, Äthiopien, Sudan, Ägypten im Bulli bis zum Mittelmeer. »Dort knicken wir nach rechts ab Richtung Indien und Nepal. So kommen wir doch auch nach Australien.«

Verschlafen, wie sie war, sagte Juliana: »Ja, ja, mach man!«

Mit diesen Worten veränderte sich alles. In dieser Nacht machte ich mir kein Kopfzerbrechen über Nebensächlichkeiten wie den Umstand, dass dieser Umweg 60 000 Kilometer lang war und mehr als ein Jahr dauern würde.

Udo: »Die Frage war jetzt für Josef und mich: Wie kommen *wir* weiter? Ohne Opa brauchten wir eine Mitfahrgelegenheit …«

Die konnten wir mit Bulli Methusalem bieten. Gemeinsam fuhren wir nach Windhoek in Südwestafrika, durchquerten auf sandigen Pisten Botswana und rollten hinauf nach Sambia. Von dort war es im T1 nur ein Katzensprung von 2000 Kilometern bis Nairobi. Dort überholten wir – wieder mit Josefs tatkräftiger Hilfe – unseren erneut schwächelnden 34-PS-Motor.

Udo und Josef stiegen in Nairobi in den Unimog von Oskar und Karin um, die sie unterwegs kennengelernt hatten. Am 15. Juni starteten wir mit zwei Autos nordwärts Richtung Mittelmeer. Auch auf dieser Etappe reisten wir nicht jede Stunde gemeinsam. Es gab Tage, an denen wir einander überhaupt nicht sahen. Und so gerieten nur Juliana und ich auf der Moyale-Piste im Norden Kenias in eine Schießerei, wo Banditen bewaffnete Straßenarbeiter überfallen hatten. Die Arbeiter hatten ihre Munition fast verschossen und drängten jetzt samt Gewehren in unseren Bulli. Wir flüchteten mit ihnen und erreichten den äthiopischen Grenzposten in Moyale.

Zwischen Addis Abeba in Äthiopien und Khartum im Sudan durchstand unser Bulli Schlammabenteuer, die schlimmer waren als alles, was er auf der Obo-Piste durchgemacht hatte – uns aber gerade deswegen die spektakulärsten Fotos bescherten. All die auf der Obo-Piste unserem T1 zugefügten »Wehwehchen« schienen auf einmal wie weggeblasen: Unser Bulli lief und lief

und lief! Wieder fuhr ich nur mit Schneeketten. Und niemand weiß mehr, wie oft unsere Freunde Methusalem durch knietiefen Schlamm schoben ... Meine Schmalfilme und Dias aus dieser Zeit sprechen Bände ... Es waren die spannendsten, wildesten, halsbrecherischsten Episoden unseres Lebens – und deshalb sind sie unvergesslich.

Danach durchquerten wir mit unserem nach wie vor zuverlässig laufenden Bulli die Wüsten Sudans und Ägyptens. Dort verabschiedeten wir uns von unseren Reisefreunden:

»Haltet die Ohren steif, Udo und Josef! Irgendwo werden wir uns wiedersehen!«

Keiner wusste in dem Moment, wo und wann das sein würde. Unsere bisherige Reiseroute von Süd nach Nord machte jetzt einen Knick nach Osten. Im November 1976 erreichten wir Afghanistan. Im Dezember, bei Schneetreiben und Kälte, durchquerten wir dies wilde, schöne Land auf der sogenannten Nordroute, einem Militärpfad unmittelbar entlang der sowjetischen Grenze. Bei Schlamm, Schnee und Eis eine der übelsten Pisten mit nur wenigen Holzbrücken und von Militär-Lkws tief in den Boden gedrückten Fahrspuren – die natürlich viel zu breit für unseren Bulli waren …

Wir waren mit drei Fahrzeugen gestartet; mit Deutschen im Mercedes-Kastenwagen und Schweizern im Land Rover. Der Land Rover bekam technische Probleme, sein Rückwärtsgang funktionierte nicht mehr. Und so kehrten beide Teams nach einigen Tagen um. Juliana und ich krochen allein und oft im Schritttempo weiter in Richtung Masar-e Sharif. Fragen wie »Was ist, wenn der Motor verreckt …?« stellten wir nicht. Irgendwie würden wir auch das schaffen. Manches mag völlig verrückt erscheinen. Aber es war ja wie im Schlamm Zentralafrikas oder Nordäthiopiens … und damit kannten wir uns bestens aus.

Auf der Nordroute war es allerdings bitterkalt. Doch mit Schneeketten auf den Hinterreifen schaffte Methusalem auch das. Und er brachte uns beide erneut über den Khyber-Pass nach Pakistan und Indien. Seine Lenkstange brach in der Nähe von Amritsar. Wir ließen sie schweißen und fuhren nach Nepal. Nichts konnte uns aufhalten!

Nach 777 Tagen Nonstop-Abenteuern verschenkten wir unseren Bulli in Kathmandu an den Zoll.

GERD BRAUNER – »NEUGIER TREIBT MICH UM DIE WELT«

Kein Mensch hat Buch geführt, wie viele junge Menschen damals in den Siebzigern mit Bullis aufbrachen, um die Freiheit auf vier Rädern zu finden. Wir waren nicht allzu viele ... aber auch nicht ganz wenige. Gerd Brauner ist einer von uns.

»Als Junge träumte ich davon, den Petersdom in Rom und die Akropolis in Athen zu sehen. Ich wollte auf den Pyramiden stehen – und erlebte tatsächlich auf der Spitze der Cheopspyramide den Sonnenaufgang über dem Nil. Ich träumte von Timbuktu in Mali, vom Taj Mahal in Indien, von Angkor Wat in Kambodscha und Machu Picchu in Peru. Von den Steinstatuen der Osterinseln wagte ich als junger Bursche nicht mal zu träumen – im Rahmen einer mehrjährigen Südamerikareise habe ich auch sie besucht. Mein letztes großes Traumziel erreichte ich nach langer Fahrt auf der Seidenstraße: den Potala-Palast des Dalai-Lama in Tibet.«

Was Gerd sich erträumte, hat er gesehen – und noch vieles mehr. Der Bulli spielte bei seinem Aufbruch in die Welt eine zentrale Rolle.

Hätte der Beruf uns nicht zusammengeführt, wäre diese Geschichte vermutlich nie aufgeschrieben worden. Damals war er bei mir zur Ausbildung, später hat er in einem Ministerium Karriere gemacht.

Im Sommer 1971 bepackten Juliana und ich bereits unseren frisch erstandenen Bulli, um nach Marokko, Algerien und Tunesien zu fahren. Gerd und seine Frau Edelgard reisten zur gleichen Zeit ebendahin auf fast identischer Route.

Bei der Fortsetzung der Geschichte möchte man schmunzeln, denn im Jahr nach der Nordafrikatour fuhren Gerd und Edelgard im T1 nach Afghanistan. Es war dasselbe Jahr 1972, in dem Juliana und ich mit Methusalem von Deutschland über Afghanistan auf dem Hippie Trail weiter nach Indien rollten.

Doch während wir beide erst 1975 zur großen Weltreise aufbrachen, war Gerd uns hier eine Nasenlänge voraus – genau genommen um zwei Jahre ...

Mit einem T1 planten die beiden, für ein Jahr über die Türkei, den Iran, Afghanistan, Pakistan nach Indien zu reisen, um sich dann samt Auto per Schiff nach Ostafrika übersetzen zu lassen. Über Süd- und Westafrika sollte dann die Reise zurück nach Deutschland gehen.

»Würdest du heute noch mal mit einem Bulli auf große Fahrt gehen?«, frage ich Gerd.

Ein kurzes Zögern, und dann: »Ja ... doch ... Wenn es ein T1 oder T2 wäre, wäre ich noch mal dabei! Bei denen kenne ich mich aus – wenn die ins Stottern kommen, weiß ich sofort, wo ich nachsehen muss ...«

Später hat Gerd für seine Reisen auch Lkws zu geländegängigen Reisemobilen ausgebaut – allerdings fand er wieder zu einem kleineren, sehr geländetauglichen Camper zurück. »Weil ein zu großes Fahrzeug einen von der Umgebung, in der man sich bewegt, abschirmt. Vor allem von den Menschen. Die sehen dich mit deinem Monstrum und halten dich für Krösus. Das Riesenauto steht wie eine Wand zwischen den Menschen deines Reiselandes und dir. Gelegentlich trifft man heute 13 Meter lange und 23 Tonnen schwere MAN-Expeditionsfahrzeuge mit nur zwei Personen drin, dafür allerdings mit drei Ach-

sen ... Das Ganze für eine halbe Million Euro ... Auch wenn ich so was geschenkt bekäme, würde ich es nicht nutzen wollen!«

Von 1971 bis 1987 – mit einer Unterbrechung – fuhr Gerd Bullis. Davon zwei T1 und zwei T2. 200 000 Kilometer Bulli-Erfahrung also!

»Der Bulli, mit dem wir unsere einjährige Indien-Afrika-Tour unternommen haben, war ein schicker T1, Baujahr 1964 mit 34 PS.« Mit originaler Westfalia-Campingeinrichtung und seitlich aufklappbarem, weiß-rot-gestreiftem Klappdach ist er bis heute Gerds Favorit. Alles tipptopp erhalten. »Ich kaufte das Auto von einem Finanzbeamten, der sich noch entschuldigte, weil der VW-Bus nicht mehr den Originalmotor drin hatte: ›Nach 100 000 Kilometern musste ich einen Austauschmotor einbauen lassen. Der ist jetzt 800 Kilometer gelaufen.‹ Mein Herz machte bei diesen Worten Luftsprünge: Die Indien-Afrika-Reise starteten wir mit einem Topfahrzeug und praktisch brandneuem Motor.«

Ein Jahr auf Achse zu sein konnten die beiden sich gerade noch leisten. »Die Ausgaben für unsere kleine Wohnung, für Versicherungen, insbesondere Krankenversicherung, liefen natürlich während unserer Abwesenheit weiter. Neben meiner Tätigkeit als Sachbearbeiter in einer Behörde nahm ich einen Zweitjob bei einer Spedition an und belud nachts bis 23 Uhr Lkws. So kratzten wir das Geld fürs große Abenteuer zusammen.«

Dann war es so weit: »Als Aussteiger, der alles hinter sich lassen wollte, habe ich mich nie gesehen. Neugier treibt mich um die Welt.

Auf unserer ersten kurzen Reise zwei Jahre zuvor war für mich die Begegnung mit Afghanistan und seinen Menschen das Schlüsselerlebnis gewesen. Klar, das Reisen im eigenen

Bulli war auch damals nicht ungefährlich dort. Nachts zu fahren war aus Sicherheitsgründen tabu. Wir hörten mal von einem Typen, der das doch getan hatte. Plötzlich sah er Männer auf der Straße. Er versuchte, von der Straße runterzukommen, um sie zu umfahren. Da fielen Schüsse. Als er stoppte, sah er, dass es eine ganz normale Polizeikontrolle gewesen war.

Auch bei uns krachte es mal des Nachts!«, schmunzelt Gerd. »Das werde ich nie vergessen. Zwei Uhr morgens: ein Riesenknall! Mein erster Reflex: nichts wie weg, Banditen haben eine Scheibe eingeschlagen! Doch draußen war kein Mensch. Vorsichtig schlich ich mit der Taschenlampe um den VW-Bus. Nichts. Ich legte mich wieder hin, der Rest der Nacht war für mich sehr unruhig. Morgens stellte ich fest, dass unser T1 auf einer Seite bis auf die Gummianschlagspuffer herunterhing. Der nächtliche Knall war durch den plötzlichen Bruch eines Drehstabes, also der Autofederung, verursacht worden. In Afghanistan fand ich niemanden, der das reparieren konnte. Also hoppelten wir ohne nennenswerte Federung bis Maschhad im Osten Persiens. In der großen VW-Vertragswerkstatt sagte man uns, dass das Ersatzteil vorrätig sei. Als der Mechaniker mit dem Drehstab zu mir kam, sah ich gleich, dass der gut 10 Zentimeter zu lang war. Der Mann legte ihn neben das Auto und verschwand. Ich dachte, er hole den passenden Drehstab. Stattdessen kam er mit einem Vorschlaghammer zurück, mit dem er den falschen Drehstab ›passend machen‹ wollte. Zum Glück konnte ich das verhindern ... Das richtige Ersatzteil wurde nach einiger Zeit gefunden, und unserer Weiterfahrt stand nichts mehr im Wege«, erinnert sich Gerd.

Bei beiden Besuchen Afghanistans war die Fahrt im Bulli über den Hindukusch ins Bamiyan-Tal das bis heute unvergessene Highlight. »Ich stand oft im ausgehöhlten Felsen auf dem riesigen Kopf der Buddha-Statue und schaute in das darunterliegende Tal ... Als 2001 die Taliban diese Buddha-Statue sprengten, stiegen mir die Tränen in die Augen.«

»Ich habe mich beim Reisen nie gern durch allzu viel Vorausplanung eingeengt. ›Frei sein‹ war und ist mein Motto. Aber da das liebe Geld unserem Abenteuer dann doch einen zeitlichen Rahmen gesetzt hatte, buchten wir eine Schifffahrt von Bombay nach Mombasa in Kenia für Ende Dezember 1973. Um Geld zu sparen, gab es für uns natürlich nur die dritte und damit billigste Schiffsklasse. Doch die englische Reederei schrieb zurück, alle Klassen seien ausgebucht, bis auf die erste. Das jedoch kostete eine Stange Geld mehr. Um es kurz zu machen: Wir buchten die First-Class-Überfahrt. Später dann, auf dem Schiff, sahen wir, dass noch diverse Kabinen in der zweiten Klasse sowie Unterkünfte in der dritten Klasse frei waren. Vermutlich wollte man uns als Europäer nicht in der Billigklasse von Indien nach Afrika reisen lassen. So was war damals nicht standesgemäß.

Unsere Kabine war luxuriös. Und beim Blick auf die Mitreisenden hätte man denken können, von der britischen Kolonie Indien nach Britisch-Ostafrika zu reisen. In der Tat waren einige Leute dabei, die zurück zu ihren Plantagen in Kenia fuhren. Für Lunch und Dinner war es üblich, sich herauszuputzen. Heute klingt es unglaublich, aber damals war das eben so: Im Bulli hatte ich sogar ein gebügeltes weißes Hemd parat, eine Krawatte und eine vorzeigbare Hose.

Da die Schiffspassage alles einschloss und selbst der Whisky auf Kosten des Hauses ging, kamen wir mit umgerechnet 50 Mark mehr in der Tasche in Mombasa an, als wir beim Einsteigen in Bombay dabeihatten. Denn alle an Bord spielten Bingo – und wir beide hatten gerade eine Glückssträhne.«

»Afrika war anders als alles, was wir bisher gekannt hatten – das merkten wir gleich zu Beginn im Tsavo-Nationalpark. Da ich kein Teleobjektiv an meiner Kamera hatte, stieg ich – etwas unbedarft, wie wir wohl damals noch waren – aus, um den großen Elefanten auf der Piste vor mir formatfüllend ins Bild zu kriegen. Der Bulle fand das gar nicht lustig, er schwenkte wild den Kopf hin und her, dass die Ohren nur so flatterten. Ich nahm mir nicht mal die Zeit, zur Fahrertür zu laufen, sondern sprang durch die offene Beifahrertür über Edelgard hinweg auf den Fahrersitz, und schon waren wir weg!

Damals konnte man in manchen Nationalparks noch frei und ohne große Restriktionen campen. Wunderbar. Unser

Bulli mit allem, was wir benötigten, stand mitten in einer der schönsten, ursprünglichsten, vor allem aber tierreichsten Landschaften der Welt. Nachts hörten wir Zebras ums Auto trappeln, lauschten dem Lachen der Hyänen und sahen auch schon mal einen Elefanten im Licht des Vollmonds nur ein paar Meter vom Auto entfernt.

Wir hatten ja vor, auf dem Rückweg nach Deutschland noch viele andere afrikanische Länder zu bereisen. Über das heutige Namibia fuhren wir nach Angola. Das war im Frühjahr 1974.«

Ein Wimpernschlag nur, bevor die Kolonialmacht Portugal als Folge der Nelkenrevolution in Lissabon in aller Eile ihre Verwalter und Soldaten aus ihren Kolonien zurückzog und diese zum Spielball weltpolitischer Interessen werden ließ. Gerd und Edelgard erreichten die angolanische Grenze, unmittelbar bevor das Land in jahrzehntelangen Kämpfen und einem blutigen Bürgerkrieg versank.

»Als Sachbearbeiter bei der Bezirksregierung Hannover war ich für Lehrerpersonalien zuständig gewesen. Wenige Monate vor unserer Reise hatte ich Besuch von einer älteren Lehrerin, die früher viele Jahre in Angola gelebt hatte. Ihre Pension werde deswegen zwar gering sein, doch sie bereue nichts, sagte sie. Die Zeit sei unvergesslich schön gewesen. Und dann meinte sie: ›Da sollten Sie mal hinfahren!‹ Ich konnte mir nicht verkneifen zu sagen, dass wir bereits in wenigen Monaten mit unserem VW-Bus dorthin unterwegs sein würden.

›Dann müssen Sie unbedingt meine Kinder dort besuchen‹, sagte sie und gab mir deren Anschrift. Mit dieser Adressenkarte waren wir nun sieben Monate später in Angola und suchten die kleine Plantage der Familie Edelmann. Anfangs ohne Erfolg, denn wir hatten uns verfahren. Aber an einem Schild am Weg las ich den Namen Rehberg. Das wütende Gebell von Hunden übertönte das Blubbern unseres Bulli-Motors, als wir dort ankamen. Vor der Tür des einfachen Farmhauses stand ein Mann, der uns argwöhnisch beäugte. Als er hörte, dass wir Deutsche seien, taute er auf. Wir blieben die Nacht über bei ihm und erreichten tags darauf die Farm der Edelmanns.«

»Wieso gab es so viele deutsche Familien dort?«, möchte ich von Gerd wissen.

»In den wirtschaftlich katastrophalen Zwanzigerjahren sind junge Deutsche nach Angola ausgewandert. Rehberg, der zuvor in Deutschland Jura studiert hatte, gehörte auch zu ihnen. Auch Herr Edelmann hatte schon in den Dreißigerjahren auf der Kaffeeplantage gelebt. Im Zweiten Weltkrieg kämpfte er auf deutscher Seite, und nach 1945 schlug er sich auf abenteuerliche Weise zurück bis nach Angola durch. Obwohl schon älter, heiratete er später die junge Tochter jener Lehrerin, die ich in meinem Büro kennengelernt hatte.

Wir lebten eine Woche lang bei den Edelmanns. Eine großartige Gastfreundschaft. Ein Jungentraum von mir wurde wahr, als ich mit ihm zur Jagd ging und den ersten und auch einzigen Buschbock meines Lebens erlegte. Jagd war für die Edelmanns reine Nahrungsbeschaffung. Sie lebten ärmlich; ich sage es mal so: Kein Arbeiter in Deutschland hätte mit ihnen getauscht. Es gab hier kein elektrisches Licht, nur Petroleumlampen. Der Kühlschrank wurde ebenfalls mit Petroleum betrieben. Das Wasser kam direkt aus dem Fluss auf den Tisch. Es war ein sehr, sehr einfaches Leben.

Für uns wurde es nun Zeit, aufzubrechen und mit dem T1 Bulli über Westafrika in Richtung Deutschland zu fahren. Zunächst ging's von Luanda aus rund 400 Kilometer nach Norden. Dabei wunderten wir uns, dass uns kein einziges Auto entgegenkam und auch keins überholte. Obwohl es doch eine Asphaltstraße war. Wir ahnten, dass irgendetwas nicht stimmte ... Aber wir erreichten wohlbehalten den Zielort an einem Fluss, wo es ein portugiesisches Militärlager gab. Dort lernten wir den gut Englisch sprechenden Kommandanten kennen, der sich wunderte, dass er uns bislang hier nicht im Ort gesehen hatte.

›Können Sie auch nicht‹, erwiderten wir. ›Wir sind gerade erst mit dem Auto aus Luanda angekommen.‹

Er fiel aus allen Wolken, da diese Strecke nur im Militärkonvoi befahren werden durfte: ›Wegen der Überfälle der Widerstandsgruppen ist diese Strecke lebensgefährlich!‹

Wir wurden zum Essen eingeladen, und mit einer Riesenstaude Bananen als Gastgeschenk fuhren wir weiter an den Kongo-Fluss. Erst hier erfuhren wir, dass der Landweg zum Grenzübergang nach Zaire von Rebellen kontrolliert und unpassierbar sei. Aber man bot uns an, mit einem Militärboot dorthin zu fahren. Doch das ging erst in fünf Tagen. Diese Zeit schlugen wir in unerträglich schwüler Treibhausluft tot. Als das kleine Schiff endlich kam, musste erst ein Teil des Verdecks entfernt werden, damit unser Bulli draufpasste.«

Das Folgende hätten sich die Brauners zuvor nicht träumen lassen. Da einer der Begleitsoldaten wegen Krankheit ausgefallen war, musste Gerd das Maschinengewehr besetzen, um bei Angriffen zurückzuschießen. (»Am MG 42 bin ich bei der Bundeswehr ausgebildet worden …«) Zum Glück griffen die Rebellen nicht an. Beim Grenzort Noqui stand das Gras auf der Straße einen Dreiviertelmeter hoch – seit ewigen Zeiten war hier kein Auto mehr abgefertigt worden. Und das *Carnet de Passages* kannte hier sowieso kein Mensch, auch nicht in dem 100 Kilometer entfernten Ort, in den die beiden extra deswegen fahren mussten.

Irgendwie klappte die Einreise nach Zaire dann doch.

»Tage später hatten wir uns gerade auf der von Kinshasa über den Kongo-Fluss in die Volksrepublik Kongo führenden Fähre eingerichtet, als ein herrischer Zollbeamter hinter uns herrief: ›Sie dürfen das Land nicht verlassen!‹ Weiße, behauptete er, würden immer Diamanten aus dem Land schmuggeln. Völlig irre zwar, aber keine Ahnung, was da abgelaufen war, wovon wir nichts wussten. Die Fähre überquerte den Kongo ohne uns. Man zwang uns, die Pässe abzugeben … Wir sahen sie fünf bange Tage nicht wieder. Wir schwitzten Blut und Wasser. Bis zu 300 Dollar Bestechungsgeld wären wir zu zahlen bereit gewesen, um sie zurückzuerhalten. Aber kein bisschen mehr, denn sonst wären wir nicht nach Hause gekommen! Mit einiger Überredungskunst kriegten wir am Ende die Pässe zurück –

auch ohne Schmiergeld. Danach versuchten wir, einen anderen Grenzübergang zu erreichen, versanken aber hoffnungslos im Schlamm. Unser VW-Bus hat auf dieser Strecke seine Grenzen aufgezeigt bekommen.«

Mit viel Mühe und noch mehr Glück schaffen es Gerd und Edelgard im Bulli zurück bis Luanda. Drei Wochen hatte diese sinnlose Odyssee gedauert. Jetzt blieb ihnen nur noch die Schiffspassage von Angola nach Portugal – alles andere wäre finanziell und zeitlich nicht zu stemmen gewesen.

»Da das Schiff erst in fünf Wochen den Hafen von Luanda verlassen sollte, besuchten wir noch einmal die Familie Edelmann und blieben die gesamte Zeit auf ihrer Kaffeeplantage. Dabei lernten wir auch ihre Nachbarn kennen: eine gewisse Gräfin Loën zum Beispiel. Für das Abendessen bei ihr musste ich extra wieder mein weißes, gebügeltes Hemd rausholen und den Schlips umbinden. Die Gräfin war zwar über achtzig, aber überaus unterhaltsam und gebildet, hatte gute Manieren, und wir speisten mit ihrem besten Tafelsilber.

Das war gleichzeitig das Ende einer Epoche. Unmittelbar danach versank Angola im Chaos eines brutalen Krieges. Die Gräfin wurde von Rebellen ermordet, genauso wie Rehberg und viele andere, denen wir hier begegnet waren. Den Edelmanns gelang über Windhoek die Flucht. Und eines Tages standen sie mit kleinen Koffern auf dem Flughafen Hannover-Langenhagen. Irgendwann fragte Herr Edelmann mich, ob ich wüsste, wo er Arbeit finden könnte. Er brauche das Geld, um seine Familie durchzubringen. Jede Arbeit würde er annehmen.

Ich war ihm behilflich, eine Stelle als Angestellter meiner Behörde zu bekommen – als Aktenverwalter in der Registratur. Ein staubtrockener Job, aber er ernährte seine Familie und ihn. Oft dachte ich daran, wie ich diesen einst freien Mann auf der Jagd begleitet hatte. Das Leopardenfell, das er mir schenkte, hat heute einen besonderen Platz in meinem Haus.

Unseren schönen Westfalia-Bulli mit dem rot-weißen Faltdach, der uns über Afghanistan nach Indien und durch Afrika gebracht hatte, verkaufte ich bald darauf mit defektem Motor und einigen Beulen, die er indischen Ochsenkarren verdankte – für 600 Mark.«

BULLI-URGESTEIN MANFRED KLEE – MACHER DER FRÜHEN STUNDE

Während Globetrotter im T1 oder T2 durch fremde Kontinente rollen, entstehen in Deutschland während der Siebzigerjahre erste VW-Bulli-Freundeskreise. Hier werden Erfahrungen über den Bulli ausgetauscht, und es geht auch um Ersatzteilbeschaffung ... Alle aber verbindet die Gemeinschaft rund um den VW-Bus. Einer war bereits ganz früh dabei und hat neben Bullis auch vieles andere ins Rollen gebracht.

»Es waren verrückte Zeiten mit jeder Menge verrückter Leute und ebensolchen Ideen«, erzählt Manfred Klee. »Zu einem der von uns alle zwei Jahre organisierten VW-Bus-Treffen kam einer dieser herrlich Verrückten aus Düsseldorf mit seinem wunderschönen Samba angereist; sein Mitfahrer war ein quicklebendiges Wildschwein. Während das Wildschwein im Samba über die nächsten Tage eine saugute Zeit hatte, schliefen er und seine Frau draußen im Zelt auf dem Boden.«

Man muss schon eine Überdosis Bulli im Blut haben, um das auf die Beine zu stellen, was Manfred Klee in rund vierzig Jahren aktiver Bulli-Verbundenheit gestemmt hat. Seit 1981 ist er Präsident des VW Bus Club Koblenz. Doch seine Bulli-Leidenschaft begann viel früher.

Etwa zum gleichen Zeitpunkt im Jahr 1976, als Juliana in einer weinselig-fröhlichen Nacht in Johannesburg mit den Worten »Ja, ja, mach man« einem 60 000 Kilometer langen Umweg zustimmte, erlebte Manfred Klee die große Liebe auf den ersten Blick: »Da stand ein alter Samba-Bus verlassen auf einer Wiese, und ich musste einfach hinschauen …« Klar, es gab Probleme mit dem Motor, aber die verdrängte er. Er wollte diesen Bus haben. Viel Geld hatte er als Student nicht, mit Nebenjobs wie Taxifahren schlug er sich recht und schlecht durch. Man einigte sich: Für 800 Mark bekam er den Samba. Damit begann eine lange, intensive Bulli-Beziehung.

Manfred Klee hat in Sachen VW-Bus weit über Koblenz hinaus mächtig viel bewegt! Sein Markenzeichen sind Organisationstalent und pfiffige Ideen, die die ersten großen Bulli-Treffen überhaupt erst anschoben und danach immer größer machten.

Der Tag unserer ersten Begegnung mit Manfred war für Juliana und mich ein besonderer, denn wir waren auf Tag und Stunde genau 28 Jahre zuvor mit unserem T1 Bulli zu unserer ersten Weltreise aufgebrochen. Mit der Unterstützung von VW Nutzfahrzeuge sowie meinem damaligen Verlag Frederking & Thaler veranstalteten wir an diesem Tag in Hannover eine große Bulli-Party. Der Zufall wollte es, dass genau an diesem Samstag der funkelnagelneue T5 während der Bulli-Parade mit uns seine Premiere auf Hannovers Straßen feierte.

Kurzum, es wurde ein fröhliches, buntes Treffen, bei dem die VW-Bullis im Mittelpunkt standen und die Reporter mit ihren Kameras einiges zu tun hatten. Manfred Klee war an diesem Tag wegen seiner besonderen Autos als spezieller Gast geladen. Natürlich brachte er keinen gewöhnlichen Bulli mit, sondern Florian (alle seine Autos haben Namen), den ältesten in Hannover produzierten VW-Transporter, der noch im Einsatz ist. Manfred besitzt sogar die Urkunde des VW-Werks dazu, wie er nicht ohne Stolz betont.

An jenem Tag führte uns unsere etwa achtzig VW-Bullis lange Parade vom VW-Werk durch Hannovers Innenstadt zum Messegelände, wo es auf der Expo Plaza ein Bulli-Treffen gab.

»Erzähl doch mal, wie die Geschichte mit deinem ersten VW-Bus, dem roten Samba, weiterging«, bitte ich Manfred jetzt, als wir im Hunsrück nahe der Mosel zusammensitzen.

»Es führte eine Ölspur von der Eifel ans Nordkap«, sagt er lächelnd. »Nein, ganz so schlimm war es nicht, aber der Motor verbrauchte jede Menge Öl. Das Problem löste ich kostengünstig, indem ich zum Schrottplatz fuhr, Altöl kaufte und es regelmäßig nachfüllte.« Der Motor verzieh ihm das, auch als er auf dieselbe Weise nach Südfrankreich fuhr. Doch am Ende der 15 000-Kilometer-Tour durch Europa beschloss der Samba, er habe für alle Zeiten genug Altöl geschluckt, und blieb am letzten Reisetag 5 Kilometer vor Koblenz mit Motorschaden liegen.

»Da dachte ich: Donnerwetter, der hat Charakter, immerhin hat er mich nach Koblenz zurückgebracht! Das ist der wahre Geist des VW-Busses: Durchhalten bis zum Letzten!«

Träumereien hin, Schwärmereien her ... Fakt war, dass Manfred nach der Reise kein Geld für die Motorreparatur mehr hatte und den Samba auf dem Hof seines Vaters abstellte. Der war alles andere als amüsiert: »Sieh zu, dass dieses scheußliche Ding schleunigst von meinem Hof runterkommt!«

»Das war zwar eine Beleidigung meines treuen Autos, aber ich saß am kürzeren Hebel und verkaufte den Samba für 400 Mark an einen anderen Studenten. Schon bald darauf spürte ich: Das war der bis dahin größte Fehler meines Lebens gewesen. Ich bekniete den Studenten schon kurze Zeit später, mir das Auto zurückzuverkaufen. Er sagte Nein. Aber ich hatte Ausdauer ... Genau genommen fünfzehn Jahre lang, dann endlich hatte ich ihn so weit. Ich kaufte das Auto für 4000 Mark zurück. Alle Kumpels erklärten mich für verrückt, aber ich hing an dem Samba, den ich damals vor der Nordkaptour mit dem Schriftzug *Eastside Mayen* beklebt hatte. Mayen ist unser Ort in der Eifel, und Eastside hieß unsere Stammkneipe, deren Wirtin Heidi Schmidt meinen Trip zum Nordkap durch Spritgeld gesponsert hatte.«

Der Schriftzug steht heute noch auf jenem rot-weißen Samba, einem von vielen Bullis in Manfred Klees Garage. »Er war auch schon mal der Star in einem Musical. Und wenn heute dieser Eastside-Bus beim Karnevalsumzug mitfährt, sind auch meine Kumpels von damals als Hippies verkleidet dabei.«

In der VW-Bus-Szene spielt Manfred Klee in der Oberliga: zum einen wegen der Bulli-Raritäten, die er mit dem untrüglichen Gespür des Trüffelschweins für das ganz Besondere zusammentrug. Zum anderen hatte er die verrücktesten Ideen, die er zusammen mit seinen Freunden vom VW Bus Club Koblenz bei spektakulären Bulli-Events umsetzte.

Mit dem richtigen Riecher war er wieder mal zur richtigen Stunde am richtigen Ort…

Am 8. Dezember 1988 stürzte ein amerikanisches Militärflugzeug über Remscheid ab und legte mehrere Wohnhäuser in Schutt und Asche. Sieben Tote waren zu beklagen, fünfzig Menschen wurden verletzt. Genau hier begann diese wahre Bulli-Geschichte, die gleichwohl fabelhaft anmutet: Bei den Aufräumarbeiten nahe dem Unglücksort wurde in einer alten Werkshalle hinter einer Sichtschutzwand eine lichtgraue VW T1 Doppelkabine (DoKa) mit Pritsche entdeckt, von der zuvor kein Mensch gewusst hatte.

Die Geschichte, die Manfred Klee erzählt, geht folgendermaßen: »Anfang 1960 rollt das Auto vom Band in Hannover. Bei Kilometerstand 003, so ist es dokumentiert, liefert das Autohaus Jack Adams in Wuppertal Barmen die DoKa am 8. April 1960 an einen Werkzeugmacher in Remscheid aus. Die Legende weiß, dass besagter Werkzeugmacher aus Angst vor dem Zorn seiner in Unwissenheit gehaltenen Frau den T1 hinter einer Trennwand in seiner Garage versteckt. Und da bleibt er stehen ... Denn es ist durchs Serviceheft belegt, dass Sir Adam, so wird er schon bald genannt, zwei Jahre später erst 118 Kilometer auf dem Buckel hat. Nur wenige Kilometer noch fährt der Werkzeugmacher mit dem Auto, dann stirbt er 1962, und der T1 verfällt in einen Dornröschenschlaf, aus dem er erst durch die Wucht des Absturzes des amerikanischen Flugzeugs geweckt wird.

Ich hörte die Buschtrommeln!«, sagt Manfred Klee. Die Doppelkabine stand zum Verkauf. 1989 war er als Erster zur Stelle und legte 25 000 Mark auf den Tisch. Viel Geld damals und ein Vielfaches von dem, was der Werkzeugmacher für Sir Adam im April 1960 hingeblättert hatte. Doch eine lächerliche Summe im Vergleich zu Sir Adams Wert heute: Keine Bank hätte eine solche Rendite erwirtschaftet.

»Auf der ganzen Welt gibt es keinen VW T1 in diesem originalen Zustand«, sagt Manfred Klee. »Alles an Sir Adam ist wie vor sechzig Jahren am Tag der Auslieferung. Nirgendwo auf Erden gibt es einen VW-Bus, der nachweislich nur 342 Kilometer zurückgelegt hat, mit einer solch einzigartigen Geschichte. Nach sechzig Jahren ist er so makellos wie am Tag seiner Geburt.«

DER ERSTE VW-BUS-CLUB DEUTSCHLANDS

1971 ist für die kleine VW-Bus-Szene von Koblenz ein Jahr, an das man sich gern erinnert. Denn in diesem Jahr wurde in Koblenz ein VW-Bus-Club gegründet. Ein lockerer Zusammenschluss nur und in den ersten zehn Jahren ein reiner Club für Campingbusse.

»1981 übernahm ich den Vorsitz«, erinnert sich Manfred Klee. »Als jemand mit einer VW-Pritsche zu uns kam, dachte ich: Wir sind doch eine große VW-Bus-Familie und nicht nur Campingbus-Fahrer.«

Er grinst. »In einer diktatorischen Anwandlung sagte ich: ›Die gehören auch zu uns. Wir nennen uns jetzt VW Bus Club Koblenz.‹ Und dabei blieb es. Wir sind der älteste VW-Bus-Club Deutschlands. Anfangs wurde ich belächelt. Als ich zu einem Rechtsanwalt ging, um den Namen ›VW Bus Club‹ rechtlich als Marke sichern zu lassen, hielt der sich vor Lachen seinen dicken Bauch. Abwegig war das für ihn – damals. Ich hätte darauf bestehen sollen ...«

Denn die Begeisterung für den bald schon kultigen Bulli nimmt Fahrt auf. In Hamburg, Nürnberg, Leverkusen und anderswo werden VW-Bus-Clubs gegründet.

Beim VW Bus Club Koblenz aber hat man sich etwas ganz Besonderes einfallen lassen. Zehnmal werden die Koblenzer das VW Bus Deutschland Treffen durchführen – im Zweijahresrhythmus. »Ich konnte über die immer weiter wachsende Bulli-Szene nur staunen: Da kamen zunächst 200 Bullis, dann 300, 400, 500. Wir näherten uns der 800er-Marke. Unseren Rekord erlebten wir 1998 in Halbs im Westerwald, wo sich 1800 Bullis versammelten. Mir wurde bei diesen Steigerungsraten angst und bange. Wir hatten Vorlaufkosten in sechsstelliger Höhe! Natürlich gab es Sponsoren – aber zunächst mal hielt ich in vorderster Reihe meinen eigenen Kopf hin. Rund 25 Clubmitglieder organisierten neben mir diese Events und hielten Tausende Fans und Besucher ›in Schach‹. Bei uns war es schiere Begeisterung; die VW-Bus-Familie war vielgesichtig – vom Baggerfahrer bis hin zum Universitätsprofessor, ein Querschnitt durch die Gesellschaft. Alle feierten den Bulli.«

Und keine Idee war Manfred Klee und seinen Clubfreunden verrückt genug, als dass man sie nicht hätte umsetzen können. Die Koblenzer schafften es im Jahr 1987 sogar, VW-Busse, an Hubschraubern hängend, von der Festung Ehrenbreitstein bis zum Deutschen Eck zu befördern. Es erregte Aufmerksamkeit, als der Club einen T3 hoch oben am Haken eines riesigen Krans schweben ließ. Unvergessen jene medienwirksame Reise am 50. Jahrestag des Bulli-Produktionsbeginns im März 2000, als eine gecharterte Dampflok der Brohltalbahn zehn Bullis, also die Tagesproduktion von 1950, transportierte.

Nur in der Chefetage bei Volkswagen Nutzfahrzeuge hielt man damals nicht viel von der Pflege dieses in der Gesellschaft aufkommenden Bulli-Mythos.

»Man sagte mir dort wortwörtlich: ›Wir sind dafür da, neue Autos zu bauen und zu verkaufen, und nicht, um alte zu betätscheln.‹« Dennoch ließ sich Manfred in seinem fast schon »missionarischen« Drang nicht beirren, den »Geist des Bullis« zu verbreiten.

»Einmal war ich bei Dr. Bernd Wiedemann, damals Chef von Volkswagen Nutzfahrzeuge, und übergab ihm eine alte T1-Tür mit 600 Unterschriften. Eine Petition auf Kult-Blech. Ich sagte: ›Herr Dr. Wiedemann, Tradition ist es wert, gepflegt zu werden. Tun Sie was dafür!‹ Doch passiert ist kaum etwas. Eigentlich waren es nur zwei Förderer, an die ich mich gern erinnere: Siegfried Geisler, ehemaliger Marketingchef von VWN, und Lothar Brune, der von der Zeitschrift *promobil* in die Presseabteilung von VWN kam, neue Ideen entwickelte und auch dabei war, als der Dampfzug mit Bullis hintendrauf durchs Brohltal paffte. Das Umdenken in der Chefetage bei VWN fand dann 2007 statt: Beim Internationalen VW-Bus-Treffen rund ums Messegelände in Hannover, dort, wo 5000 Bullis anrollten und The Who rockte. Das war das erste offizielle und auch unüberhörbare Signal nach außen.«

VON EIS-FRANZ UND ANDEREN BULLIS

»Bedingt durch unsere vielen Aktionen taucht mein Name dann und wann schon mal in den Zeitungen auf«, sagt Manfred. »Nach solch einer Publikation ruft eines Tages eine Dame an und fragt, ob wir Interesse an einem VW-Eiswagen hätten. Daraus sei vierzig Jahre lang leckeres Speiseeis verkauft worden. ›Wir sehen uns den gern an‹, sage ich. Zusammen mit meinem Freund Hajo Ross, dem Vizepräsidenten unseres Clubs, fahre ich hin. Ein alter Mann, Franz Grandke aus Grießheim, öffnet die Tür seiner Scheune, und da steht ein gelber T2a-Hochdach-Bus. In diesem Moment stürmt auch schon die kleine Enkelin von Franz Grandke vor, schlüpft durch die Bulli-Tür, verschwindet hinter dem Eisverkaufstresen und fragt kokett: ›Welches Eis wünschen Sie?‹ Da war natürlich nichts drin. Aber Hajo sagt: ›Banane und Erdbeere.‹ Das Kind tut so, als füllte es die Kugeln in einen imaginären Becher. ›Was kostet das?‹, fragt Hajo. ›Einen Euro‹, sagt die Kleine. Hajo zieht sein Portemonnaie und gibt ihr das Geld. Der Großvater lacht: ›In vierzig Jahren Eisverkauf ist es mir nie passiert, dass ich für ein Lufteis Geld bekommen habe.‹«

Er muss es wissen: Viele Jahrzehnte hat er aus diesem T2 heraus Eis verkauft und so seine Familie ernährt.

»Nach dem gemeinsamen Mittagessen tupft sich der alte Eisverkäufer den Mund mit der Serviette ab und sagt: ›So, jetzt sprechen wir erst mal über den Bus. Bevor irgendjemand anfängt, über Geld zu reden … Bei euch ist das Auto in den richtigen Händen. Das ist mir mehr wert als Geld. Ich schenke es euch!‹

Zwei Wochen später hieß es im Grießheimer Stadtanzeiger: ›Eine Legende verlässt Grießheim‹. Und Leute standen um das Auto herum und sagten: ›Im Eis-Franz habe ich mein erstes Eis gekauft.‹ Das ist pure Emotionalität! Und mir ist ganz wichtig, dass der alte Eisverkäufer weiß, seinem Auto geht es bei mir gut! Hinter all meinen Bullis stehen Lebensgeschichten.«

Das gilt auch für Elfriede und Pablo. Bei den Klees konnte ich erleben, wie die »Bulli-Gene« auf die nächste Generation weitergegeben werden:

1987 kauft Manfred einen T1, Baujahr 1956, den er Elfriede tauft. Mit Freunden restauriert er den Bulli bis 1990 und überschreibt ihn danach seinem erst wenige Monate alten Sohn Josef als Taufgeschenk. Da darf natürlich der zweite Sohn Johannes nicht zu kurz kommen:

Und an dieser Stelle beginnt die außergewöhnliche Geschichte von Pablo, einem grün-weißen T1-VW-Bus mit Dormobil-Aufstelldach, den Manfred Klee 1993 mit Kennerblick bei einem Urlaub in Südfrankreich entdeckte. Mit deutschem Kennzeichen: LÖ für Lörrach. Eigentümer ist der Camargue-Maler Nicolas Barrera, der mit seiner deutschen Frau in Saintes-Maries-de-la-Mer lebte. Es folgt ein langer Schriftwechsel (spätestens seit seinen fünfzehn Jahre langen Bemühungen um den Eastside-Samba weiß man, dass Manfred auch hartnäckig ist). Er kauft den T1, und 1995 wird das Auto nach Deutschland überführt. Da man gehört hat, dass neben dem Maler Barrera auch mal Picasso in dem Bulli gesessen hat, liegt es natürlich auf der Hand, das Fahrzeug Pablo zu nennen.

Der schicke grün-weiße Bulli ist schon mal im Fernsehen zu sehen und wird bei Trauungen als Hochzeitsauto und Hingucker eingesetzt. Bei solch einer Gelegenheit lernte Manfred Klee unlängst seine neue Lebensgefährtin kennen. Auch deswegen ist Pablo für ihn ein ganz besonderes Auto.

Ich wünschte, ich könnte diese schöne doppelte Liebesgeschichte so beschwingt weitererzählen und ihr ein zweifaches Happy End geben. Jedoch … es gibt ein paar eher unspektakuläre Roststellen an der T1-Nase, die Manfred Klee gern beseitigen lassen möchte. Man empfiehlt ihm einen Restaurator. Manfred Klee zahlt einen beträchtlichen Betrag an. Und der Restaurator legt los: »Er zerlegte das Auto in viele Einzelteile und richtete auch sonst Unheil an …« Dann geschieht ein Jahr gar nichts mehr. Nach Einschaltung eines Rechtsanwalts holt sich Klee schließlich Bulli Pablo zurück.

»Vor dem Desaster hatte ich ein Gutachten erstellen lassen: Da belief sich der Wert des Wagens auf 80 000 Euro. Das Wertgutachten danach lautete: 12 000 Euro. Während der Jahrzehnte meiner VW-Bus-Leidenschaft habe ich viel Freude erlebt; habe Menschen in Bullis lachen, feiern und Kinder darin groß werden sehen. Das hat Spaß gemacht! Doch als ich mithilfe des Rechtsanwalts das, was der ›Restaurator‹ von Pablo übrig gelassen hatte, abholte, standen meinen Bulli-Freunden, alles gestandene Männer, Tränen in den Augen. Das ist momentan der Stand der Dinge. Die Zukunft von Pablo ist ungewiss …«

Viereinhalb Jahrzehnte intensiver Bulli-Liebe voller Ideenreichtum und Engagement – das muss ihm erst mal einer nachmachen! Nach einem langen Gespräch sagt mir Manfred Klee:

»Die Jahrzehnte im VW Bus Club Koblenz, in denen wir so viel Tolles angeschoben haben – ganz viel Positives, gelegentlich auch mal Negatives –, will ich nicht missen. Und ich möchte auch nie darauf verzichten, in einem VW-Bus – zum Beispiel im Schneetreiben – zu sitzen, die wohlige Wärme meiner Standheizung zu spüren und mir dabei einen Kaffee zu kochen. Frei zu sein im Schneckenhaus, das mit einem dahin zieht, wo man hinmöchte – das ist es! Da zu Hause zu sein, wo man gerade steht. Und das wird bei mir auch so bleiben. Aber es gibt neben dem Bulli auch noch viele andere Sachen, die für mich genauso wichtig geworden sind. Die möchte ich jetzt gern anpacken!«

LEGENDEN AUF VIER RÄDERN – OLDTIMER-SAMMLUNG HANNOVER

»Für einen fahrfähigen, weitgehend kompletten Samba-Bus muss man beim Kauf heute ab 70 000 Euro aufwärts rechnen. Die Nachfrage nach dieser vielleicht schönsten Bulli-Variante ist hoch, er ist einer der beliebtesten und begehrtesten Oldtimer weltweit. Dazu kommen noch mal 50 000 bis 100 000 Euro für eine sehr hochwertige Restaurierung.«

Gerolf Thienel von Volkswagen Nutzfahrzeuge Oldtimer muss es wissen: Sein Berufsalltag findet zwischen diesen Legenden auf vier Rädern statt.

In der Oldtimer-Halle von Volkswagen Nutzfahrzeuge in Hannover-Limmer erwarten einen auf 1500 Quadratmeter Fläche gut einhundert Bullis. Doch es ist beileibe nicht allein eine Oldtimer-Sammlung, woran man bei dem offiziellen Namen »Sammlung historischer Nutzfahrzeuge« vielleicht denken würde.

»Fahrzeugsammeln ist ja schön und gut«, sagt Gerolf Thienel. »Auf der anderen Seite ist einer der Aufträge der Abteilung, die Unternehmensgeschichte nach außen zu tragen. Die Fahrzeuge zu zeigen.«

Und so zeigt man hier Campingfahrzeuge, Kleinbusse, Umbauten und Fahrzeuge mit einer tollen individuellen Geschichte. Wie der von Castellotto oder Hubert aus dem Boden-

see. Seit einigen Jahren kann man aus einer Auswahl von rund dreißig Fahrzeugen ein solches Schmuckstück auch mieten. Ein langes Wochenende im T1 kostet zwar gut einen Tausender, der T2 ist aber auch schon preiswerter zu haben.

»Die Kunden dürfen selbst fahren und er-fahren«, sagt Thienel mit einem Schmunzeln. »Und die Bilanz ist nach sechs Jahren Vermietung sehr positiv. Die Erfahrung zeigt, dass mit den Fahrzeugen sehr sorgsam umgegangen wird.«

Die Geschichte der Oldtimer-Sammlung in Hannover ist jung. Offiziell gab es zuvor nur das AutoMuseum Volkswagen (seit 1985) und die Autostadt (seit 2000), beide in Wolfsburg. Das eigentliche Sammeln alter Bulli-Schätze begann in Hannover erst in den Jahren 2007/2008, nach dem Erfolg des Internationalen VW-Bus-Treffens, als man sagte, wir bauen für die Marke VWN eine eigene Fahrzeugsammlung auf. Es wurde ein Team gebildet, welches sich um den Aufbau eines historischen Fuhrparks und die Gründung einer Abteilung für das Erbe der Marke gekümmert hat. Der offizielle Name lautet: Volkswagen Nutzfahrzeuge Oldtimer.

Man hat gekauft, was verfügbar war. Was den Ansprüchen genügte, den ersten Aufgaben gerecht wurde. Man hat auch weitere Fahrzeuge erworben, die für Oldtimer-Rallyes, Oldtimer-Veranstaltungen tauglich waren.

Die Sammlung umfasst nicht nur Kastenwagen, sondern auch eine Vielzahl an Aufbauvarianten, Campingwagen, Freizeitfahrzeugen, Kleinbussen, Sonderfahrzeugen und Umbauten. Fast jedes Fahrzeug hat eine einzigartige Geschichte, und sehr viele haben einen Namen.

Natürlich brenne ich darauf, mit Gerolf Thienel die Sammlung anzuschauen.

»Welches ist der teuerste Bulli dieser Sammlung?«

»Wir haben keine Rankingliste, da die Fahrzeuge auch nicht auf dem Markt angeboten werden. Einige Fahrzeuge wären Sammlern aber bestimmt eine hohe Summe wert. So etwa der Kastenwagen Sofie.«

Sofie ist ein 1950 in Wolfsburg vom Band gerollter Kastenwagen. Ein T1 der ersten Stunde, der 1880. gebaute Transporter. Im Jahr 1950 kostete Sofie 5850 Mark. Der heutige Wert liegt ganz gewiss weit (!) über 100 000 Euro. Aber mehr als das liebe Geld interessiert mich Sofies Lebensgeschichte:

Am 5. August 1950 verließ der Transporter das Band im Wolfsburger Volkswagenwerk. Sofie wurde an die Hutfabrik J. C. Kornacker in Hildesheim ausgeliefert und 23 Jahre als Auslieferfahrzeug eingesetzt. 1973 erwarb ein privater Autosammler den Wagen. Bis 1992 wurde Sofie nicht bewegt und nach Auflösung der Sammlung an einen dänischen Bulli-Fan verkauft. Der ließ den Transporter fachmännisch restaurieren und nahm an Ausfahrten und Rallyes teil, bevor er ihn an VWN verkaufte und Sofie 2014 geradewegs hier in die Oldtimer-Halle gelenkt wurde. Den Namen verpasste ihr der dänische Vorbesitzer in Anlehnung an den Namen des allerersten T1, der in das dänische Königreich ausgeliefert wurde.

Sofie

Nicht weit entfernt steht der blau-weiße Samba von 1964 mit 44 PS. Erster Hand! »Unrestaurierter Originalzustand«, lese ich.

Dies ist auch die Geschichte einer liebenswerten Großmutter, Inhaberin eines florierenden Blumenladens, die ihrer Familie 1964 diesen neunsitzigen Samba »spendierte«. Und wenn die Familie aufgeregt und fröhlich in die Ferien fuhr, war es wie der

T2 Stanislaus bringt uns zu den atemberaubendsten Landschaften des amerikanischen Westens.

Juliana, der Bulli und das Kanu – was brauche ich mehr zum Leben …?!

Der erste Allrad-T2 Bulli der Welt. Erprobt von »Transporter-Mayer« in der Sahara.

Wir packen für ein 88-tägiges Kanuabenteuer quer durch Kanada zum Nordpolarmeer.

Im Norden der Traumstraße der Welt: Unser T2 bringt uns mehrfach in den hohen Norden Alaskas.

Wolney und sein brasilianischer »T1/T2-Zwitter«, Baujahr 1978, an den Iguazú-Fällen.

Die Schweizer Monica und Kurt Moeri verschiffen 2017 ihren T2 Helsinki nach Südamerika.

An der Copacabana in Rio: Auch nach seinem 70. Geburtstag ist der Bulli hier im Alltagsbild präsent.

Unlängst in Brasilien: rollende Imbissbude zwischen Anden und Amazonas

Freundestreffen mit T1 und T2. Rechts der taigagrüne Frosch von Joachim Wichmann.

Unser T3 Syncro auf Kanadas Straßen in die Einsamkeit

Momente, die sich in die Erinnerung einbrennen: Juliana brutzelt unser Abendessen am Yukon-Ufer.

Canol Road/Nordkanada: Allradherausforderung
und dazu noch eine unglaubliche Geschichte

Der Syncro bringt uns zu den malerischsten
Plätzen am Großen Sklavensee.

Im Alter von sechs Monaten findet Bettina, es sei an der Zeit, Alaska zu erkunden.

Cornelia und Fabian auf dem gleißenden Salar de Uyuni in Bolivien

Wir treffen Veronica und Martin mit ihrem tollen Expeditions-T3 Syncro in Nordpatagonien.

In diesem T3 Syncro mit Differenzialsperren durchquerte Armando Barbieri Afrika und Amerika.

Aufbruch zu einer Expedition. Als die Kinder erwachsen waren, hegten und pflegten sie Omas Bulli. Nur während der Sommermonate holte man ihn aus der Garage. So führte der blau-weiße Samba ein geruhsames Leben. Nur knapp 60 000 Kilometer hat er auf der Uhr. Den Großteil seines Bulli-Lebens stand er geschützt in der Garage. Bis ein Familienmitglied die Idee hatte, ihn in Zahlung zu geben: So gelangte »Omas Samba« zurück ins Werk.

Während die Lebensgeschichte dieses Autos eher beschaulich wirkt, wäre bei Petes Bulli eigentlich das Gegenteil zu erwarten. Denn kein Geringerer als die Rocklegende Pete Townshend von The Who, der beim großen Bulli-Fest in Hannover rockte, ist der Vorbesitzer des bonbonrosafarbenen T2 mit Baujahr 2005. Pete und seine Lebensgefährtin Rachel Hunter kauften den Bulli als Import aus Brasilien. Petes Bulli ist einer der letzten dort vom Band gelaufenen luftgekühlten VW-Busse. 1,6 Liter Hubraum und 58 PS halten den Brasilianer auf Trab.

Dieser Bulli im klassischen T2-Look (offiziell T2c) von 2005 scheint irgendwie aus der Zeit gefallen. Produziert zu einer Zeit, als der T2 hierzulande schon als historisches Fahrzeug galt.

»Haben brasilianische Bullis überhaupt einen Sammlerwert in Deutschland und dem übrigen Europa?«

»Ich denke schon, es sind ja VW-Bullis. Man kann beobachten, dass seit einigen Jahren immer mehr in Brasilien gebaute T1 den Weg nach Europa finden.« Flotte, oft gut erhaltene Autos, wie ich sie jüngst wieder im brasilianischen Straßenbild beobachten konnte, wobei auch dort der T1 sich rar gemacht hat.

»Soviel ich weiß«, sagt Gerolf Thienel, »ist der Samba-Bus mit Schiebedach und Oberlichtern, wie wir ihn hier kennen, nicht in Brasilien vom Band gelaufen. Die dort

Pete Townshend und sein Brasilianer

gebauten Kombis haben zwar das Fensterband vom Samba mit den Eckfenstern hinten. Sie sehen aus wie Samba-Busse, haben aber kein Schiebedach und keine acht Oberlichter; die man auch in Deutschland und dem Rest der Welt abbestellen konnte.«

Der brasilianische T1 ist ein echter Hingucker. Während in Deutschland bereits 1967 der Modellwechsel von T1 auf T2 erfolgte, zogen die Brasilianer erst acht Jahre später, also 1975, nach. »Danach kam ein Zwischenmodell, das Teile vom T1 und auch Teile vom T2 hat«, erinnert sich Thienel.

Wer sich, was zunehmend geschieht, einen älteren »Brasilianer« kauft, sollte allerdings die Unterschiede zwischen diesem und den in Deutschland gebauten Modellen kennen. Man nahm sich in Brasilien von Anfang an die Freiheit zu Eigenkreationen, wobei man sich zumeist im »Konzernbaukasten« bediente.

»Grundsätzlich sollte man sich als Interessent vor dem Import immer über die Möglichkeit der Zulassung informieren. Für Fragen rund um die Ersatzteilversorgung für historische Volkswagen ist Volkswagen Classic Parts der richtige Ansprechpartner«, meint Thienel. »Und dann wäre es gewiss auch hilfreich, Portugiesisch zu sprechen, damit man bei Bedarf auch da einkaufen kann, wo man entsprechende Teile für eine Originalrestaurierung bekommt – Brasilien also.

Einer der ganz besonderen in der Oldtimer-Sammlung Hannover ist der rot-weiße Beck's-Bulli«, fährt Gerolf Thienel fort. »Der Vorbesitzer war ein Schausteller und hatte für sein Fahrgeschäft noch eine Komponente gesucht, wo er Essen und Trinken verkaufen kann. Da hat er aus alter Verbundenheit zu seiner Heimatstadt Bremen einen ausgedienten Feuerwehrwagen erworben und den dann zum Beck's-Bus umgebaut. Mit entsprechendem Anhänger, mit einem Tresen, mit einer ganzen Reihe historischer Flaschen und Gläser, heute würde man Merchandising-Artikel sagen, hat er das Ganze entsprechend in Szene gesetzt.«

Unsere Zeitreise durch siebzig Jahre Bulli-Geschichte führt mich auch zu Castellotto.

»T1 Camper mit Westfalia-Ausbau (SO33)«, lese ich. Ein Arzt aus Gauting bei München erwarb ihn 1965. Gemeinsam mit seiner Lebensgefährtin, einer Zahnärztin, wollte er Europa und seine unterschiedlichen Kulturen entdecken. Es war auf ihrer ersten großen Reise nach Sizilien, als eine Italienerin einen Blick in diesen schicken Westfalia-Camper warf und begeistert ausrief: »Castellotto! – Schlösschen!« Der Name saß – bis heute.

Wir stoppen beim nächsten Exponat: Rostlaube hoch zehn, denkt man, so herrlich vergammelt wirkt dieser T1-Bulli, dass er schon fast ein Kunstwerk ist.

»Darf ich vorstellen«, sagt Gerolf Thienel, »Hubert aus dem Bodensee!«

Und wieder folgt eine verrückte Geschichte:

»2013 kam jemand auf uns zu und erzählte, er würde hier in Hannover eine Berufsausbildung machen. Aber einer seiner Verwandten wohne in der Nähe des Bodensees und gehe auf die achtzig Jahre zu. Der müsse anfangen aufzuräumen. Und das betraf bei ihm nicht nur das Haus, sondern auch die Tiefgarage ... Er hatte entsprechende Bilder mitgeschickt. Der alte Mann bewahrte dort alle möglichen Fahrzeuge auf, die er nicht mehr brauchte. Er hatte nichts verkauft und nichts verschrottet. Hatte einfach immer nur ein Fahrzeug in die Garage gefahren und die Tür zugemacht. Dann kam das nächste, und so ging es über Jahrzehnte hinweg wei-

Gerolf Thienel und Hubert aus dem Bodensee

ter. Das erste Auto, das er in diese Garage brachte, war wohl dieser T1-Kastenwagen, der im Jahr 1951 in Wolfsburg vom Band gerollt war. Unsere Kollegen waren dann dort und haben sich das Auto angeschaut.«

Was sie sahen, hatte in jeder Beziehung Seltenheitswert. Denn bei genauer Betrachtung stellte man fest, dass der T1 mehrfach überflutet worden war. Deshalb heißt das Auto Hubert aus dem Bodensee. Was ihn zudem zu einem ganz besonderen Unikat macht, ist sein frühes Baujahr 1951. Es ist der 8605. jemals gebaute Transporter.

Gerolf Thienel schmunzelt: »Wir sind jeden Morgen froh, wenn er noch senkrecht auf seinen vier Rädern steht. Letztes Jahr haben wir ihn von seinem langjährigen Stellplatz mal ein paar Meter weiter nach links rübergezogen. Das Fahrwerk ist fest, es dreht sich nichts mehr. Man kann ihn ziehen, aber er rutscht nur auf seinen uralten Reifen. Mit viel Geduld und Vorsicht haben wir ihn innerhalb der Halle zu seinem neuen Platz bewegt. Jetzt hat er, wie man so schön sagt, seine endgültige Parkposition erreicht.«

»Gibt es Pläne, dieses Unikat zu veredeln?«

»Nein. Wollte man dieses Fahrzeug restaurieren, müsste man alle Teile quasi neu anfertigen und daraus ein Auto aufbauen. Am Ende steht man da mit der Fahrgestellnummer und sagt, das ist ein 51er-Kastenwagen. Wirkt nicht sehr glaubwürdig ... Der kann so bleiben, wie er ist. Er ist ein Unikat, hat eine tolle Patina, die schafft nur der Zahn der Zeit. Er bleibt so. Daneben steht Sofie, komplett restauriert, fahrfähig, noch etwas älter, zugelassen. Wir haben beide Extreme hier.«

Von den Bulli-Schätzen ist es nur ein kurzer Weg zu jener Halle, in der Werksrestaurierungen erfolgen. Nur hier bekommt der Kunde eine Restaurierung ab Werk mit einem Zertifikat. Egal, ob es für eine Teil- oder Vollrestaurierung ist oder ob der Bulli schlichtweg wieder fahrbereit gemacht werden soll.

Die Interessenten für die Restaurierung kann man laut Gerolf Thienel grob in zwei Kategorien teilen: zum einen Gewerbekunden, die mit dem Transporter wirtschaftlich groß geworden sind, und Leute, die damals ihre »erste Mark« mit dem

Bulli verdient haben. Bei der zweiten Hälfte handelt es sich eher um Privatkunden: »Meist Generation fünfzig plus.« Menschen, die in der Jugend mit dem Bulli unterwegs waren und mit ihm schöne Er-

Grundsanierung in der Oldtimer-Halle

innerungen verbinden. »Leute, die jetzt sagen: ›Okay, für den Ruhestand wollen wir noch mal so ein Auto haben. Dann aber komplett restauriert, pflegeleichter als damals, weil jetzt alles neu ist. Mit Garantie et cetera.‹«

Vom ersten Handgriff bis zur Wiedergeburt des Oldtimers dauert es bei einer Vollrestaurierung zwischen ein und zwei Jahren, je nach Zustand des angelieferten Fahrzeugs.

Die aufwendigste Restaurierung in Hannover-Limmer glich eher einem Neuaufbau:

»Ein T1-Samba-Bus, bei dem der Kunde eigentlich nur vier Teile anlieferte: eine Samba-Karosserie, eine Vorderachse, Reste einer Sitzbank und das Typenschild. Der Rest fehlte komplett: kein Motor, keine elektrische Anlage, keine Lampen, keine Innenverkleidung, kein Getriebe, keine Hinterachse, keine Bremse, kein Lenkrad, kein Schiebedach, rein gar nichts …«

Die Restaurierungskosten lagen letztlich bei etwas mehr als 125 000 Euro. Und es war selbst für die Spezialisten in Hannover-Limmer eine Herausforderung, aus vier Teilen wieder einen technisch makellosen und schicken Samba aufzubauen. Doch sie schafften es!

HAUPTSACHE, BULLI!

Dass es beim Thema Auto um Liebe und Leidenschaft geht, erwartet man erst mal nicht. Es sei denn, man besucht eines der lebendigen VW-Bus-Treffen, wo man mit ganz viel Liebe zum Detail und Accessoires der Sechziger- und Siebzigerjahre die Bulli-Frühzeit wiederaufleben lässt. Wir waren in Wohnungen, deren Wände mit Bulli-Postern, Bulli-Emblemen und Bulli-Fotos bedeckt und deren Tische und Schränke mit Bulli-Modellen, Bulli-Kaffeetassen und sonstigen Bulli-Devotionalien geschmückt waren. Bullimania – und kein Ende! Die Industrie hat diesen Markt entdeckt und bedient ihn – für beide Seiten befriedigend. Die Fans lieben das. Aber es gibt auch viele, die mit Leidenschaft Bullis sammeln und restaurieren.

Die beiden Bulli-Enthusiasten, die ich besuchte und über die ich nun berichten möchte, trennen altersmäßig gut zwei Jahrzehnte. Sie leben in unterschiedlichen Regionen Deutschlands. Und ihre Herangehensweise an den T1 ist ebenfalls sehr verschieden. Der eine sammelt seit Jahrzehnten diese Bulli-Klassiker. Er fährt gern zu dem stillen Stellplatz, auf dem seine zumeist unrestaurierten Autos stehen, genießt ihren Anblick und trinkt eine Tasse Kaffee ... Fast meditativ.

Und dann fällt bei Jochen Brauer während unseres Gesprächs über den Bulli irgendwann das Wort »Leidenschaft«!

Ohne diese Leidenschaft wäre wohl auch Maik Röper kaum bereit, Tausende Stunden Arbeit auf sich zu nehmen und einen Batzen Geld zu investieren, um ein altes Auto, das 44 Jahre auf einem Hinterhof gestanden hat, in einen echten Hingucker auf vier Rädern zu verwandeln.

Aber ich lasse sie besser selbst erzählen …

JOCHEN BRAUER: GUMMIBÄRCHEN FÜRS VW-WERK

»Am 8. März 2000 fuhren wir mit Bulli-Freunden nach Hannover zum Volkswagenwerk, um mit Mitarbeitern von Volkswagen Nutzfahrzeuge den 50. Bulli-Geburtstag zu feiern«, erinnert sich Jochen Brauer. Er ist einer von denen, die sehr früh und mit guten Ideen in der VW-Bus-Szene dabei waren. »Ich hatte mich vorher erkundigt, wann Schichtwechsel ist, und als die Mitarbeiter rauskamen, spannten wir ein Geburtstags-Transparent auf und verteilten Gummibärchen an alle und Röschen an die Mitarbeiterinnen, denn es war der 8. März, also Weltfrauentag. Es dauerte keine zehn Minuten, dann war der Werksschutz da, um uns fortzukomplimentieren. Damals hatte von den Verantwortlichen kaum jemand eine Ahnung von der VW-Oldtimer-Szene; bis auf den Pressemann Lothar Brune, der zu uns kam und mit dem ich hinterher noch eine Tasse Kaffee trank. Aber niemand aus der Chefetage erschien, um mit uns zu sprechen, geschweige denn zu feiern.«

Jochen und Juliana

Das war sieben Jahre bevor der VWN-Vorstand umschwenkte und das Internationale Bulli-Treffen 2007 in Hannover initiierte. Jetzt hatte man erkannt, dass das rundliche »Gesicht« des T1 und des T2 nicht nur ein unverwechselbares Markenzeichen, sondern als Oldie auch ein Geschäftsmodell ist. Dass der Bulli ein rollendes Stück modernen Kulturguts ist, wissen die »menschlichen Oldtimer« der Bulli-Szene schon lange ...

Man könnte sich auch vorstellen, dass Jochen Brauer, Jahrgang 1955 und von Beruf Statiker für Brückenbau in Essen, auch auf anderes abfährt als auf alte Bullis: Bei einer Körpergröße von zwei Metern kann es für ihn hinter dem Lenkrad eines T1 durchaus eng werden. »Ich passe mich an«, meint er schmunzelnd. Und noch eine Äußerung fällt recht schnell bei unserem Gespräch: »Entweder T1 oder gar nichts!«

Diese Beziehung begann Mitte der Siebzigerjahre. Jochen sah in einem Fernsehfilm einen VW-Bus und dachte: »Das könnte doch was für mich sein. Auf einem Spaziergang entdeckte ich damals einen alten VW-Bus, ein Feuerwehrauto, das dort als Bauwagen stand.« Nach einem Jahr Überzeugungsarbeit war es so weit: Er hatte den T1 und konnte ihn in einer alten Scheune herrichten.

»So bin ich zum T1 gekommen«, sagt er. »Heute besitze ich elf T1. Der älteste ist Baujahr 1957, der jüngste Baujahr 1967.«

Von den elf Bullis sind nur zwei restauriert. »Die übrigen sind heute noch das, was sie mal waren.« Zum Beispiel das alte ADAC-Straßenwachtauto. Die Grüne Minna, ein Polizeifahrzeug. Krankenwagen. Hubsteiger, Kipperpritsche und so weiter. »Ich habe sie gesammelt, weil sie damals niemand haben wollte. Habe sie auf die Seite gestellt, mal gucken, was daraus wird ... Zwei Westfalia-Camper sind auch dabei; einer mit der Einrichtung Nummer SO34, das ist die einfache, bei der man sich gegenübersitzt, und dann noch die SO42, die mit der Klappbank.«

Meistens allerdings nimmt er die Original-Campingbox von Westfalia, wenn er in einem seiner Fahrzeuge irgendwo bei einer Veranstaltung übernachten will. Mal im Kombi, mal im Samba-Bus.

Ob es ihm beim Hype um den Bulli und bei der Preisexplosion auf dem Oldtimer-Markt nicht etwas unheimlich ist angesichts der Werte, die er da herumstehen hat?

»Nein!«, stellt er klar. »Ich habe die Fahrzeuge billig gekauft, ganz einfach. Das ist für mich der Wert. Den letzten, einen blauen Samba, habe ich im Jahr 2000 erworben. Für den habe ich 2000 Mark bezahlt. In seinem heutigen Zustand – er hat einen kleinen Schaden an den Klapptüren – ist er schätzungsweise 50 000 Euro wert. Eine bessere Wertanlage kann ich gar nicht haben. Aber das interessiert mich nicht ... Wenn meine Kinder meinen, sie wollen den verkaufen, können sie das später machen. Das ist dann nicht mehr mein Bier!«

Manchmal fährt er zu seiner Scheune, die idyllisch am Rande der Großstadt liegt. Klar, es gäbe schon einiges zu tun – aber dann setzt er sich einfach raus ins Grüne, lauscht dem Blöken der Schafe, genießt die Sonne und trinkt Kaffee. »Ich muss ja an den Autos nicht unbedingt was tun. Ich habe ja fahrfähige Fahrzeuge!«

Ja, gibt er zu, ein bisschen Arbeit und Pflege sei bei seinen Oldtimern schon nötig, auch um Standschäden zu vermeiden: »Pflege ist das, was ich hauptsächlich mache. Nicht reparieren, sondern pflegen.« Natürlich wirft er auch einen fachmännischen Blick auf die Autos seiner Töchter, die alle drei T3 Multivan fahren. Sie sind mit T1-Bullis während der Urlaube auch im angehängten Wohnwagen groß geworden. »Die Reisen führten uns nach Frankreich, Italien, England, Dänemark und ins russische Kaliningrad (einst Königsberg), weil dort mein Vater aufgewachsen ist. Ein alter Ostpreuße.«

Dass Jochen Brauer das Vereinsleben rund um den T1 aktiv mitgestaltet hat, wissen T1-Fahrer weit über Essen hinaus. Zehn Jahre lang war er auch Vorsitzender der 1987 gegründeten BulliKartei, einem Verein von Freunden des T1. Bekannt wie der sprichwörtliche bunte Hund, organisiert er heute noch die VW-Oldtimer-Club-Szene bei der jährlich stattfindenden Techno Classica in Essen.

Was mich zu der Frage veranlasst: »Wie sieht es heute bei dir aus? Auch nach über vierzig Jahren Bulli-Aktivität noch kein bisschen leise?«

Er grinst: »Ja und nein. Ich möchte gar nicht mehr so viel machen, aber ich werde immer gefragt – und da sage ich nicht Nein!«

MAIK RÖPER: VON ERNA, HEINI UND GANZ VIEL ENTSCHLEUNIGUNG

»Ich bin Ernas vierter Liebhaber«, sagt mir Maik Röper mit einem Seitenblick auf seine Freundin Beatrice Müller, die bei unserem Bulli-Gespräch natürlich dabei ist. »Zunächst war da das Feuerwehrteam in Hameln, ferner sind da noch zwei meiner Freunde von der Busbrigade Nord.« Dass Beatrice besagte Erna wohl nicht als Nebenbuhlerin betrachtet, ahnt man schon. Auch weil Letztere bereits Mitte fünfzig ist und dieses Jahr voraussichtlich eine Verbindung mit Heini eingehen wird. Bevor das Beziehungsgeflecht aber zu kompliziert wird, drösle ich das Ganze kurz auf: Erna ist eine prämierte T1-Pritsche, Baujahr 1964, und Heini ein T1-Kastenwagen, als einer der letzten Bullis in Wolfsburg gebaut und ausgeliefert am 7. März 1956, einen Tag bevor der erste T1 im neuen VW-Werk in Hannover vom Band lief.

Man ahnt schon: Wer diese Bande zwischen Erna und Heini geknüpft hat, kennt sich bestens mit Bullis aus und hat da ein sehr gutes Händchen bewiesen …

Kennengelernt haben wir Maik und Beatrice im Juni 2018 beim Midsummer Bulli Festival auf Fehmarn, wo Maiks T1 als Sieger der am besten restaurierten Bullis hervorging. Nun treffen wir uns noch einmal in der Nähe von Bremen, wo beide, wie auch Erna und Heini, zu Hause sind.

»1999 habe ich mir als Kfz-Mechanikerlehrling den ersten VW-Bus gekauft«, erinnert sich Maik. »Ein T1, geschlossener Kasten, Baujahr 57 für 500 Mark.« Heute ein kaum mehr vorstellbares Schnäppchen, damals ein angemessener Preis für das, was Maik erhielt: »eine totale Baustelle, ein Fass ohne Boden! Ein polnischer Freund nahm das Auto mit in sein Land, wo die Blech- und Schweißarbeiten für vergleichsweise wenig Geld – für mich damals trotzdem eine große Summe – fachgerecht erledigt wurden. Dann habe ich, immer wenn ich Geld und Zeit hatte, acht Jahre lang restauriert. Das Auto war mein Herzstück überhaupt«, erzählt er uns bei sich auf der Terrasse. Überall auf dem Grundstück, im Haus und auch in der Garage, fällt der Blick auf Dinge, die mit dem Bulli zu tun haben. Und dann zeigt Maik plötzlich, ernst geworden, auf seine Wade, wo kunstvoll das Bild der Pritsche Erna eintätowiert wurde.

»Mein 57er-Kasten-Bulli musste leider gehen. Aber diese Pritsche soll ewig bei mir bleiben – deswegen das Tattoo.« Um diese besondere Bindung zu verstehen, hier kurz der Hinweis, dass Maiks T1-Kastenwagen ein »Scheidungsopfer« wurde, als vor über einem Jahrzehnt seine Ehe zerbrach und er die plötzlich auftauchenden finanziellen Belastungen nur bewältigen konnte, indem er seinen geliebten 57er-Bus verkaufte. Er war mittlerweile Kfz-Meister und arbeitete wenig später beim TÜV als Kfz-Sachverständiger für Oldtimer.

»Ich habe einen tollen Chef, der mich damals nach der Scheidung stützte und auch vor zehn Jahren motivierte, die T1-Pritsche zu kaufen.« Man ahnt, es handelt sich hierbei um Erna. »Das Fahrzeug war noch feuerwehrrot und hatte nur 50 000 Kilometer als Einsatzfahrzeug auf dem Buckel.« Der Name Erna sprang ihn förmlich an, als er ihn bei einem Spaziergang am Meer auf einem Schiff las: »Erna fand ich witzig!«

Eigentlich hatte Maik die T1-Pritsche in erster Linie zum Fahren gekauft. An Restaurierung dachte er weniger. »So wie Erna damals beschaffen war, war es bereits ein tolles Auto; tiefer gelegt, mit Patina und Charme.« Aber dann begann er, die Achsen und anderes zu kontrollieren, zu zerlegen … und so ging es Stück für Stück weiter. Es war nicht zu leugnen, dass der Zahn der Zeit auch an diesem Bulli seine Nagespuren hinterlassen hatte. Einen Teil nach dem anderen zerlegte Maik, und immer neue Überraschungen traten zutage. Letztlich stand da die nackte Karosserie, die er sandstrahlen ließ. Eine chemische Tauchbadentlackung hielt er nicht für notwendig, außerdem wäre die mit Zusatzkosten von deutlich über 10 000 Euro zu Buche geschlagen. Der finanzielle Aufwand war mit 60 000 Euro auch so schon immens. Allein die Lackierung kostete 13 000 Euro.

»Aber ich will in solchen Dingen auch perfekt sein. Meine Auszubildenden früher haben mich dafür gehasst«, sagt er mit einem Schmunzeln. Zwei Jahre lang hat er Erna restauriert.

»Und wie viele Stunden hast du daran gearbeitet?«, will ich wissen. Er zuckt die Achseln: »Tausende.« Das Auto war nun fertig, aber noch fehlte die Belattung: Zum Schutz der Ladefläche mussten Holzstangen aufgeklebt werden.

»Die erstand ich beim Maikäfertreffen in Hannover bei einem holländischen Verkäufer. Dummerweise nahm ich die falsche Länge. Am nächsten Werktag fuhr ich ganz früh morgens nach Holland, tauschte die Hölzer und klebte sie abends auf die Ladefläche.«

Dass während unseres Gesprächs mehrfach das Wort »Leidenschaft« fällt, verwundert nicht. Der Begriff Bulli-Fieber passt bei Maik ebenso gut!

»Das Auto ist optisch voll durchkomponiert«, betont er nicht ohne Stolz. Der Farbton des Rahmens der aufstellbaren Windschutzscheiben ist abgestimmt auf den Creme-Ton der Stoßstange. Und das besondere Braun der Karosserie (er ließ sich durch die Farbe eines früheren Brezelkäfers anregen) ist ein echter Hingucker. »Jetzt war alles fertig!«, sagt Maik. »Zum Abschlusstreffen der Busbrigade Nord 2015 auf der Insel Rømø fuhr ich erstmals auf eigener Achse.«

Eigentlich könnte Maik Röpers Geschichte hier enden … Aber da hörte er von diesem Kasten-Bulli Baujahr 1956, einem der zu allerletzt in Wolfsburg gefertigten Exemplare. Kurz entschlossen verkaufte Maik seinen schicken Ovali-Käfer, Baujahr 1953, um ausreichend Bares in der Tasche zu haben, und erwarb den 56er-Bulli in England.

»Das Auto ist quasi erste Hand! Von Wolfsburg ging es direkt nach San Francisco und wurde an ein Indianerreservat ausgeliefert. Dort fuhr es von 1956 bis 1971. Danach stand es bis 2015 nahezu vergessen auf irgendeinem Hinterhof. In jenem Jahr kaufte es dort der besagte Engländer. Er begann mit der Restaurierung, verlor aber die Lust … Das war meine Chance!«, erzählt Maik. »Ein ganz besonderer Bulli, das belegen die ›Geburtsdokumente‹, die ich von VW habe. Am letzten Tag der T1-Produktion in Wolfsburg gebaut!«

Bald wird die Restaurierung abgeschlossen sein. »Dann werden Beatrice und ich losfahren, und wir werden in dem T1-Kastenwagen wohnen und schlafen. Und bevor wir aufbrechen, werden wir die Handys ausschalten und entschleunigen …«

»Heini heißt er«, erinnere ich mich. »Woher kommt der Name?«

»Das ist eine Hommage an einen Freund, den Karosseriebauer Heini, ein Urgestein von 74 Jahren, der sich dieses Bullis ganz besonders angenommen hat.«

Ich bin mir ganz sicher: Wenn Kasten Heini und Pritsche Erna 2020 anlässlich des 70. Bulli-Geburtstags nach Fehmarn zum Bulli Festival rollen, wird jeder über die beiden sagen: »Schau mal, was für ein hübsches Paar!«

MICHAEL STEINKE: »DER BULLI ZAUBERT EIN LÄCHELN AUFS GESICHT …«

Am Tag, als er sich an der Uni einschreibt, werden in der Bundesrepublik öffentlich Wehrpässe verbrannt. Dieses Jahr 1968 wird als das Jahr der Revolten einer aufmüpfigen Generation in Erinnerung bleiben. Im gleichen Jahr wird der Prediger der Gewaltlosigkeit, Martin Luther King, erschossen. Und der Prager Frühling wird von russischen Panzern beendet.

Es ist eine lange Zeitspanne, auf die Michael Steinke zurückblickt …

Lang ist auch die Liste der VW-Busse, die er seither besaß.

»27 Bullis wurden auf meinen Namen zugelassen. Fünfzig weitere sind durch meine Hände gegangen. So komme ich auf 77 Bullis.« Und wenn jemand die ausgefallensten Details über den Westfalia-Camping-Bulli wissen möchte, gibt es keinen besseren Experten als ihn. Denn seit 1991 führt er das »Westfalia-Register« – doch dazu später mehr.

Michael Steinkes Bulli-Liebe reicht weit zurück: Als Student, der bei einem Gemüsegroßhändler jobbte, lieferte er in dessen samtgrünem T1-Transporter die Ware an die Kundschaft aus. Dass er diesen Bulli auch schon mal privat nutzen durfte, gefiel ihm gut; man konnte schließlich darin mit der Freundin das Wochenende verbringen …

1969 legte er sich den ersten eigenen T1 zu und reiste während der Semesterferien durch Europa. So sahen die Anfänge einer lebenslangen Bulli-Beziehung aus. Beruflich bildete er dreißig Jahre lang Lehramtsreferendare in Frankfurt aus.

»Von 1990 bis 94 war ich Vorsitzender der BulliKartei«, erinnert er sich. »Eine segensreiche Zeit damals, nicht allein wegen des Vorsitzes, sondern weil man in dieser Funktion ständig interessante Bulli-Angebote bekam. Man wurde angerufen: ›Wir haben hier einen ADAC-Bus. Das Auto steht doch nur rum ... Wollt ihr den haben?‹ – ›Was soll er denn kosten?‹ – ›Na ja, 1000 Mark ...‹ – ›Wenn Sie ihn herbringen, nehme ich ihn.‹ Durch die Vorstandsarbeit wusste ich natürlich, dass wir im Verein rasch einen Interessenten finden würden.«

Als Bulli-Mann der frühen Stunde wird er auch so manches Mal um Rat gefragt: »Vor ein paar Monaten rief eine junge Journalistikstudentin an, die eine Semesterarbeit zum Jahr 1968 schrieb. Und sie fragte: ›1968, das war doch die Zeit, als der Bulli, der T1, ein Kultauto wurde?‹ Da habe ich sie gleich unterbrochen: ›Mag sein, dass dieses Fahrzeug in den letzten zehn Jahren zum Kultwagen wurde, aber damals war es das Auto der Handwerker. Man wurde schon ein bisschen komisch angeguckt, wenn man in einem Transporter durch die Gegend fuhr.‹«

Heute, so höre ich, hat Michael Steinke viele seiner Aktivitäten zurückgefahren. »Vor vierzehn Tagen habe ich meinen vorletzten T1 veräußert. Wenn man Enkel hat, sind die alten Autos nicht mehr so wichtig ...« Nur noch einen einzigen T1 von 1966 besitzt er, ein ehemaliges »Unfallkommando« der Schweizer Heerespolizei, Farbe: Tannengrün. »Selbst wenn ich mit diesem Bulli durch die Gegend fahre, zaubert es den Leuten am Straßenrand ein Lächeln aufs Gesicht!«

DAS »WESTFALIA-REGISTER«

Die Qualität der Westfalia-Ausbauten während der Siebzigerjahre hat ihn derart überzeugt, dass er sich in kurzem Abstand nacheinander zwei neue Busse mit Helsinki-Ausbau zu-

Westfalia SO23, so wie in Methusalem verbaut

legte. »Dann habe ich aber gemerkt, dass es auch andere Möglichkeiten gibt, die viel praktischer sind als ein fertig ausgebauter Bus: nämlich die je nach persönlichem Geschmack zusammenstellbare Mosaik-Einrichtung von Westfalia. Den so eingerichteten Bus hatte ich elf Jahre lang.«

Damit begann eine Westfalia-Leidenschaft, die zum »Westfalia-Register« führte. Denn als BulliKartei-Vorsitzender lernte er andere kennen, die Westfalia-Ersatzteile benötigten. Scharniere zum Beispiel, Türgriffe und andere Dinge, die seit Jahrzehnten nicht mehr produziert wurden.

»Bei einem Bulli-Treffen entstand die Idee, alle Leute zu erfassen, die noch mit Westfalia-Einrichtungen fahren beziehungsweise im Keller oder in der Garage noch Ersatzteile liegen haben. So wollten wir ein Info-Briefchen für den ›Westy-Freundeskreis‹ rausbringen, um einander über Ersatzteile zu informieren und gemeinsame Treffen zu veranstalten. Dazu gehörten damals etwa 200 Leute in rund 25 fahrbereiten T1 und etwa 150 T2.«

Auch mit der Firma Westfalia nahm er zu diesem Zweck Kontakt auf. Der führte allerdings wegen der Firmenturbulenzen zu nichts: »Die hatten andere Probleme, als sich um unsere Oldtimer-Interessengemeinschaft zu kümmern.«

Die Ersatzteilbeschaffung habe sich im Laufe der Jahre völlig verändert, höre ich. »Heute ist ja alles übers Internet erhältlich. Kaum einer benötigt noch das ›Westfalia-Register‹.« Dennoch gibt Michael Steinke sein Informationsheft »WR-Post« weiterhin heraus. Inzwischen längst auch mit Beiträgen des ehemaligen Westfalia-Miteigentümers Horst Knöbel.

Da für mich persönlich die beiden Begriffe »Bulli« und »Westfalia« Synonyme für Aufbruch und mobile Freiheit sind, gleichzeitig aber auch für die in den Siebzigerjahren allgemein aufkeimende und auf einmal erfüllbare Reiselust stehen, möchte ich kurz die Geschichte von Westfalia erzählen. 1844 als Schmiede eröffnet, wurden hier später Pferdewagen und Kutschen gebaut. Ein sehr wichtiger Meilenstein der Firmengeschichte war die Erfindung der Anhängerkupplung in der heute bekannten Form. Mitte der Dreißigerjahre begann die Firma, Wohnwagen zu bauen. Im Zweiten Weltkrieg waren es Lafetten für Geschütze und nach dem Krieg …

»So um 1948 herum«, erinnert sich Michael Steinke, »haben sie auf der Hannover Messe den ersten Nachkriegswohnwagen vorgestellt.« Nun erzählt er mir von dem Ehepaar Erna und Helmut Blenck, deren Namen und Geschichte ich bis dahin nicht kannte. Im Herbst 1952 kamen die beiden zu Westfalia und ließen sich dort ihren VW-Bus mit einer einfachen Wohneinrichtung ausbauen. 1953 ging es dann mit diesem Bulli nach Südafrika. Über ihre Reiseerfahrungen schrieben sie das Buch »Südafrika heute«.

»Das war 1953/54; sie fuhren sozusagen mit einem Ur-Westfalia-Camper, den der Vater von Horst Knöbel ausgebaut hatte«, berichtet Michael Steinke. »Eine Art Prototyp!«

Und so entwickelte Westfalia nach der Wohneinrichtung Typ Blenck die erste Westfalia Campingbox Standard, die 1953 auf den Markt kam und vor allem im T1-Bulli eingebaut wurde. Michael Steinke weiß auch die exakten Maße: Länge 1,46 Meter, 53 Zentimeter Breite und 82 Zentimeter Höhe. Ein genial simples Truhenmodell, das sozusagen »all inclusive Sitz-, Schlaf- und Kochmöglichkeiten vereint. Einfach in den Wagen gestellt […] – und schon haben Sie Ihr Landhaus auf Rädern«, schwärmt die Westfalia-Broschüre von 1953. Laut allererster Preisliste kostet die Box umgerechnet etwa 300 Euro. Ende 1954 sind bereits über 200 Campingeinrichtungen für VW verkauft worden. Ab Mitte 1958 gibt es die Einrichtung nicht mehr bei Westfalia allein zu kaufen, sondern zusammen mit dem Bulli beim VW-Händler als Teil eines Pakets. Bald schon folgen luxuriösere Festeinbauten; die erste unter der VW-Bezeichnung SO23.

Mehrfach verändert, erweitert und immer wieder optimiert, rollt so der Westfalia-Bulli abertausendmal in und durch die ganze Welt!

Mobilität mit dem Bulli spielt eine wichtige Rolle in Michael Steinkes Leben. Anfang der Neunzigerjahre hatte er bereits eine Reihe von Bulli-Treffen mitorganisiert, aber das begann ihn zu langweilen. »Da saßen wir wieder mal am Lagerfeuer und haben nachgedacht: Unsere Autos sind gut, sie können auch weite Strecken fahren. Mit denen könnte man auch irgendetwas Sinnvolles tun, anstatt nur von einem Treffen zum anderen zu rollen …«

Gesagt, getan. Das war zur Zeit der Balkankriege, Europa war im Umbruch: Die von der Sowjetunion in die Unabhängigkeit entlassenen Staaten standen vor einem Neubeginn, in einigen herrschte Not. Sarajevo wurde beschossen, und die Bulli-Freunde sagten sich, da könne man doch helfen und gleichzeitig dem Hobby »Bullifahren« frönen. Und so starteten Michael Steinke und seine Bulli-Freunde Hilfskonvois und nannten das Unterfangen »Bullis bringen Freude«.

»Wir fingen an, Hilfsgüter zu sammeln, und bekamen sie tonnenweise. Irgendwann wurde mir aber doch klar: Das können wir gar nicht alles so wie geplant umsetzen … Es gab ja Zeiten, in denen ein Konvoi zwar in ein umkämpftes Gebiet reinkonnte, aber wochenlang nicht wieder rauskam. Und wir alle standen noch im Berufsleben.«

Also disponierten sie um und fuhren stattdessen nach Rumänien, wo nach dem Ende des Ceaușescu-Regimes eine Caritas-Organisation aufgebaut wurde.

»Bis 2019 haben wir 108 Aktionen durchgeführt«, erinnert Steinke sich. »Davon 63 Hilfsgütertransporte im VW-Bus-Konvoi und 45 weitere Aktionen wie etwa Bulli-Ausflüge mit Altenheimbewohnern.« Hut ab!

Siebzehn der Hilfsgütertransporte gingen nach Satu Mare in Rumänien, das am häufigsten angelaufene Ziel. »Alles in allem waren rund 150 verschiedene Frauen und Männer mit uns auf diesen Fahrten. Der harte Kern des Teams besteht aus etwa zwanzig Leuten. Deren Ideen werden auch berücksichtigt: ›Lasst uns doch nach Bulgarien fahren‹, hörte ich unlängst. Okay! Wir sammelten passende Spenden und fuhren mit unseren Bussen 4500 Kilometer hin und zurück, um in Idilevo ein Mensch-und-Tierhilfe-Projekt zu unterstützen. Getreu unserem Motto: Bullis bringen Freude!«

D THE WORLD

STECKBRIEF T2

ER PRÄGT DAS STRASSENBILD DER WELT

Der T2 tritt in große Fußstapfen, als er im Sommer 1967 der Öffentlichkeit vorgestellt wird. Immerhin ist sein Vorgänger mehr als 1,8 Millionen Mal in alle Welt gerollt! Das muss erst mal einer nachmachen.

Im Geburtsjahr des T2 ist richtig was los: In San Franciscos Stadtteil Haight-Ashbury provozieren die Jungen mit *Peace*-Logos und »*Make love, not war*«-Stickern die Alten. Seit das Monterey Pop Festival im Juni 1967 – unter anderem mit Jimi Hendrix und The Who – mehr als 50 000 Fans in Ekstase versetzte, hat die Hippiebewegung Fahrt aufgenommen. San Francisco ist der Tummelplatz dieser Blumenkinder. Auch die Musiker der Bands Grateful Dead und Jefferson Airplane leben in Haight-Ashbury, ebenso Janis Joplin. Ihr letzter Welthit, den sie dort singt, ist »Mercedes Benz«. Toller Song, aber aus Sicht des Bulli-Fans hätte eine andere Automarke natürlich besser gepasst …

Der T2 verzeichnet schon bald nach dem Produktionsbeginn zum Modelljahr 1968 Rekordabsätze. Vor allem auch durch Exporte nach Nordamerika, aber auch die Märkte in Süd- und Mittelamerika boomen. Während die Exportmenge in die USA auf 70 000 Bullis steigt, verzeichnet das brasilianische VW-Werk bei São Paulo den Produktionsrekord von 66 280 Fahrzeugen

für das eigene Land. Auch in Mittelamerika rollt der T2 erfolgreich auf die Straßen.

»Triebfeder dieser Entwicklung ist neben dem günstigen Anschaffungspreis zum einen die Hippiebewegung, die sich den VW-Bus zu eigen macht, und die hohen Verkaufszahlen von Campingbussen, die von Deutschland über den ›Teich‹ gehen«, heißt es in einer Verlautbarung von Volkswagen Nutzfahrzeuge.

Doch neben dem viel beachteten Auftritt des T2 bewegt 1967 noch anderes Deutschland und die Welt: Die Nachkriegsära endet mit dem Tod von Altbundeskanzler Adenauer. Das Farbfernsehen zieht in Deutschlands gute Stuben ein. Und während 1950, im Geburtsjahr des Ur-Bullis, die Musik in Deutschland schnulzig-schmalzig war, dominieren jetzt fetzige Hits die Charts: »All You Need Is Love« von den Beatles und »Let's Spend the Night Together« von den Rolling Stones.

Mit diesem frischen Wind im Rücken rollt der T2-Bulli in die ganze Welt!

MOBILE FREIHEIT MADE IN GERMANY

»Goodbye, Bulli«, werden die Medien dem T2 nachrufen, als er 2013 endgültig in Rente geht – nach 46 Jahren! Allein das ist ein Weltrekord!

Anfangs dachten seine Ingenieure und Konstrukteure nur an eine verbesserte Neuauflage des T1. Doch dann entwickelten sie ein nahezu komplett neues Fahrzeug mit Panorama-Windschutzscheibe, serienmäßiger Schiebetür, großen Seitenscheiben und einer geänderten Front. Vorn trägt ihn eine wartungsärmere Vorderachse und hinten eine Doppelgelenk-Hinterachse. Der luftgekühlte Vierzylinder-Boxermotor mit vorerst 47 PS ist nun niedriger gebaut und ermöglicht mehr Laderaum oberhalb des Motorraums. Zudem ist er 16 Zentimeter länger als sein Vorgänger – und hat demzufolge mehr Laderaum. Seine modernen Sicherheitsstandards unterscheiden sich deutlich von anderen Nutzfahrzeugen seiner Zeit.

Vor allem auch die Amerikaner sind von diesem modernen, kompakten Fahrzeug *made in Germany* begeistert. Mitte der Sechzigerjahre hatte der wachsende Übersee-Export zur Gründung des Werkes Emden geführt. Ein hervorragender Standort zur Verschiffung: Während der nächsten Jahre unterhält Volkswagen mit mehr als achtzig Schiffen die größte Charterflotte der Welt, und Emden wird zum größten Automobilhafen.

Doch wieder einmal sind die Dinge im Wandel: Mit Produktionsbeginn des T2 zum Modelljahr 1968 beginnt auch die Montage des T2 in Südafrika. Das Kürzel für dieses Verfahren lautet CKD, *Completely Knocked Down*, sinngemäß: total zerlegt. Der T2 wird von Deutschland in Einzelteilen exportiert und in einem anderen Land montiert. Auf diese Art gelangen in den Siebzigerjahren zahllose Bausätze in die weite Welt – etwa nach Pakistan, Thailand, Kenia, Peru und in die Türkei, um nur einige zu nennen. So vermeidet man die hohen Import- und Luxussteuern in diesen Ländern und schafft dort gleichzeitig Arbeitsplätze.

Parallel zu Deutschland wird auch in Mexiko und Brasilien (bereits seit 1957) produziert. 1975 wird bei São Paulo die Produktion teilweise auf den neuen T2 umgestellt. Allerdings mit einer schon zuvor kurz erwähnten Besonderheit: Anders als in Deutschland und Mexiko entsteht in Brasilien ein T2 mit den Seitenwänden des T1, erkennbar an den kleinen Seiten- und Heckfenstern und den Motorlufteinlässen oberhalb der Hinterräder sowie den Klapptüren zum Laderaum. Mit diesen Zutaten haben die Brasilianer einen eigenwilligen, aber erfrischenden Cocktail gemixt.

Noch viele Entwicklungsschritte folgen bis zum Jahr 2013, bis letztlich nach 46 Jahren Erfolgsstory der letzte T2 – ein wassergekühlter – in Brasilien vom Band läuft.

Der T2-Bulli ist eng mit dem Namen Westfalia verknüpft. »Ferien mit dem VW-Campingwagen«, wirbt man damals. Begriffe wie »mobile Freiheit« gehören noch nicht zum Sprachgebrauch. Aber immerhin werden 1968 schon einhundert T2-»Campingbusse« pro Tag gebaut.

Und die Taktung wird immer rasanter: 1969 verlässt der 50 000. Campingbus das Band. Zwei Jahre später ist der 100 000. fertig. Beim Ausbauer Westfalia sorgen jetzt tausend Mitarbeiter für diesen Erfolg. 1972 erreicht der US-Export mit gut 72 500 VW-Bussen eine neue Rekordmarke; ein Drittel davon sind Campingbusse. Westfalia fertigt jetzt bis zu 125 Ausbauten am Tag!

Während in Europa die Modelle unter anderem Oslo, Rom oder Helsinki heißen, tragen die Ausbauten für Amerika Namen wie Miami, Houston oder Los Angeles. Genau dort, auf dem Los Angeles Airport, landeten Juliana und ich während unserer aufregenden Weltreise, die 1975 mit Bulli Methusalem in Afrika begann. Es war der 4. Oktober 1978. Seit 1258 Tagen waren wir ununterbrochen in der Welt unterwegs und hatten die Kontinente Afrika, Asien und auch Australien intensiv bereist.

»Ich habe wieder Lust auf Bulli!«, sagte ich zu Juliana.

WELTREISE IM T2

DER SCHÖNSTE BULLI VON SAN FRANCISCO

Seit Juliana und ich unseren Bulli Methusalem in Nepal an den Zoll verschenkt hatten, waren 486 Tage ins Land gegangen. Eine unglaublich intensive Zeit – jeden Tag waren wir gereist, jeder Tag war ein neues Abenteuer! Australien hatten wir mit Fahrrädern umrundet, Japan mit eigenem Motorrad durchquert. Die Inselwelten Südostasiens und des Fernen Ostens hatten wir mit Booten und Bussen durchstreift. Als wir von Tokio über Hawaii an die Westküste der USA flogen, näherte ich mich dem Ziel meiner Träume: Alaska.

Aber erst einmal landeten wir in Los Angeles.

Schon bei meiner Ankunft spüre ich eine Beklommenheit: Los Angeles ist riesig, nicht für Fußgänger gemacht. Wir aber hatten kein Auto, würden eins suchen müssen. Und dann waren da tausend Details, die für eine lange Reise durch den amerikanischen Kontinent vorzubereiten waren.

Ich fühlte mich unwohl, denn ich bin kein Stadtmensch, und L.A. war mir einfach zu groß! Ich blickte vom Airport auf das riesige Lichtermeer und dachte, dass mir San Francisco vielleicht besser gefallen würde ... Das war nicht mehr als ein Bauchgefühl, aber wir folgten ihm: Noch in derselben Nacht kauften wir zwei Flugtickets nach San Francisco. Ich trällerte Scott McKenzies Ohrwurm: »If you're going to San Francisco/

Be sure to wear some flowers in your hair.« Er hatte das Lied 1967 zur Blütezeit der Hippiebewegung gesungen, im Geburtsjahr des T2 also … Dann kauerten wir uns in eine Ecke des Airports und warteten auf den Weiterflug am kommenden Morgen.

In San Francisco quartierten wir uns im YMCA ein, studierten Angebote von Bullis der unteren Preisklasse und machten uns auf die Suche. Wir fanden auch einige für 500 US-Dollar. Überwiegend waren es T1, zumeist Schrottkisten, und drinnen miefte es nach Hasch und Schweiß. Nichts für uns, wir suchten weiter. Am dritten Tag hörten wir, dass bei der Peter & Wolf Car Company ein Bulli stünde, der nach einer Motorreparatur zu haben sei.

So lernten wir Wolf kennen. Vor Jahren war er mit seiner Frau Brigitte aus Braunschweig hierher ausgewandert und hatte am Golden Gate Park eine Porsche- und VW-Werkstatt eröffnet.

»Kommt doch heute Abend zum Essen. Brigitte kocht sehr gut und gerne!«, meinte er. Abends beim Essen: »Wie seid ihr denn in San Francisco unterwegs?«

»Zu Fuß und mit dem Bus.«

»Wieso denn das? Ich hab noch einen grünen VW-Käfer übrig, den könnt ihr nutzen. Und sagt mal, wieso wohnt ihr eigentlich im YMCA, wo unser Gästehaus leer steht?« So verlief das Gespräch bei Rindsrouladen, Rotkohl und kalifornischem Wein.

Einen Tag später zogen wir bei Brigitte und Wolf ein, und der grüne VW-Käfer wartete schon auf uns. Die beiden schenkten uns die unkomplizierteste – und längste – Gastfreundschaft, die wir je erfahren haben.

Auch beim Anblick des Bullis waren wir begeistert: ein T2 mit kleinem Hubdach. Schweizer hatten ihn nach Amerika verschifft und waren auf der Panamericana von Feuerland bis nach Alaska gefahren. Auf der Rückfahrt hatten sie in Kalifornien einen Motorschaden, Wolf kaufte ihr Auto, und sie flogen heim in die Schweiz.

»Für 1600 Dollar ist er zu haben«, sagte Wolf. Er bemerkte unser Zögern. »Na gut, weil ihr es seid: 1300 Dollar. Den Motor reparieren wir vorher. Aber ihr müsst ein paar Tage Zeit mitbringen …«

Ein Problem gab es allerdings; der Bulli hatte nur schweizerische Papiere, keine kalifornische Zulassung. »Das kriegen wir schon hin«, meinte Wolf.

Es war ein gut erhaltener blauer Transporter mit Fenstern rundum; jede Seite zierten recht kunstvoll aufgemalte Maya-Motive. Die Inneneinrichtung war zwar Marke Eigenbau, aber durchdacht und fachmännisch ausgeführt. Messer, Gabel, Hängematte, Machete und andere kleine Reiseutensilien waren von den Schweizern ebenfalls zurückgelassen worden. Ein Glücksfall für uns! Nach einem Besuch im Stanislaus National Forest hatte unser Auto auch seinen Namen weg, und Juliana meinte: »Stanislaus ist der schönste Bulli von San Francisco!«

Am 8. Oktober 1978 hatten wir Wolf und Brigitte kennengelernt und waren tags darauf in ihr Gartenhaus gezogen. Doch erst Ende November konnten wir mit repariertem Motor im neuen Bulli in Richtung Sierra Nevada aufbrechen.

»Ihr müsst ein paar Tage Zeit mitbringen«, hatte Wolf anfangs gesagt. Am 10. Oktober hieß es dann: »Das Auto ist in

zehn Tagen startklar.« Zehn Tage später: »Höchstens noch zehn Tage…«, und so weiter. Wenn wir erwähnten, dass wir möglichst bald aufbrechen wollten, lachte er: »Aber Brigitte kocht doch gut. Was wünscht ihr euch denn morgen zum Frühstück? Den Käfer könnt ihr gern weiterhin nutzen.«

Der tatsächliche Ablauf der Reparatur war schleppend – aber die selbstverständliche, unkomplizierte, herzliche Gastfreundschaft bleibt unvergessen.

Am 29. November, 52 Tage nach unserem Einzug bei Brigitte und Wolf, kamen wir endlich los. Unser nächstes Ziel war Salt Lake City; dorthin würde Julianas Vater uns für die nächste Reiseetappe Geld von unserem Ersparten überweisen. Es war eine Zeit, in der Kreditkarten – zumindest in der Welt des Globetrotters – einfach nicht vorkamen. Man reiste mit Travelers Cheques oder Bargeld.

Begeistert von unserem großartig laufenden Bulli, erkundeten wir die Nationalparks des Westens: Yosemite, Grand Canyon, Bryce Canyon. An Heiligabend 1978 waren wir die einzigen Besucher auf dem vereisten Campground im spektakulären Zion-Nationalpark. Beim Blick ins Tagebuch finde ich einen Hinweis auf unser »Festessen«: »… leckere Bohnen aus der Dose«. Schaue ich mir das am Heiligabend aufgenommene Selbstauslöserfoto an, dann sehe ich zwei vergnügte Leute hinter dem mit Kiefernzapfen und Kerzen geschmückten Campertisch. Der Tagebuchauszug über diesen Abend lässt die kulinarischen Höhenflüge ahnen: »Juliana hat Kuchen gebacken, mit Schokoladencreme und Sahnehäubchen verziert…«

Einige der schönsten, unbeschwertesten Stunden unseres Lebens haben wir im Bulli verbracht…

Weiter ging's Richtung Salt Lake City; es war kalt. Wir mussten uns sputen, denn unser Geld wurde knapp. Aber in Salt

Lake City erwartete uns ja das von zu Hause transferierte Geld – dachten wir zumindest.

Man kann sich vorstellen, wie gut wir uns fühlten, als wir endlich bei der amerikanischen Partnerbank ankamen. Der Hammer traf uns unvorbereitet: »Das Geld ist nicht da.«

So etwas hatte es in gut dreieinhalb Jahren Weltreise nie zuvor gegeben. Ich versetzte meine Armbanduhr im Pfandhaus und erhielt dafür 13 Dollar; anschließend fuhren wir zur Übernachtung in die Berge. Morgen früh würden wir zurückkommen, um mit unserer Familie zu telefonieren.

Auf einmal lief gar nichts mehr rund. Nachts sackte die Temperatur auf minus 25 Grad. Morgens sprang unser Bulli nicht an. Ich wurde nervös. Wir mussten unbedingt nach Salt Lake City, um die letzten Details für den Geldtransfer zu klären.

Erneuter Startversuch – müde drehte der Anlasser! Ein vorbeikommender Pick-up-Fahrer gab unserer Batterie einen Stromstoß. Ohne Erfolg. Dann versuchte er, uns bei minus 25 Grad anzuschleppen. War das gut für den Bulli? Eher nicht – das ahnte ich. Auch jetzt sprang unser Wagen nicht an.

Schließlich hängte der Pick-up-Fahrer uns hinter seinen schweren Truck und zog uns mühelos ins erstbeste Wohngebiet am Rand von Salt Lake City. Danke! Ich kroch unter den Bulli und suchte den Fehler ... Da öffnete sich im Haus gegenüber eine Tür, und Warren und Betsy Cannon riefen uns zu, drinnen gebe es heißen Tee für uns und wir sollten zum Aufwärmen hereinkommen. Es klingt kitschig – aber die beiden waren unsere rettenden Engel.

Ich erkannte bald, dass unser Motor durch den Anschleppversuch bei klirrender Kälte schwer beschädigt war. Warren (der als Mormonen-Missionar drei Jahre in Deutschland gelebt hatte) und Betsy boten uns an, in ihrer Garage den Motor auszubauen und zu reparieren. Das sollte anderthalb Wochen dauern: Die Arbeiten am Motorblock (Kurbelwelle gebrochen, Motorblock beschädigt) ließen wir beim örtlichen VW-Händler erledigen. Den Rest stemmten wir selbst. Warren und Betsy, damals so alt wie wir heute, sind für immer in unsere Erinnerung eingebrannt. Trotz der teuren Bruchlandung hatten wir Freunde fürs Leben gewonnen.

Die wilde Schönheit des amerikanischen Westens faszinierte uns zwar, aber uns stand der Sinn nach Wärme. Wir beratschlagten, studierten Landkarten und lenkten Stanislaus von Salt Lake City in Richtung Mexiko und darüber hinaus Richtung Panama.

Mexiko war zu jener Zeit noch ein sicheres Reiseland. Gewarnt wurde eher vor den Polizisten, die mit Amtsmiene und offener Hand für fantasievoll dargestellte Verkehrsdelikte abzukassieren versuchten.

Ein Husarenstück erlebten wir in Mexico City: Ich lenkte unseren T2 vorschriftsmäßig mit anderen Autos in einen großen Kreisel, als ein Polizist vorsprang, mit den Armen ruderte und zielgenau uns aus dem fließenden Verkehr fischte. Er wollte harte US-Dollars ... wofür, wurde nicht recht klar, Hauptsache, Bares! Die Diskussion dauerte bereits fünf Minuten, als sein Kollege neben unserem VW-Bus auftauchte und – wie eine Trophäe – unser hinteres Nummernschild schwenkte. Diese Masche war uns neu: vorn ablenken, hinten abschrauben und gemeinsam abkassieren! Aber nicht mit uns! Wir palaverten fünfzehn Minuten lang mit ihm, während der Bulli eine Fahrspur dieser von Verkehrsinfarkten ohnehin geplagten Megametropole blockierte. Die anderen Fahrer hupten und schimpften. Irgendwann gaben die Polizisten auf, reichten mir wortlos das Nummernschild, stiegen in ihren Streifenwagen und brausten davon.

Und auch an einer Tankstelle im Süden Mexikos ließen wir uns die Stimmung nicht vermiesen. Dort schob ein entspannter Tankwart den Zapfhahn in die Tanköffnung unseres Bullis und pfiff dabei eine fröhliche Melodie. Die Tankuhr drehte sich, die Zahlen veränderten sich, der Motor der Zapfsäule schnurrte – und wir bezahlten hinterher, wie es sich gehört. Zum Glück bemerkte ich es schon nach 2 Kilometern: »Das Schlitzohr hat uns nur Luft in den Tank gepumpt!« Statt mich mit dem Tankwart herumzustreiten, fuhr ich schnurstracks zur Polizei. Nach Schilderung des Sachverhalts kletterten sechs Polizisten auf die Ladefläche eines Pick-up-Trucks und fuhren los. Wir hinterher. Gewehre im Anschlag, umstellten die Polizisten die Tankstelle. Ohne mit der Wimper zu zucken, befüllte der Tankwart rasch, aber ansonsten unbeeindruckt unseren Bulli – diesmal kostenlos.

Zu Beginn des Nordlandsommers waren wir zurück in den USA, wo wir bei den Niagarafällen erstmals kanadischen Boden betraten. Neben Alaska war Kanada schon immer an der Spitze der Top Ten meiner Wunschliste. An einem schönen Sommertag erreichten wir den kleinen Ort Dwight in der Provinz Ontario, wo ein Outfitter namens Joe gebrauchte Kanus für 90 Dollar das Stück anbot.

Kurz entschlossen kauften wir eins und verstauten es auf dem Bulli-Dach. Keiner ahnte, dass diese spontane Entscheidung unser Leben bis heute verändern würde.

Seit diesem Tag habe ich 20 000 Kilometer in Kanu und Kajak zurückgelegt – in Europa, im südlichen Afrika, vor allem aber in Kanada und Alaska. Meist mit Juliana an meiner Seite. Nicht allzu lange aber ist es her, dass ich von Alaska bis Vancouver 2700 Kilometer allein im Kajak auf dem Pazifik unterwegs war ... Nichts von alledem wussten wir, als wir das gelbe Kanu, das wir schon bald nach dem Eistaucher Loon nannten, auf dem Bulli-Dach verstauten, um auf einem der glasklaren Seen Ontarios mal ganz gemütlich in den Sonnenaufgang zu paddeln. Das Kanu auf dem Dach öffnete das Fenster zu einer Leidenschaft, von der ich bis zu jenem 13. Mai 1979 nichts geahnt hatte.

Und mit einem Mal entwickelte sich auch unsere Reise ganz anders. Denn jetzt fuhren wir nicht nur mit dem Bulli durch die Gegend, sondern der VW-Bus brachte uns zu einem Ziel: hier eine Seenkette, dort ein Fluss. Und das stille Gleiten über einen glasklaren Nordlandsee, über dem der magische Ruf des Eistauchers erklingt oder aus dessen Uferdickicht vorsichtig ein Schwarzbär lugt, wurde für mich fast zu einer Sucht.

Wir vervollständigten unsere rustikale Ausrüstung und machten sie expeditionstauglich. Platz genug hatten wir ja im Bulli, der von nun an zum Zubringer zu unseren großen Flussabenteuern wurde. Bereits gegen Ende des ersten Nordamerikasommers paddelten wir auch 600 Kilometer auf dem Yukon entlang.

Im Winter darauf folgten wir den Zugvögeln nach Südamerika. Im nächsten Sommer brachte uns unser T2 an den riesigen Churchill River, auf dem wir 1500 Kilometer Richtung Hudson Bay paddelten.

Abgesehen von dem Motorschaden in Salt Lake City, hatten wir in all den Jahren auf den Straßen Nord- und Mittelamerikas keine ernst zu nehmenden Probleme mit unserem Bulli.

Der blaue T2 lief und lief!

Fünf Jahre und drei Monate nach dem Aufbruch zu unserer Weltreise besuchten uns meine Eltern in Kanada. Ob mein Vater, anders als meine Mutter, inzwischen verstanden hatte, warum ich aussteigen musste, bezweifle ich. Wichtiger aber war, dass wir uns aussöhnten und eine gute Zeit miteinander hatten. Und er schien sich auch damit abgefunden zu haben, dass sein Sohn seine bürgerliche Existenz und die »schöne Pension« aufs Spiel gesetzt hatte, nur um im Bulli um die Welt zu ziehen. Dass Juliana meinen unersättlichen Abenteuerhunger

ein wenig bändigte, besänftigte ihn.

Und meine Mutter: Sie roch den Braten buchstäblich schon während der Fahrt durch die Rocky Mountains. Sie hatte nämlich die Fenster im hinter uns fahrenden Mietcamper geöffnet und konnte schnuppern, was Juliana im Bulli schon auf der Fahrt für uns alle zum Abendessen zubereitete.

So war unser Leben …

Im letzten Nordlandsommer unserer Weltreise beluden wir den T2 mit Expeditionsausrüstung und Lebensmitteln. Anschließend brachte Stanislaus uns in die kanadische Provinz Saskatchewan, wo wir ihn im Schutz eines Polizeipostens zurückließen. Von dort paddelten wir 88 Tage lang im Labyrinth des Athabasca-Slave-Mackenzie-Flusssystems 3200 Kilometer nonstop zum Nordpolarmeer.

Als wir Monate später den blauen T2 Richtung San Francisco lenkten, war uns schwer ums Herz. Unsere Taschen waren leer. Doch vor dem, was uns in Deutschland erwartete, hatten wir keine Angst. So gut wie jede Situation hatten wir gemeinsam gemeistert. Und waren wir nicht – wenn's mal richtig dumm gelaufen war – gestärkt daraus hervorgegangen?!

Es fiel uns schwer, bei Wolf und Brigitte in San Francisco vorzufahren, um uns vom treuen Bulli zu trennen. Wolf kaufte ihn zum selben Preis zurück, den wir vor langer Zeit bei ihm dafür bezahlt hatten.

Der Erlös war die Eintrittskarte in unser unbekanntes, neues Leben – daheim!

BEGEGNUNGEN AUF DER »TRAUMSTRASSE DER WELT«

BULLI-PEOPLE HEUTE

Unser Leben mit dem Bulli begann, als Juliana und ich mit Methusalem auf dem Hippie Trail nach Indien fuhren. Damals war Willy Brandt deutscher Kanzler. Als wir mit T2 Stanislaus zu den Naturwundern Nordamerikas aufbrachen, regierte Helmut Schmidt. Carter und Reagan waren während unserer Fahrten durch die Neue Welt Präsidenten der USA.

Nun führt uns unsere Zeitreise in die Gegenwart, in der Donald Trump Amerika aufmischt und Angela Merkel das Ende ihrer Kanzlerschaft einläutet. Der 70. Bulli-Geburtstag steht bevor, als Juliana und ich mit eigenem Fahrzeug die »Traumstraße der Welt«, die Panamericana, befahren.

Unseren Reise-Lkw haben wir von Hamburg nach Montevideo verschifft und sind dann durch Patagonien hinunter nach Ushuaia, der südlichsten Stadt der Welt, gefahren. Von dort rollen wir nordwärts, folgen dem Andenhauptkamm, machen große Abstecher nach Brasilien und Paraguay und nähern uns Peru. An unserem Lkw, natürlich einem Oldtimer, haben wir eine Folie mit dem Konterfei unseres alten Methusalem angebracht und einen Hinweis auf Spanisch: »T1 gesucht!«

Besonders in Brasilien hatte ich erwartet, den einen oder anderen VW-Bus zu sehen, denn schließlich ist der T2 hier bis vor wenigen Jahren vom Band gelaufen. Überrascht hat mich allerdings auf diesem Trip zwischen 2017 und 2020, wie viele T2 noch heute als Campingfahrzeuge unterwegs sind: vom Klassiker Westfalia Helsinki bis hin zum simplen, nur mit Matratze und Staukisten ausgestatteten Kastenwagen. Sogar ein brasilianischer T1 ist dabei. Und ich stelle fest: Die Begeisterung dieser zumeist jungen Bulli-People für ihr Fahrzeug ist mindestens genauso groß wie unsere damals auf dem Hippie Trail!

Deshalb lasse ich sie auf den nächsten Seiten selbst zu Wort kommen.

LA LULA AUS EL SALVADOR (CARRETERA AUSTRAL, CHILE)

Die Durchgangsstraße in dem südchilenischen Dorf Villa Santa Lucía war gesperrt. Wir kamen nicht weiter. Ein Andengletscher war abgerutscht und samt Geröll und Erde talwärts gerast. Teile von Villa Santa Lucía lagen jetzt unter dieser Lawine begraben. Auch Wochen später gab es für uns auf der Carretera Austral, der rund 1300 Kilometer langen chilenischen Andenstraße, kein Durchkommen nach Norden. Jemand gab uns einen guten Tipp: »Es gibt eine Fähre von Puerto Chacabuco, auf der ihr das gesperrte Straßenstück umgehen könnt …« Und genauso machten wir es.

Ich erwähne den verwirrend erscheinenden Exkurs deswegen, weil uns dieser Umweg mit La Lula zusammenbringt, einem hübschen T2 von 1969. Wir rollen am Rande der Kleinstadt Chaitén von der Fähre, doch die Weiterfahrt vergesse ich zunächst mal … denn mein Blick fällt zwischen den vor der Fähre wartenden Autos auf einen bunten VW-Bulli, der keck und fröhlich jedermann anlächelt. Zwischen den meist grauen, weißen, schwarzen und silbernen Autos neuerer Bauart leuchtet er im warmen Nachmittagslicht wie ein Juwel. Vor ihm auf einer kleinen Bank sitzt Yuri, sein Besitzer, Rastalocken fallen in sein braunes Gesicht. Daneben brutzeln junge Chilenen vor ihrem Pick-up-Truck Steaks auf einem Gaskocher. Und inmitten dieses Gewusels, untermalt vom Poltern der Wagen beim Verlassen der Fähre, steht also La Lula. Das Nummernschild des Bullis verrät, dass er aus dem mittelamerikanischen Staat El Salvador stammt.

»Mein vollständiger Vorname ist Yurandir«, sagt Yuri, nachdem wir uns begrüßt haben. Er ist vierzig Jahre alt und hat eine warme, freundliche, ja herzliche Ausstrahlung, scheint in sich selbst zu ruhen. Sein Vater stammt aus der Karibik, seine Mutter aus Honduras. Geboren wurde er im salvadorianischen La Libertad. »Besucht doch mal meine Stadt; tolle Strände, ein Paradies für Surfer.«

Dabei weiß ich über seine Heimat El Salvador, dass es eines der unsichersten und gefährlichsten Länder der Welt ist. »Nein, ich habe keinen Grund gehabt, von daheim zu flüchten«, sagt er, als ich ihn darauf anspreche. »Ich habe schon immer diesen Traum gelebt.« Trotz all der Kriege und Umstürze in El Salvador konnte er genug Geld ansparen, um sich sein erstes Auto zu kaufen. Einen VW-Beetle. »Danach hatte ich das Glück, diesen Kombi zu finden. Den gebe ich nie wieder her!«

Als seine Frau sich mit einem anderen einließ und die Ehe zerbrach, hängte Yuri den Schlips des Bankangestellten an den Nagel. »Mein Haus übertrug ich meinem kleinen Sohn. Er wird darin wohnen, wenn er alt genug ist. Ich zog stattdessen in meinen VW-Bus.«

Yuri schlug sich als Straßenmaler durch und lackierte Autos auf ähnliche Weise wie seinen Bulli. Übrigens war es sein damals zweijähriger Sohn, der dem Auto den Namen gab, als er mit dem Finger darauf zeigte und »La Lula« brabbelte.

Für rund 8000 US-Dollar machte Yuri den VW-Bus reiseklar: »Ich hatte zwei gute Motoren ergattert, aus denen wir einen machten. Und der läuft! Außer einem Ölverlust, den ich aber in den Griff bekam, gab's keine Probleme.«

Yuri fuhr von El Salvador nach Honduras, Nicaragua, Costa Rica und Panama. Es kostete ihn Nerven und viel Geld, um zu dem kolumbianischen Hafen Cartagena zu gelangen. Der Grund: Es gibt keine Straßenverbindung auf dem letzten, relativ kurzen Stück zwischen Mittel- und Südamerika, das den Namen Darien Gap (Tapón del Darién) trägt. Also verfrachtete er La Lula in ein Containerschiff. Der Preis dafür war halsabschneiderisch: »Die gut eintägige Schiffspassage kostete für den Bulli 1500 US-Dollar.« Von Kolumbien führte ihn seine Route weiter über Ecuador, Peru und Bolivien nach Chile, wo wir uns trafen.

»Solltest du mich fragen, wohin ich als Nächstes fahre«, meint er mit einem verschmitzten Lächeln, »sage ich: keine Ahnung ... Ich weiß heute nicht mal, wo ich morgen sein werde. Das liegt auch an La Lula. Ihre bunten Farben bringen die Leute zum Lächeln. Viele stoppen und fragen: ›Wo kommst du her?‹ Sie bitten mich um ein Foto, und oft laden sie mich zu sich nach Hause ein.«

Seine dunklen Augen funkeln. »Ich habe eine Menge Geld in dieses Auto investiert. Manche halten das für verrückt, aber für mich ist es eine Investition in eine echte, große, dauerhafte Liebe. La Lula ist ein Stück von mir. Die wenigsten verstehen das. Aber ich liebe nun mal meinen Volkswagen.«

Was den Zustand seines Bullis anbelangt, ist er optimistisch: »Gerade kürzlich hat der Tacho umgeschlagen und ›000.000‹ angezeigt. Ich rede mir ein, dass er nur 100 000 Kilometer auf dem Buckel hatte.« Er lacht. »Vielleicht waren es aber auch 200 000 oder 300 000. Was macht das schon?«

Trotz aller Freiheit, die er sich nimmt, hat er doch ein paar Zukunftswünsche: »Zunächst über die Anden rüber nach Argentinien, dann weiter nach Uruguay und Brasilien. Vielleicht, wenn ich eine bezahlbare Überfahrt finde, reise ich auch nach Europa.«

»Melde dich bei uns, wenn du nach Deutschland kommst«, sage ich und gebe ihm meine Visitenkarte. »Dein Auto wird der Star auf jedem Bulli-Treffen sein.«

Und der Vierzigjährige aus El Salvador lächelt freundlich: »Warum nicht? Wenn La Lula will ...«

DAS SCHWARZE SCHAF (RUTA 40, ARGENTINIEN)

Wer in den wildesten Landschaften Patagoniens von Norden nach Süden oder umgekehrt unterwegs ist, folgt im Wesentlichen zwei Straßen: der bereits erwähnten Carretera Austral westlich der Andenkette oder der argentinischen Ruta Nacional 40 östlich der Anden. Und genau da sind wir jetzt unterwegs.

Wir fahren auf einsamer Schotterpiste durch karges Land, in dem erodierte Berghänge den Blick begrenzen. Da sehe ich, dass etwas Dunkles am Straßenrand parkt, das die Konturen eines Bullis hat. Vielleicht braucht jemand Hilfe?! Langsam rolle ich auf den grauschwarzen T2 zu und sehe, wie zwei Personen Ende dreißig neben ihm im Staub der Ruta 40 sitzen und gemütlich Matetee mit Trinkröhrchen aus Bechern saugen. Wir parken hinter ihnen, steigen aus und begrüßen die beiden.

Sie: »Josefina aus Buenos Aires.« Er: »Olivier, ich bin aus Paris, lebe aber in Texas, wo ich mit Oldtimern handle.« Falls er nicht gerade an der Ruta 40 sitzt und Matetee trinkt.

Das hat einen Grund: »Etwa alle zwei Stunden«, erzählt Olivier, »überhitzt der Motor. Wir stoppen, und während der Motor abkühlt, trinken wir Matetee.« Fast ein Ritual.

»Leibliche Kinder haben wir nicht. Unser Bulli ist aber wie ein Kind: manchmal zickig, häufig bockig. Oft will er auch gar nicht mehr. Und er kostet uns eine Stange Geld.«

Dieses Kind heißt Oveja Negra, auf Deutsch: »das schwarze Schaf«. *Nomen est omen.*

Donnerwetter, denke ich. Zwei gestandene Leute, die sich sicher einen schicken Camper hätten leisten können, in einem Bulli, der so spartanisch eingerichtet ist wie jene Hippie-Busse, die ich damals auf meiner Bulli-Suche in San Francisco gesehen habe; ohne Innenverkleidung der Türen. Ein angeschweißter 13er-Schraubenschlüssel ersetzt den Türgriff, und statt Schränken gibt's Drahtkörbe. Geht doch!

»Baujahr 1984«, sagt Josefina. »1600-Kubikzentimeter-Motor«, ergänzt Olivier.

»War es einfach, einen Bulli für eure Reise zu finden?«

Schwer sei das gewesen, erzählt Olivier. Zwanzig Busse hätten sie sich im Raum Buenos Aires angesehen.

»In Argentinien war der VW-Bus immer nur ein Transporter. Ein Arbeitstier. Ohne jede emotionale Beziehung zum Auto nutzte man es, bis nichts mehr ging und das Auto auseinanderfiel«, weiß Josefina.

Die beiden hatten versucht, einen Kombi aus Brasilien zu importieren. »Die gibt es dort massenhaft, aber Argentiniens Bürokratie ist der Horror: Legal hätten wir das Auto nicht ins Land gekriegt. Also ließen wir es und kauften dann doch diesen heruntergekommenen Bulli in Buenos Aires!«

Zwei Jahre sind sie nun schon mit Oveja Negra unterwegs.

»Und wie läuft der Bulli?«

»In dieser Minute scheint's okay zu sein. Aber wie es in der nächsten Minute aussieht, weiß man bei diesem Auto nie!« Sie lachen. Und so werden sie täglich ein halbes Dutzend Matebecher leeren, wenn das schwarze Schaf mal wieder zickt und überhitzt.

»Was musstet ihr nach dem Kauf des Autos in Ordnung bringen?«

»Alles!«, sagt Olivier, und unter »alles« versteht er auch die Kabelstränge, die komplett ausgewechselt werden mussten. Dann begann die Jungfernfahrt nach Brasilien zur Hochzeit eines Freundes. »Elf Tage dauerte die Reise«, erzählt Olivier. »Und an jedem einzelnen dieser elf Tage ging irgendetwas am Auto kaputt. Die Fahrt durch São Paulo während der Rushhour war die ultimative Herausforderung. Irgendetwas an der Bremse verklemmte, sodass der Bulli zum Stillstand kam. Im heftigsten Feierabendverkehr auf der Schnellstraße kroch ich unters Auto und behob das Problem.«

»Und wie sehen eure weiteren Reisepläne aus?«

»Wir werden der Panamericana über Peru, Ecuador und Kolumbien nach Mittelamerika folgen. Anschließend geht es durch Mexiko in die USA. Dort verkaufen wir den Bulli und fliegen nach Südostasien, um uns für die Weiterreise Motorräder zuzulegen.« Die Unternehmungslust der beiden ist trotz vieler Matetee-Pausen ungebrochen.

»Unsere Reise findet ihr bei Instagram unter der Bezeichnung *voyage.pour.moi.*«, sagt Josefina.

»Meine Mutter«, fügt Olivier hinzu, »verbrachte nach einem Treppensturz ihr gesamtes Leben mit gebrochenem Rückgrat im Rollstuhl. Als ich ging, sagte sie: ›Junge, ich lasse dich gehen, und da ich nicht reisen kann, reise du für mich.‹ Deshalb nenne ich unser Abenteuer auch *voyage pour moi.*«

SELMA UND WOLNEY (IGUAZÚ-WASSERFÄLLE, BRASILIEN)

Mir fiel auf, dass an dem Kombi in Großbuchstaben SELMA stand. VW-Bullis sind offenbar auch in Brasilien so integriert, dass sie wie ein liebes Familienmitglied Namen tragen. Neugierig geworden, warte ich, bis der junge Mann drinnen seinen Laptop zugeklappt und wenig später auch sein Krafttraining beendet hat (unglaublich, aber wahr, in seinem Bulli verwahrt er tatsächlich einen Satz schwerer Hanteln). Dann nähere ich mich ihm.

»Do you speak English?«

»Yes«, sagt der junge Bärtige mit den breiten Schultern. Und so komme ich unter wilden Feigen, Frangipani-Bäumen und einigen meterhohen Palmen unweit der brasilianischen Iguazú-Wasserfälle mit Wolney ins Gespräch. 31 Jahre ist er alt, und sein ganzer Name lautet Wolney Kapczuk Pickler.

»Damit du meinen Namen richtig einordnest, muss ich ihn erst mal aufdröseln«, sagt er mit einem Schmunzeln. »Mein Urgroßvater stammte aus Deutschland, daher der Familienname Pickler. Die Urgroßmutter kam aus der Ukraine, das erklärt meinen zweiten Vornamen Kapczuk. Aber alle nennen mich Wolney.« Er lebt in einem Vorort der Riesenmetropole São Paulo.

Früher hatte sein Vater einen Volkswagen Transporter. »Aber bei Papa waren da keine Emotionen im Spiel. Das Auto war praktisch, zuverlässig und half beim Geldverdienen – das war's aber auch schon. Ich fand den Kombi schon als Kind toll. Eines Tages würde ich auch so einen haben.«

Während wir plaudern, übernimmt Wolney sehr schnell von mir den Begriff Bulli, der in Brasilien nicht gebräuchlich ist und den er nie zuvor gehört hat.

»Schon als Fünfzehnjähriger wusste ich, dass ich mal mit einem Bulli auf Reisen gehen würde. Ich träumte von der weiten Welt, ich wollte mit fremden Menschen an anderen Orten sprechen, so wie mit dir hier auf diesem Campground.«

Vor drei Jahren kaufte Wolney seinen VW-Bus, den er Selma taufte. »Nachdem im VW-Werk in São Bernardo do Campo bei São Paulo 2013 die Bulli-Produktion eingestellt worden war, stiegen die Preise für VW-Busse«, erinnert er sich. »Ich beobachtete den Markt, bevor ich mich zum Kauf entschloss. Für mich war allerdings ganz klar: Es muss ein T1 sein.«

Ein Freund hörte von einem alten Bulli, rief ihn an, und Wolney legte das Geld auf den Tisch. Danach gehörte der brasilianische VW-Bus Baujahr 1978 ihm!* Er war gut in Schuss, ein paar kleinere Schweißarbeiten standen an, der größte Job war die fällige Motorüberholung.

»Mit Luftgekühlten kennt sich das Gros der Mechaniker in Brasilien nicht mehr gut aus.« Verständlich, denn am Schluss gab es nur noch die Wassergekühlten. Aber Wolney fand die richtigen Leute.

* Eine brasilianische Besonderheit: Ab 1975 wurde zwar in Brasilien auf den T2 umgestellt, er behielt aber zunächst die Seitenwände/Klapptüren des T1. Einen solchen besitzt Wolney.

Parallel dazu baute er an Wochenenden seinen Bulli selbst zum Camper aus. »Seit knapp zehn Jahren ist das in Brasilien in – und die Enthusiasten werden immer mehr«, weiß er.

Im Gegensatz zu seiner Mutter hält sein Vater das Reisen in einem alten Volkswagen für völlig verrückt: »›Was machst du, wenn du unterwegs ein technisches Problem hast?‹, fragte er mich eines Tages. Ich sagte: ›Irgendwie kriege ich Selma immer wieder zum Laufen!‹«

Mag auch die Bulli-Begeisterung in Brasilien nicht so leidenschaftlich sein wie in Deutschland, die Träume und Wünsche der Bulli-Fans sind ähnlich. Verwunderlich ist es nicht, denn außer Deutschland hat keine Nation der Welt allein aufgrund der Menge der dort produzierten Autos solch eine Bulli-Nähe wie die Brasilianer. Von September 1957 bis Juli 2013 verließen genau 1 551 140 VW-Transporter das Werk in São Bernardo do Campo. 56 Jahre lang wurde er ununterbrochen dort gebaut: Der brasilianische »Kombi« ist damit das weltweit am längsten produzierte Modell in der Automobilindustrie.

Damit schrieb der brasilianische Bulli Geschichte.

MELINA UND THIAGO (CORDILLERA BLANCA, PERU)

Bei Chimbote, einer peruanischen Küstenstadt, haben wir die Panamericana verlassen. Zu meinem eigenen Erstaunen bin ich froh darüber, der »Traumstraße der Welt« entronnen zu sein. Denn nirgendwo auf Erden sah ich mehr illegale Müllhalden als im Norden Perus beidseits der Panamericana. Ich rede nicht von Einzelfällen, sondern von bergeweise über zig Kilometer entsorgtem Müll aller Art.

Fern dieser viel befahrenen Straße finden wir in Peru aber schöne, naturbelassene Regionen. Eine solche ist die Cordillera Blanca: Dreißig 6000 Meter hohe Gipfel ragen hier in einen strahlend blauen Himmel hinauf. Doch die Berge sind häufig eine Herausforderung für den Autofahrer: Vor uns liegt der Cañón del Pato, eine einspurige Straße ohne Seiten-

begrenzung zur 100 Meter tiefen Schlucht, die durch mehr als dreißig dunkle, gerade einmal Lkw-breite Tunnel führt.

Kurz davor sehe ich aus dem Augenwinkel an einer Petroperú-Tankstelle einen hellblauen Bulli. Spontan setze ich den Blinker nach links und fahre neben den T2.

»Wann habt ihr dieses Schmuckstück gekauft?«, rufe ich den jungen Leuten zu.

»2016!«

»Und welches Baujahr?«

»2005!« Ich stoppe, und wir begrüßen Melina und Thiago aus Florianópolis im Südosten Brasiliens.

»Seit sechzig Tagen sind wir unterwegs. Von Brasilien durch Argentinien, die Anden überquerten wir in Bolivien. Die Cordillera Blanca haben wir gerade geschafft«, erzählt Thiago. Momentan sei ihr Kombi etwas schwach auf der Brust. Der Motor wolle nicht so richtig ziehen. Dabei hätten sie vor dieser Reise extra einen Austauschmotor eingebaut. »Aber generell läuft unser Volkswagen sehr, sehr gut! Vielleicht liegt der Leistungsverlust an der extremen Höhe, schließlich bewegen wir uns hier zwischen 3000 und 4500 Höhenmetern.«

Ein Jahr lang wollen sie im T2 unterwegs sein, bis Kolumbien reiche das Ersparte auf jeden Fall. Und dann? »Mittelamerika, Mexiko und USA wären schon toll …«, meint Melina.

Bei vielen jungen Brasilianern scheint Aufbruchsstimmung in der Luft zu liegen. Wir trafen auch brasilianische Land-Rover- und Sprinter-Fahrer, die davon träumten, auf der Panamericana von Ushuaia am Südzipfel bis nach Prudhoe Bay im Norden Alaskas entlangzureisen.

Der Bulli von Thiago und Melina ist das jüngste T2-Campingfahrzeug, dem wir auf unseren Reisen je begegnet sind. Baujahr 2005 bedeutet ja auch, dass dieser Transporter am

Ende einer langen Epoche der luftgekühlten Bullis steht, die mit dem ersten T1 1950 begann und ab 1967 mit dem T2 fortgesetzt wurde. Im Dezember 2005 aber läutete die auf 200 Fahrzeuge limitierte Auflage des Sondermodells Prata das Ende des luftgekühlten Motors ein.

»Unser Auto lieferte Brot und Brötchen aus, bevor wir es kauften und ausbauten«, erinnert sich Melina. Ihr Fahrzeug ist gepflegt und technisch in gutem Zustand. Dieser luftgekühlte VW-Bus des letzten Produktionsjahres einer langen T2-Geschichte wird wahrscheinlich eines Tages Kultstatus erlangen und im Preis entsprechend hoch stehen.

In dem Moment aber, als die beiden einsteigen, um die Westseite der Anden hinunter Richtung Küste zu fahren, ist ihr Bulli »nur« das, was Bullis immer waren: ein kompaktes, reisetaugliches, verlässliches und einfach zu reparierendes Mobil, dessen Geländetauglichkeit sehr viele andere Fahrzeuge blass aussehen lässt.

MONICA UND KURT MOERI (SUCRE, BOLIVIEN)

Man könnte sich die Frage stellen, warum es Monica und Kurt Moeri immer wieder in die Fremde zieht, wo sie doch daheim im Kanton Bern in 700 Meter Höhe mit herrlichem Blick auf die Alpen leben. Aber so ist es nun mal mit dem Reisefieber ...

Das war schon vor vierzig Jahren da, als die beiden sich ihren taigagrün-pastellweißen T2-Westfalia mit der Helsinki-Campingeinrichtung kauften. Der Klassiker! Und genau dieser T2 springt mir ins Auge, als ich in der bolivianischen Stadt Sucre im Gästebuch von Felicidáds und Albertos kleinem Campingplatz blättere. Hier nämlich sind wir, nach langer Fahrt vom brasilianischen Amazonasgebiet kommend, eingelaufen. Und genau auf diesem Platz waren Monica und Kurt Monate zuvor gewesen. Ich sehe das Foto ihres Bullis im Gästebuch und frage mich: Was sind das für Leute, die mit einem Oldtimer-Bulli kreuz und quer durch Südamerika fahren? Wo doch diese alten Schätze bereits Sammlerwert haben und die meisten davon da-

heim in der trockenen Garage bis zur nächsten Sonntagsfahrt gehegt und gepflegt werden.

»Das würde weder zur Biografie des Bullis noch zu unserer eigenen passen«, sagten sich Monica und Kurt, machten ihren vierrädrigen Weggefährten reiseklar und fuhren im September 2017 nach Hamburg, von wo es samt Bulli auf einem Frachtschiff in fünf Wochen nach Uruguay ging. Die beiden waren mit an Bord. »Eine Superreise«, schwärmt Kurt. Nachdem der Bulli in Montevideo von Bord gerollt war, entdeckten sie acht Monate lang die schönsten Seiten Südamerikas.

»Auf welcher Route?«

»Zunächst der Klassiker«, sagt Kurt, »auf der Ruta 3 durch Patagonien bis Ushuaia und dann entlang der Anden nordwärts – meist auf der Ruta 40 durch Argentinien. Weiter führte unsere Reise durch Bolivien und Peru nach Ecuador, wo wir uns einen Abstecher nach Galapagos leisteten.«

Danach wurde es stellenweise problematisch: »Die Grenze zwischen Ecuador und Kolumbien war krass«, höre ich. »Tausende Menschen, Flüchtlinge und Emigranten, vor allem aus dem Krisenland Venezuela, blockierten die Grenze. Wir hatten Glück, als über Sechzigjährige bevorzugt behandelt zu werden, während jüngere Leute vierzehn Stunden bis zur Abfertigung warten mussten.«

Eigentlich hatten die beiden auch vorgehabt, Venezuela zu bereisen: Vor Jahren hat Kurt für Miguel Angel, ein Waisenkind in einem dortigen SOS-Kinderdorf, die Patenschaft übernommen. Aber die Sicherheitslage in Venezuela ließ einen Besuch nicht zu.

»Nach acht Monaten verluden wir unseren Bulli im Hafen von Cartagena in einen Container. Mit insgesamt 17 000 anderen machte sich ihr Container auf den Weg nach Antwerpen und von dort über den Rhein nach Basel, wo wir unseren T2 in

Empfang nahmen.« Denn Kurt und Monica flogen dieses Mal nach Hause.

»Wäre es bei dem gewaltigen Aufwand mit der Verschiffung nicht sinnvoll gewesen, ein paar Monate länger in Südamerika zu bleiben?«

»Ich stehe noch im Berufsleben«, sagt Kurt, »habe eine eigene Firma. Außerdem haben wir fünf Enkelkinder, von denen das jüngste während unserer Reise auf die Welt gekommen ist. Da wollten wir zurück!«

In den vierzig Jahren Gemeinsamkeit mit ihrem T2 hat der Bulli sie nie im Stich gelassen. Klar, es gab auch ein paar kleinere Probleme in Südamerika, die aber alle schnell behoben werden konnten; zum Beispiel an der Reserveradhalterung. Oder die Zündaussetzer gleich zu Beginn ... Doch nach all der Zeit zusammen *on the road* kennt man seinen Bulli und weiß ihn zu reparieren.

Bereits wenige Jahre nach dem Kauf hatten sie ihren VW-Bus nach Nordamerika verschifft und waren zwischen Kanada und Mexiko gependelt. Anfang der Achtzigerjahre war das. »Da würde ich sofort wieder hingehen«, schwärmt Kurt. Doch nachdem die Töchter geboren waren und heranwuchsen, reiste der VW-Bus zumeist nach Südeuropa und war das Wohnmobil für die ganze vierköpfige Familie. »Geht alles«, meinen die Moeris. »Nachts wurden die Mädchen ins mitgeführte Zelt umquartiert.«

Kein Wunder, dass die Bulli-Liebe auch auf die Töchter übergeschwappt ist.

»Wir haben ein Haus in der Schweiz. Aber das interessiert unsere Töchter weniger; sie wollten lieber auch mal einen VW-Bus. Und deshalb«, erzählt Kurt, »haben wir vor drei Jahren noch einen Bulli gekauft. Ein Glücksfall – ein T1, Baujahr 1963 aus Schweizer Armeebeständen, schon teilrestauriert, sogar mit neuen Achsen und neuem Motor, der deutlich stärker ist als der ursprüngliche mit 34 PS. Der T1 wird deshalb auch Scheibenbremsen bekommen, und wir werden seine Stromversorgung von 6 auf 12 Volt umstellen. Ich habe jetzt alle Teile, sogar originale Lamellenfenster für die Seiten des T1. Mithilfe der Bulli-Foren konnte ich die in den USA besorgen.«

Die Fotos, die mir Kurt zeigt, lassen ein ganz besonderes Schmuckstück erwarten. Natürlich wird er auch selbst den Blaumann anziehen und kräftig mit anpacken.

Eine schöne Geschichte, denke ich.

Und schon geht mir ein Titel dafür durch den Kopf: »Elternliebe geht durch den Bulli!«

DAS ABENTEUER NAMENS LUPITA (CUSCO, PERU)

Das Wetter meint es gelegentlich nicht gut mit uns. Es ist Anfang Februar, die Regenzeit hat eingesetzt, und manchmal ist es im peruanischen Hochland so kalt wie an einem Novembertag in Norddeutschland. Doch trotz vereinzelter Bergrutsche erreichen wir wohlbehalten Cusco, die von den Spaniern auf den Trümmern des vernichteten Inkareichs prachtvoll aufgebaute Stadt unweit der legendären Ruinen von Machu Picchu. Quinta Lala in Cusco ist einer der wenigen Campingplätze in Peru überhaupt. Auch wir machen dort Station. Da es regnerisch und bereits dunkel ist, sitzen wir drinnen im Lkw. Plötzlich dringt das vertraute Blubbern eines luftgekühlten Boxers an mein Ohr. Ich öffne ein wenig das Fenster unseres Fahrzeugs und sehe im Halbdunkel schemenhaft einen weinroten T2-Bulli an uns vorbeirollen und dann einparken.

In dieser Sekunde packt mich das Jagdfieber: Mit den Bulli-Insassen würde ich gern sprechen. Ich erhasche einen Blick auf das Nummernschild – steht da wirklich »Mexiko« drauf?!

Von den vier jungen Leuten, die ich tags darauf treffe – eine Frau, drei Männer –, sprechen drei deutsch, einer englisch. Sympathie auf den ersten Blick! Und hinter ihnen ein Bulli, der trotz einiger erkennbarer Abnutzungserscheinungen das gewisse Etwas hat. Ich meine vorn auf der Bulli-Nase den Schriftzug »Lupita« zu erkennen. Auf der anderen Seite hat ein Graffiti-Künstler flott, aber doch sehr hübsch und professionell »Viajemos« hingesprayt. »Lass uns reisen!« Was für ein toller Schlachtruf!

Ich bin neugierig auf die Geschichte der vier, und dann natürlich auf die Story dieses Bullis. Um es vorwegzunehmen: Ich habe lange keinen Krimi gelesen, der so spannend war wie die Geschichte von Lupita.

Da sind zunächst mal Carolin (Caro), Anton und Tim. Seit gut einem halben Jahr haben sie das Abitur in der Tasche. Alle drei gingen bis Juni in dieselbe Klasse des altsprachlichen Gymnasiums von Bensheim irgendwo im Hessischen zwischen Frankfurt und Heidelberg. Alle drei hatten denselben Traum, nach dem Abi aufzubrechen, Abenteuer und Freiheit zu erleben. Aber sie wollten nicht wie andere aus der Klasse nach Australien oder Neuseeland fahren, zwei momentan angesagte Reiseländer. Da sich das Trio in der Schule durch drei Fremdsprachen gepaukt hatte, eine davon Spanisch, lag es irgendwie auf der Hand, sich in Südamerika den Wind der weiten Welt um die Nase wehen zu lassen.

Tim hatte daheim per WhatsApp Kontakt mit einem Kitesurf-Center in Brasilien aufgenommen. Seine Idee war, jeden Tag vier Stunden gegen Kost und Logis zu arbeiten. »Habe von denen bald das Okay bekommen. Telefoniert haben wir nicht, Schriftliches gab es auch nicht. Nur per WhatsApp ein knappes Okay des Kitesurf-Centers.«

Daraufhin flog Tim um die Welt, alles klappte, er teilte sich mit einem Argentinier einen Wohncontainer mit drei Räumen. »Super Erfahrung«, sagt er, »habe vier Stunden täglich gearbeitet, geholfen, die Kites ins richtige Windfenster zu halten, und war Dolmetscher für die deutsch, französisch und englisch sprechenden Gäste.«

Zwei Monate lang hatte er eine tolle Zeit; mit dem daheim selbst erarbeiteten Geld kam er bestens aus. Zwischendurch hatte Tim den Kontakt zu den alten Schulkameraden Caro und Anton aufrechterhalten, von denen er ja wusste, dass sie zeitgleich in Südamerika unterwegs waren.

Anton (neunzehn Jahre) erklärt: »Unsere Überlegung, einen Bulli zu kaufen, war auch ein wenig dadurch befördert worden, dass wir uns sagten, mit einem Auto reist man schöner, weil flexibler. Wenn einem etwas gefällt, hält man an, um beispielsweise in einem See zu baden. Das ist besser, als in einem Überlandbus von Stadt zu Stadt zu brettern. Freiheit, Unabhängigkeit – das wollten wir.«

Caro (achtzehn Jahre) ergänzt: »Ich wäre als junge Frau nicht allein nach Südamerika gegangen.«

Anton meint: »Ich finde es auch einfacher zu zweit, angenehmer, wenn man nicht komplett auf sich allein gestellt ist.«

Irgendwann jedenfalls, noch vor dem Abi, entstand die Idee der beiden Schulfreunde, gemeinsam drei bis vier Monate durch Südamerika zu reisen. Aber erst mal war die Abiturhürde zu nehmen: »Mathematik war auf jeden Fall *mein* Fach«, sagt Caro. »Aber meins nicht!«, schmunzelt Anton. »Unmittelbar vor der Prüfung hat Caro mir einen Tag lang einen Mathe-Crashkurs gegeben ... Sie hat mich gerettet.«

Ziemlich beste Freunde also! Toll!

Beide erarbeiteten sich durch Jobs das Reisegeld, flogen im Oktober 2018 nach Panama und segelten fünf herrliche Tage lang bei den San-Blas-Inseln durch die Karibik. In Cartagena, Kolumbien, angelangt, begannen Caro und Anton sich nach einem fahrbaren Untersatz umzusehen. Bezahlbar musste er allerdings sein! Vor allem aber – die Reise im eigenen Auto versprach mehr Abenteuer und Freiheit.

Und dann entdeckten sie auf einer Facebook-Gruppe diesen T2. Der Bulli sei in Peru, hieß es. Von Kolumbien aus war die Entfernung bis dorthin überschaubar. Das Auto gehörte formal einem Australier, der allerdings schon wieder zurück in Down Under war.

Der Bulli, so hörten die beiden, stünde in dem peruanischen Surferparadies Chicama (»dort, wo es die längste linke Surfwelle der Welt gibt«). Sie nahmen Kontakt zu dem Australier auf. Da das Fahrzeug noch immer in Mexiko zugelassen war, mussten die Dokumente in Mexiko angefordert werden. Das koste 300 US-Dollar, schrieb der Australier. Okay, Caro und Anton zahlten.

Statt zwei Wochen dauerte die Beschaffung der Papiere einen Monat. Damit begann eine Odyssee, die bis zu unserem Gespräch andauert ...

Anton und Caro kamen ins Surferparadies Chicama. »Der Bulli stand irgendwo am Straßenrand«, sagt Caro.

Anton erinnert sich: »Wir haben schnell gemerkt – nichts hat funktioniert! Der Motor sprang nicht mal an!«

Und Caro strahlt, als sie erzählt: »Unglaublich viele Leute kamen auf uns zu. Aber die erste Person, die – indirekt – was mit dem Bulli zu tun hatte, war Skye.«

Skye, der mir jetzt gegenübersitzt, ist der Vierte in diesem Kleeblatt. Wir befinden uns mittlerweile in unserem geräumigen Reise-Lkw. Juliana hat uns ein paar Schnittchen bereitgestellt und jedem einen Pott Kaffee serviert.

Skye, dunkelhaarig, mit freundlichem, offenem Gesicht, 26 Jahre alt, hat einen US-Pass, ist aber ein Kind zweier Kulturen: Mutter Mexikanerin, Vater US-Amerikaner. Nach Chicama kam er, weil er ein begeisterter Surfer ist: »Das ist hier absolute Weltklasse, immer im September kannst du auf einer 4 Kilometer langen Welle reiten.«

Skye fährt fort: »Ich kannte den Australier. Er war ein wenig crazy, wie so manche Australier, die wegen der längsten Welle hierherkommen. Und kommt die mal nicht so wie erwartet, dann hängt man ab, und es wird auch mal Shit und Stärkeres geraucht. Der Australier bekam deshalb massive Probleme mit der Polizei.«

Aus diesem Grund holte seine Mutter ihn zurück nach Australien. Der Bulli blieb unverschlossen am Straßenrand stehen. Von vielen wurde er als Kiffer-Bude genutzt. Skye hatte auch manchmal in ihm übernachtet.

»Der Australier hatte Mayco, einem peruanischen Freund, den ich von früheren Besuchen hier kannte, die Verantwortung fürs Auto übertragen. Und als Caro und Anton ankamen, sagte Mayco, der nach wie vor mit dem Aussie in Kontakt stand: ›Wir können den Bulli an die beiden übergeben.‹« Skye lächelt: »Der Bulli brachte Caro und mich zusammen.« Um vorzugreifen: Die beiden wurden bald darauf ein Paar.

»Wie war denn die Vorgeschichte dieses Bullis?«

Skye erzählt: »Soweit bekannt, fuhr ihn ein Mexikaner von Mexiko nach Honduras. Dort kaufte ihn der Australier, reiste bis Ecuador, wo die Maschine verreckte. Er ließ sie reparieren und fuhr dann nach Chicama in Peru zum Surfen.«

»Unser erster Eindruck von dem ziemlich verwahrlosten Auto am Straßenrand war ernüchternd. Ich habe schon einen mächtigen Schreck bekommen, als wir hörten, dass das Auto überhaupt nicht fährt. Und zudem stand in der Anzeige: ›rostfrei‹. Das war ein Witz!«, ergänzt Caro.

Die beiden Schulfreunde gaben nicht auf. Investierten Geld in diverse Mechaniker. Sie wollten herausfinden, ob der Kauf sich überhaupt lohnen würde. Dabei investierten sie mehr und mehr ... und irgendwann erreichten sie den Point of no Return, wie sie sagen.

»Wir hatten schon so viel Geld reingesteckt, sollten wir jetzt aufhören? Alles verlieren? Oder weitermachen und das Auto auf die Straße bringen?«, sagt Caro. »Wir entschieden uns für Letzteres. 6000 Dollar war der Preis bei Facebook gewesen, wir hatten den Australier zunächst schon mal auf 5000 Dollar runtergehandelt.« Und es war klar, dass wegen des desolaten Zustandes des T2 noch nachverhandelt werden musste.

Die Begegnung mit so manchem Mechaniker dort war für die beiden Bensheimer ein »Kulturschock«, wie Anton sagt. »Die haben oft bei der Arbeit Gras geraucht.«

»Wir starteten morgens um acht Uhr, um zur Werkstatt zu fahren, trafen durch Zufall irgendjemanden aus dem Ort, einen Freund von Mayco, der stieg ein, fuhr einfach spontan mit und hing den ganzen Tag plaudernd und zuguckend in der Werkstatt ab ...«, erinnert sich Caro.

Aber es war ja nicht nur die Technik, die auf Vordermann gebracht werden musste ...

»Die Dokumente ... das ist ja auch noch so eine Story für sich ...« Ein langer Seufzer folgt Caros Erwähnung.

»Wir kannten ja nun schon eine Menge Leute im Dorf und hörten hinter vorgehaltener Hand das Gerücht, der Australier habe mal einer Venezolanerin verraten, dass er die Autopapiere in der Matratze des Bullis eingenäht habe. Als wir wieder mal beim Mechaniker warteten und warteten, kam uns die Idee:

Schauen wir doch mal in der Matratze nach! Vorsichtig schnitten wir mit einem Messer die Matratze auf und tasteten uns behutsam vor ... und nach ein paar Minuten fühlten wir etwas Hartes. Ein Berg Autopapiere und zehn Schlüssel, die sich nicht alle zuordnen ließen. Bingo!«

Skye lacht: »Ich habe Caro und Anton nie glücklicher gesehen als in diesem Moment.«

An Neujahr 2019 traf Klassenkamerad Tim, vom Kitesurf-Center in Brasilien kommend, bei ihnen ein, um mit ihnen den Traum von der mobilen Freiheit zu leben. Aber danach sieht es im Moment noch nicht aus ...

»Die Sache war vertrackt«, sagt Caro, »da der Australier mehr Geld haben wollte, als wir zu zahlen bereit waren – und das mexikanische Zulassungsdokument hatten wir auch noch nicht.« Mit dem Matratzen-Schatz aber hatten die beiden gegenüber dem Verkäufer immerhin eine bessere Verhandlungsbasis. Irgendwann einigte man sich. Caro und Anton waren letztlich zufrieden. Sie wussten nun aber auch definitiv, dass die Aufenthaltserlaubnis für den Bulli längst abgelaufen war. Die Polizei hätte das Fahrzeug auf der Stelle mit Fug und Recht beschlagnahmen können. Mayco hatte die wirre Idee, das Auto bei Nacht und Nebel über die Grenze zu schmuggeln. Es fiel das Wort »Mafia«, von 1000 Dollar war die Rede. Doch das kam für Caro und Anton überhaupt nicht infrage.

Was für eine Geschichte ...

Wir haben Caro und Anton am 30. Januar 2019 in Cusco getroffen. Aber schon am 17. November 2018 hatten sie das Auto in Chicama erstmals in Augenschein genommen. Rund zweieinhalb Monate hatten sie bereits in dieses »Facebook-Bulli-Zoll-Abenteuer« investiert. Und das Auto war immer noch nicht »offiziell«. Immerhin: Das mexikanische Dokument lag inzwischen vor, und die Verhandlungen mit der peruanischen Zollbehörde SUNAT liefen dahingehend, ob gegen eine Bußgeldzahlung »ein Auge zugedrückt« werden könne. Dann hätte der Bulli freie Fahrt auf den Straßen Perus und über die Grenze nach Bolivien oder Chile.

Also open end … Dennoch können Caro und Anton dieser Odyssee rund um Lupita auch etwas Gutes abgewinnen.

Anton erzählt: »Ich hatte bislang nirgendwo längere Zeit auf einem Fleck außer bei meinen Eltern in Deutschland gelebt. Und dann war ich plötzlich sechs Wochen in Chicama, mit der längsten Surfwelle der Welt … Das war schon toll!«

Und Caro resümiert glücklich: »Hätten wir nicht das Auto gekauft, hätte ich meinen Freund Skye nie kennengelernt.«

Juliana und ich setzten zwei Tage später unsere eigene Reise durch Südamerika fort. Ob es ein Happy End mit Lupita gab? Wir wissen es nicht …

Aber ich male mir gerne aus, dass Caro und Anton mit dem Segen des peruanischen Zolls und sauberen Autodokumenten zu neuen Abenteuern aufbrechen konnten … Wenn nicht, dann werden sie diese verrückte Geschichte von Lupita und ihrem Traum, mit dem eigentlich coolen Bulli ein Stück Freiheit zu erleben, in vierzig Jahren ihren Enkeln erzählen.

Von den vielen tollen Geschichten, die ich für dieses Buch nach Hause trug, gefiel mir diese am besten. Das ist Aufbruchsstimmung – und dafür, dass beim Reisen immer alles glatt geht, gibt's nun mal keine Garantie!

JOACHIM WICHMANN

DER FROSCH – SEIT VIERZIG JAHREN FAMILIENMITGLIED

Während Monica und Kurt Moeri im taigagrünen T2 durch Südamerika cruisten, war Joachim Wichmann mit seinem gleichfarbigen »Frosch« vor allem in Europa unterwegs. Nachdem wir beide uns kennengelernt und ein paar persönliche Eckdaten ausgetauscht hatten, sagte er plötzlich: »Dann bist du ja vier Tage vor meiner Geburt in Ulm direkt bei uns vorbeigefahren!«

Richtig, Jockel – so nennt ihn alle Welt! Das war am 28. April 1975, als Juliana und ich mit unserem T1-Bulli auf dem Weg nach Kapstadt waren und noch schnell in Ulm stoppten, um ein Ausrüstungsstück zu kaufen.

Die damals verpasste Begegnung holen wir viereinhalb Jahrzehnte später nach.

Jockels Beziehung zum Bulli beginnt in seinem vierten Lebensjahr.

»1979 kauften sich meine Eltern diesen VW-Bus«, sagt er. In dem sitzen wir nun beide. Urgemütlich ist er, grüne Vorhänge vor den Fenstern, Sitzpolster grün-schwarz-gelb-kariert. Vor Kurzem erst hat Jockels Mutter liebevoll die Kissen und Klappstühle neu bezogen; natürlich mit demselben Design, allerdings auch in Orange und Blau. Dieses Auto ist eine »Familienkutsche« im besten Sinne des Wortes. Von der allerersten Stunde bis heute ist es Teil der Familie Wichmann. Rund 18 000 Mark kostete der grundsolide T2 Westfalia-Campingbus, Typ Helsinki, mit 2-Liter-Motor und 70 PS damals – für den Normalverdiener eine Stange Geld!

»Dieser Bus ist einer der letzten T2, die 1979 vom Band liefen«, erinnert sich Jockel Wichmann. »Mein Vater war sehr konservativ, ich denke, er wollte ein ausgereiftes Fahrzeug, ohne eventuelle Kinderkrankheiten des Neuen. Außerdem fanden meine Eltern die Form schön, und mein Vater konnte sich mit dem taigagrünen Wagen immer gut beim Wildcampen verstecken …« Er lacht. »Wegen der Farbe nannten wir ihn Frosch.«

Eigentlich ist er noch immer ein modernes Fahrzeug – in dem Sinne, dass alles dabei ist, was man bei einem Familienurlaub so benötigt und was die späteren T5/T6 Californias im Wesentlichen auch haben: »Dank der Truma-Standheizung bekomme ich den Bus in drei Minuten warm, auch wenn es draußen richtig kalt ist. Zwei kleine Gasflaschen sind drin, um den Kühlschrank oder die beiden Kochflammen zu betreiben.«

Jockel gibt mir eine Führung durch und um das gute Familienstück herum. »Manchmal setze ich mich einfach nur mit einem Glas Wein rein und mache eine Zeitreise«, sagt er, »die geht zurück bis etwa 1980. Da war unsere erste große gemeinsame Tour nach Korsika.« Unterwegs hatten ihm die Eltern einen großen französischen Erdbeerkaugummi gekauft. Den zermatschte der Fünfjährige und schmierte ihn gründlich in die gepolsterte Armlehne rein. »Mein Vater war darüber nicht amüsiert … Als ich das Auto restaurierte, entdeckte ich die

Stelle wieder und sagte mir, wer so lange mitgefahren ist, darf bleiben ... Hier ist der Kaugummi!«

Die Sache mit dem Pferd verlief ebenfalls glimpflich. Da nämlich lugte plötzlich beim Campen ein Pferdeschädel durch das damals noch vorhandene Schiebefenster. Interessiert knabberte der Gaul an der Abdeckung des Waschbeckens. »Wie man noch heute sehen kann, wurden auch diese Spuren mit UHU-PLUS, dem Allheilmittel meines Vaters, ausgeklebt.«

Wir schlendern draußen zum linken Rücklicht des Bullis. Jockel tippt mit dem Finger auf eine Stelle darüber. »Als der Lackierer beim Restaurieren die von meiner Mutter liebevoll reingefahrene und von meinem Vater nicht minder liebevoll mit einem UHU-PLUS-Klümpchen ausgeklebte Beule wegmachen wollte, habe ich ihn zurückgehalten und ihm eingeschärft, das bitte bleiben zu lassen! Um diese Horst-Wichmann-UHU-PLUS-Gedächtnisbeule wäre es echt zu schade.«

Jockel nennt den Wagen eine »Zeitkapsel«, in die man sich hineinsetzen kann. Dann macht man die Tür zu – und draußen könnte ebenso gut das Jahr 1980 sein. Denn drinnen hat sich seit damals so gut wie nichts verändert.

Nur der 2-Kilo-Feuerlöscher ist neu und ebenso wichtig.

»Den sollte jeder dabeihaben ... Ich beobachte immer wieder, dass Eigentümer alter Bullis ihre Autos zwar von außen aufhübschen – ist ja auch toll. Aber man muss sich unter anderem auch um den Zustand der Benzinschläuche und der Ablüftung des Tanks Gedanken machen. Denn wenn Sprit ausläuft und sich mit Motoröl oder Laubresten mischt, bedarf es nur eines

Funkens aus dem Zündkabel, und der Motor brennt. Da der Magnesiumanteil des Motorgehäuses sehr hoch ist, brennt dann tatsächlich auch Metall – und wie!«

Der das sagt, wird's wissen: Nach einer Ausbildung als Industriemechaniker bei VW Nutzfahrzeuge, Fachrichtung Produktionstechnik, hat er ein Maschinenbaustudium abgeschlossen und verhilft seit der ersten Stunde seines Berufslebens den Bullis der letzten beiden Generationen zum Laufen.

»Nach dem Studium war ich ab 2003 – dem Beginn der T5-Produktion – sieben Jahre lang in der Qualitätssicherung und Fertigung tätig. Habe mich um den Karosseriebau gekümmert, also um alles, was Blech ist und noch keine Farbe draufhat. Auch für das Presswerk war ich zuständig: Das Blech wird auf einer riesigen Rolle, der Coil, im Werk angeliefert, läuft durch die Presse und muss nachher einwandfrei sein, darf keine Oberflächenfehler haben. Das zu gewährleisten war auch mein Job.«

Nach einer weiteren Zwischenstation im Konzern arbeitet Joachim Wichmann jetzt im Product-Lifecycle-Management. »Es geht dabei um das Management aller Informationen, die im Lebenszyklus eines Fahrzeuges anfallen, also zum Beispiel Zeichnungen, 3-D-Modelle und so weiter. Alles virtuell … Wir stellen damit also ein virtuelles Fahrzeug in die virtuelle Fabrik und planen virtuell ganze Anlagenabläufe und Prozesse darum herum.«

»Das ist deine Tätigkeit im 21. Jahrhundert«, sage ich. »Und wenn du abends nach Hause kommst …«

» … dann setze ich mich erst mal aufs Fahrrad. Und wenn genug Zeit ist oder ein Oldtimer-Treffen ruft, trifft man sich mit seinen Freunden im T2. Und schon ist es, als wäre man zurück im 20. Jahrhundert …«

EIN LEBEN FÜR DEN BULLI

Als sein Vater erkrankte, übernahm Jockel 2009 den grünen Frosch samt all seiner Patina, aber auch mit all den Erinnerungen an den Vater, der ein Jahr später verstarb.

Garantierte 145 000 Kilometer ist der VW-Bus bis heute gelaufen, mit demselben Motor. 2015 hat Jockel den Motor ausgebaut, überholt und neu abgedichtet. Rein vorsorglich, denn aus technischer Sicht wäre es nicht nötig gewesen.

»Dieser Bulli ist das zuverlässigste Fahrzeug, das meine Eltern und auch ich jemals hatten. Nur ein einziges Mal in vierzig Jahren gab es eine Panne. Aus dem rechten Vergaser war eine Messinghülse herausgerutscht, die den Spritschlauch aufnimmt. Die Folge war, dass der Sprit in den Motorraum und über die heiße Abgasanlage lief. Ich stand gerade mal dreißig Sekunden am Straßenrand, als ein sehr freundlicher, gepiercter und tätowierter T4-Fahrer hielt. ›Hey, kaputter Bulli! Was hast du für Probleme? Kann ich helfen?‹, fragte er. Ich stieg zu ihm ins Auto, und er fuhr mich in die Werkstatt eines Kumpels. Für 5 Euro in die Kaffeekasse trat der mir einen Meter Benzinschlauch ab, dazu eine Schelle und etwas Loctite zum Verkleben.«

Eine halbe Stunde später hatte er alles selbst repariert und war wieder mit dem Frosch unterwegs.

Als Jockel das dreißig Jahre alte Fahrzeug von seinem Vater übernahm, gab es zwar Sanierungsbedarf, doch der war überschaubar. Schnell war der Frosch wieder schick und fit für neue Abenteuer in Europa.

»Von Irland träume ich, seit ich sechzehn bin. Ich hatte jetzt drei Wochen Urlaub, und der Frosch wollte bewegt werden – also los!«

Er wusste allerdings auch, dass in diesen Tagen das Oldtimer-Treffen auf Schloss Dyck stattfand und Volkswagen Nutzfahrzeuge mit ein paar Bullis präsent war. Während der seit 2006 dort stattfindenden Classic Days in Jüchen (Rhein-Kreis Neuss) trifft sich das Who's who des Autoveteranen-Adels: vom Trabbi bis zum Kompressor-Bentley und Oldtimer-Rolls-Royce. Die exquisitesten Fahrzeuge der Welt. Im Schnitt sind es während der Classic Days 6000 Oldtimer.

»Ich hatte das Glück, mit dem Frosch dabei zu sein. Legenden des Renn- und Rallyesports wurden dazu eingeladen: Stirling Moss, Walter Röhrl, Hans-Joachim Stuck und Hans Herrmann … Es ist, als wäre die Zeit stehen geblieben: Fahrerinnen und Fahrer in der Kleidung und mit Accessoires der Blütezeit ihrer jeweiligen Autos. Gentlemen picknicken nach feiner englischer Art im Dress der Zwanzigerjahre auf dem Schlossrasen vor ihren Rolls-Royces. Und dazwischen stehen wir mit unseren VW-Bullis. Wenn ich daran zurückdenke, kriege ich noch jetzt eine Gänsehaut«, sagt Jockel

So also sah der Auftakt seiner Reise nach Irland aus.

»Gerade eben in Irland angekommen, traue ich meinen Augen kaum: Steht da doch ein T2, taigagrün wie mein Frosch. Die deutsche Familie, der er gehörte, hatte ein massives Problem an ihrem Auto. Ein Kipphebelstehbolzen war aus dem Zylinderkopf rausgerissen. Das ist ein kapitaler Motorschaden, und gewöhnlich heißt das: Ende des Urlaubs. Was ich aber nicht ahnte, war, dass die ›Meldekette‹ unter den irischen Bulli-Fahrern schon in Gang gesetzt worden war. Der flügellahme Taigagrüne war zuvor von irischen Bulli-Fans gesichtet worden, und die kamen und halfen: Die Jungs von der Grünen Insel hatten noch am selben Tag den Motor draußen, einen gebrauchten Zylinderkopf und schnell eingeschliffene Ventile eingebaut und den Motor wieder eingesetzt. Das Ganze für 600 Euro! Noch am selben Abend konnte die Familie mit überholtem Motor auf einen Campingplatz fahren. Die Boys vom irischen Bulli-Club traf ich später beim Eireball Run wieder.

Diese Rallye ist ein loser Verbund alter VW-Busse und ihrer Fahrer. Der Frosch und ich fuhren mit, vom Norden Irlands nach Süden. Übernachtet wurde auf Privatgrundstücken von Leuten, die so was cool finden. Abends Romantik pur bei hochloderndem Lagerfeuer und Gitarrenmusik. Eine Bombenstimmung. Die Autos dieses Run hatten ein Durchschnittsalter von dreißig Jahren. Da ging immer mal wieder was kaputt. Dann stoppten wir, und die Jungs sahen sich reihum in die Augen: ›Wer hat das richtige Teil?‹ Irgendeiner hatte es immer. Meistens waren die Bullis binnen einer Stunde wieder flott. Und die Stimmung unter dem Haufen verrückter Späthippies war bombig.

Irgendwann wurde ich gefragt, ob ich mal was ganz Besonderes sehen wolle. Und ob ich starke Nerven hätte. ›Dort, wo wir jetzt hinfahren‹, sagten sie, ›haben gestandene Männer schon Weinkrämpfe gekriegt.‹ Also los!

Wir fuhren zu einem Volkswagensammler: ein wahrer Messie, der sich von rein gar nichts trennt. Ende fünfzig ist er. Er sammelt alles, was VW heißt, aber auch exquisite andere alte Schätze. Dann lässt er sie draußen auf der Wiese stehen – und verrotten. Da ist ein Barndoor-Bus in Topzustand, und daneben eine völlig zerstörte Bulli-Leiche. Bei ihm steht ein T1 mit Hochdach, eine Rarität, seltener als der Samba-Bus. Das ganze Grundstück ist eine Mischung aus Schrottplatz und Museum. Auch Porsches stehen da rum. Im Garten sehe ich grüne Hügel, unter denen Ferraris und Porsches eingewachsen sind ... Einer von uns, der den Abstecher zu dem Sammler schon des Öfteren gemacht hat, ist ein vierschrötiger T3-Fahrer. Eine richtig robuste Natur – der stand da mit feuchten Augen vor seinem Traum, einem T3 Limited Last Edition, der seit fünfzehn Jahren am Zuwachsen war. Braucht der Sammler Geld zum Leben, verkauft er einen dieser Schätze. Sonst nicht!«

Hm, denke ich, Juliana und ich haben zwar fast die ganze Welt bereist, aber in Irland waren wir noch nicht. Allein die Suche nach dem Platz mit den Bulli-Schätzen wäre eine Reise wert.

»Die Koordinaten des Geländes sind streng geheim. Ich musste versprechen, dass ich die niemandem verrate«, grinst Jockel. Sein taigagrüner T2 war die Eintrittskarte für den Eireball Run. Toll! Die beiden Buchstaben im Logo dieses Autos verbinden, und das weltweit!

»Ursprünglich«, sagt Jockel, »wollte ich mehr von Irland sehen. Letztlich aber bin ich nach der Rallye atemberaubend langsam durchs Land gefahren. Vor allem das habe ich genossen ... Ich traf noch zweimal den reparierten taigagrünen T2 und auch noch einige der Alt-Hippies vom Eireball Run. Es waren die Bullis und die durch sie geknüpften Bande, die diese Reise so einmalig gemacht haben.«

N.W.D.

STECKBRIEF T3

KLASSIKER IM NEUEN GEWAND

Wie für die Geburtsstunde der neuen Generation inszeniert, dreht sich 1979 erstmals die Disco-Hymne »Born to Be Alive« auf den Plattentellern, und Peter Maffey singt »Frei sein«. Irgendwie passend für den T3, der ab jetzt 1,3 Millionen Mal vom Band laufen wird. Rund 44 000 davon sind Allradfahrzeuge, Syncros.

Dieses Jahr ist auch ein Jahr weltpolitischer Veränderungen: Im Iran stürzt Ayatollah Khomeini den Schah von Persien, und die sowjetische Armee marschiert in Afghanistan ein.

Als der T3 im Frühjahr 1979 in Hannover das Licht der Welt erblickt, fragt sich allerdings so mancher, warum nach VW-Passat und -Golf nicht auch der neue VW-Bus einen Frontmotor und Frontantrieb hat. Aber Volkswagen Nutzfahrzeuge setzt aufs Bewährte: Heckantrieb und Boxermotor hinten, und der ist, ganz auf der Linie seiner Vorfahren, luftgekühlt. Die Welt schätzt offenbar diese und andere gute Eigenschaften: Seitdem der Ur-Bulli am 8. März 1950 die Fertigungshalle in Wolfsburg verlassen hat, sind bis 1979 weltweit rund 5,5 Millionen VW-Busse verkauft worden.

T1 und T2 verband rein äußerlich die rundliche Front. Damit ist beim T3 Schluss: Eckig und kantig kommt er daher. Auf jeden Fall markant!

Der kantige Neue reißt zunächst niemanden so richtig vom Hocker, vielleicht auch, weil er nur 50 beziehungsweise 70 PS an die Räder bringt. Doch die Verkaufszahlen werden steigen, sobald stärkere Motoren für mehr Leistung und Durchzugskraft sorgen. Deutlich breiter gebaut als der T2 und mit einem verbesserten Wendekreis läuft er in einem vielseitigen Typenprogramm vom Band. Zum Beispiel als Kastenwagen, Bus, Pritsche, Doppelkabine, Krankenwagen, Kipper. Caravelle, Multivan und California werden die Variantenvielfalt des T3 bereichern.

Zwei Jahre nach der Premiere sind die ersten T3 mit wassergekühltem Dieselmotor erhältlich. (Werbung: »Nicht durstig, nicht laut, nicht teuer: Der neue Diesel-Transporter ist da.«) 1982 gibt es erste wassergekühlte Boxermotoren, ab 1984 sogar mit satten 112 PS. Ein Jahr später dann der legendäre Turbodiesel, 70 PS stark. Im selben Jahr 1985 ein weiterer Meilenstein in der Transportergeschichte: Der Syncro erobert das Gelände.

Was für eine Rasanz im Vergleich zu der beschaulichen Beständigkeit bei den Produktionen des T1 und T2! Und so geht es weiter, denn dank seiner Geräumigkeit ist der T3 eine hervorragende Basis für Reisemobile. Die Camperszene boomt; Firmen wie Carthago, La Strada, Karman, Reimo oder Dehler bauen den Kastenwagen um und aus. Andere wie etwa Bimobil oder Tischer setzen auf das amerikanische Pick-up-Prinzip mit abnehmbarem Wohnaufbau. Und natürlich ist der T3 auch als Westfalia-Campingbus erhältlich; der heißt Joker.

Doch Volkswagen »entdeckt« jetzt den Camper für sich ... Man setzt beim Joker den Rotstift an und produziert gemeinsam mit Westfalia auf der bekannten Camper-Basis ein etwas abgespecktes Reisemobil – in größeren Stückzahlen sogar, für 39 900 Mark. Und liegt damit etwa 10 000 Mark unter dem Preis des Jokers – was auch Schockwellen in den Kreis der übrigen etablierten Camper-Ausbauer sendet.

Als der Neue auf dem Caravan Salon 1988 vorgestellt wird, prangt auf ihm der Name: California. Eine neue Ära der mobilen Freiheit beginnt.

Die Produktpalette ist längst schon um Caravelle und den Allrounder, den Multivan, erweitert worden. In dessen Lastenheft stand: »Übernachtungsmöglichkeit, Raum für voluminöse Fracht und Platz für Familie nebst Gepäck sowie Hobbygerät«. So wurde es umgesetzt, so blieb es bis heute – an Flexibilität ist der Multivan unübertroffen.

Als Anfang 1990 die ersten T4 in Hannover vom Band liefen, war eigentlich die Ära der T3-Produktion hier vorbei; als Syncro für Behördenfahrzeuge wurde er in Österreich noch bis 1992 verkauft. In Südafrika markiert der T3 Microbus Activ von 2002 (eine Hommage an den Caravelle Exclusive) das Ende der T3-Epoche.

Doch die Geschichte des T3 bietet noch ein Schmankerl: Anderthalb Jahre nach Vorstellung des T4 lässt Volkswagen eine auf 2500 Fahrzeuge limitierte Sonderserie des T3 vom Band laufen. Die Limited Last Edition von 1992 geht weg wie die warmen Semmeln.

»TRANSPORTER-MAYER« EBNETE DEN WEG ZUM SYNCRO

Ein Meilenstein in dieser Erfolgsstory war die Serienreife des T3 Syncro.

Bei der Geschichte des Transporters allgemein und des Allradtransporters im Besonderen darf der Name Gustav Mayer nicht fehlen. »Transporter-Mayer«, »Wüsten-« oder »Sahara-Mayer«, wie ihn Insider nennen, hat die Transporter-Entwicklung bei Volkswagen aufgebaut und maßgeblich geprägt. Er leitete diese von Anfang an bis 1985 und war verantwortlich für die Entwicklung des T2, T3 und T4. Mayers persönlichem Engagement ist es zu verdanken, dass bereits Mitte der Siebzigerjahre der erste Allradtransporter auf Basis des T2 entstand. Einen offiziellen Entwicklungsauftrag dafür gab es nämlich nicht.

Mayer liebt Länder mit extremen Landschaften, die besondere Ausstrahlung der Natur und ihre Kulturen. So unternimmt er 1967 seine erste Reise in die Sahara – mit dem gerade nagelneu in Serie gebrachten T2. Dabei lernt er schon früh sehr

genau die Grenzen »seines« T2 in der Wüste kennen. Ein weiterer Ansporn, noch mehr aus dem Fahrzeug herauszuholen.

Auf weiteren privaten Sahara-Reisen experimentiert er mit dem T2 und sammelt Erfahrungen – besonders auch im Sand. Ergebnis: Ohne Sandbleche geht es an manchen Stellen sowieso nicht, und ohne Allradantrieb ist auch keine signifikante Verbesserung möglich.

Gustav Mayer ist nicht zu bremsen. Aus bereits vorhandenen Bauteilen konstruiert er den ersten Allradtransporter und testet ihn im Dezember 1975 in kleinem Rahmen und privat. Er schließt sich zwei erfahrenen Wüstenexperten und Freunden aus Österreich an, die beide einen Land Rover besitzen, und fährt mit ihnen durch den Östlichen Großen Erg in der Sahara, eines der größten zusammenhängenden Dünengebiete der Welt. Die Testfahrt verläuft sehr erfolgreich.

Doch erst 1978 entstehen offiziell insgesamt fünf Versuchsfahrzeuge mit zuschaltbarem Frontantrieb und zwei Differenzialsperren, die Mayer nicht nur auf dem VW-Prüfgelände, sondern natürlich auch in der Sahara testet.

Im Wolfsburger AutoMuseum Volkswagen kann einer dieser Allrad-T2 besichtigt werden. Zahlreiche Umbauten sind dafür erforderlich; unter anderem geänderte Radhäuser, die Platz für 16-Zoll-Räder und den Antriebsstrang schaffen. Die Kraftübertragung übernimmt die Halbautomatik des Käfers mit Drehmomentwandler und Schaltkupplung. Den Boden schützen Stahlblechwannen und Gleitkufen. Die Geländeeigenschaften sind hervorragend, doch der Allrad-T2 geht nicht in Serie.

Mayers Anstrengungen beim Thema Allrad bleiben aber ungebrochen. Beim Nachfolgemodell T3 soll es endlich gelingen, ein serienreifes Fahrzeug zu entwickeln. Alles ist schon von vornherein konstruktiv für einen Allradantrieb vorbereitet. VW holt den österreichischen Allradexperten Steyr-Daimler-Puch an Bord. Der Syncro mit Visco-Kupplung und permanentem Allradantrieb entsteht. 1985 geht er in Serie – und Gustav Mayer verabschiedet sich drei Jahre später in den wohlverdienten Ruhestand.

Mittlerweile legendär ist der 2138-mal produzierte Heavy-Duty-Syncro: Noch höher gelegt, hat er unter anderem 16-Zoll-Räder und eine serienmäßige Hinterachssperre. Ein begehrter Offroader für Globetrotter! Seine Topqualität stellten bereits 1985 die Österreicher Gerhard Plattner und Rudi Lins unter Beweis, die im Syncro in 51 Tagen durch fünf Kontinente jagten. Auch eine unsanfte Begegnung mit einem Känguru konnte sie nicht davon abhalten, erfolgreich ins »Guinnes-Buch der Rekorde« zu fahren.

IM T3 SYNCRO – AUF KANADAS STRASSEN IN DIE EINSAMKEIT

Als Juliana und ich im Frühsommer 1986 im Flugzeug nach Kanada sitzen, ist unser Zweierteam um eine entzückende Reisegefährtin bereichert – unsere sechs Monate alte Tochter Bettina!

Nach knapp acht Jahren Weltreise, überwiegend in T1- und T2-Bullis, hatten wir seit drei Jahren wieder in Deutschland Fuß gefasst. Doch der Ruf der Wildgänse – dem Juliana und ich durch die ganze Welt gefolgt waren – hatte mich erneut erreicht. Einen Sommer lang werden wir im T3 Syncro durch Kanada und Alaska reisen. Zum Glück zieht Juliana mit mir am selben Strang – obwohl wir jetzt ein Kleinkind an Bord haben und folglich eine besondere Verantwortung tragen.

Kanada, das zweitgrößte Land auf Erden, gehört bekanntlich zu meinen Favoriten. Die Entfernungen sind gewaltig, riesige Gebiete unerschlossen, und lange, bitterkalte Winter engen den Aktionsradius auf wenige Sommermonate ein. Wer sich hier abseits der großen Durchgangsstraßen bewegt, sollte Vertrauen in sich und sein geländegängiges Fahrzeug haben.

Unser Ziel ist eine entlegene, schwer zugängliche Region im hohen Nordwesten zwischen Yukon Territory und Northwest Territories: die Canol Road und der sich anschließende Canol Heritage Trail. Fürs Vorankommen sorgt der Syncro, für den Wohnkomfort die Joker-Einrichtung von Westfalia. Gleichzeitig ist sie auch unser Kinderzimmer auf vier Rädern. So ausgerüstet, starten wir mit Pampers, Babybrei und Teddy. In der Präriestadt Calgary, Schauplatz des berühmtesten Rodeos der Welt, beginnt unsere Reise in die wilden Landschaften Nordkanadas. Entsprechend zünftig ist anderntags unser Empfangskomitee am Trans Canada Highway: Mit rauer Zunge leckt ein Bergschaf meine Hand, so als wollte es sagen: »Welcome to the Rockies!«

Die wirkliche Herausforderung für unser Auto beginnt allerdings viel weiter nördlich am Großen Sklavensee. Ein Schild warnt: »No services for 510 kilometres«. Knapp 400 Kilometer zieht sich dieser Liard Highway, die Verbindungsstraße zwischen dem Alaska Highway und dem Großen Sklavensee, ohne nennenswerte landschaftliche Reize durch endlose, menschenleere Wälder. Doch wir sind hier beileibe nicht ganz allein: Eines Nachts werde ich gegen vier Uhr durch ein merkwürdiges Schnaufen geweckt. Mein Blick wandert zum Fenster unseres VW-Busses – geradewegs in das Gesicht eines Schwarzbären. Nur 30 Zentimeter trennen mich von ihm, dazwischen nichts weiter als ein Fliegengitter. Ich klatsche laut in die Hände, und Meister Petz trollt sich.

Tags darauf tastet sich unser Syncro über das zerklüftete Ufer des Trout River. Ohne Allrad hätten wir die Whittaker Falls hier nur aus der Ferne betrachten können. So aber sitzen wir abends am Ufer des brausenden Flusses und lauschen dem Tosen der Wasserfälle, während die Sonne blutrot hinter den Bäumen versinkt. Das sind Momente, in denen ich die mobile Freiheit im Bulli mit keiner 5-Sterne-Suite in einem Luxushotel tauschen würde.

Zwei Tage später erreichen wir die Hauptschlagader des Nordwestens, den Alaska Highway. 1942 als Militärpfad gebaut, ist er heute die beliebteste Nordlandstraße der Welt!

Hundert Meter neben dem Highway ist noch immer unberührte Wildnis, das Reich von Bär, Elch, Wolf und Biber. Bilderbuchhaft ist die Landschaft auch am Summit Lake, der höchsten Erhebung des Highway. Endlos die Wälder zwischen Steamboat Mountain und Watson Lake.

Bei Johnson's Crossing, Kilometer 1295 des Alaska Highway, ziehe ich unseren Syncro nach rechts und folge dem Schild mit der Aufschrift: »The Canol Road, Highway Number 6«. Die Canol Road ist eine der schönsten und in ihrem weiteren Verlauf unbestreitbar auch eine der schwierigsten Routen Nordwestkanadas. Sie unterteilt sich in die South Canol Road bis zum Ort Ross River und die North Canol Road, die darüber hinaus bis zur Grenze der Northwest Territories führt. Ab da ist der sogenannte Canol Heritage Trail kaum noch zu befahren. Und irgendwann, wo Flüsse die letzten Brückenreste fortgerissen haben, geht gar nichts mehr. Doch ich will herausfinden, bis wohin unser Syncro sich durchbeißen wird …

Ross River, ein typisches Nordlanddorf, halb Indianersiedlung, halb Verwaltungssitz, ist ein Ort, der eigentlich keiner besonderen Erwähnung bedürfte, wären da nicht ein paar Tankstellen und Läden. Wir bunkern Sprit und Lebensmittel. Zwischen hier und dem fernen Mackenzie River gibt es keinerlei Versorgung.

ALLRAD-HERAUSFORDERUNG: DIE VERGESSENE STRASSE

Am frühen Nachmittag bringt eine kleine Fähre unseren Syncro über den Pelly River. Der landschaftlich großartigste, aber auch einsamste Abschnitt der Straße beginnt.

Es ist bereits dämmrig, als wir gegen 22 Uhr links der Fahrbahn elf jahrzehntealte, verlassene Militär-Lkws sehen, säuberlich aufgereiht, manche so verbeult, als hätte ein Riese mit ihnen Pingpong gespielt. Pflanzen wachsen aus offenen Kühlerhauben, die wie zahnlose Münder aufgerissen sind. Vögel nisten in fensterlosen Fahrerkabinen. An einer schief in den Angeln hängenden Autotür lese ich »Canol«. Hier begegne ich erstmals der »Canol Story«, einer der merkwürdigsten Geschichten des Zweiten Weltkriegs:

Als die Japaner am 7. Dezember 1941 den US-Flottenstützpunkt Pearl Harbour attackieren, begreifen die USA, dass der Krieg vor ihren eigenen Grenzen nicht haltmacht. Sie errichten Militärstellungen in Alaska und bauen den Alaska Highway. Zur Sicherung der Ölversorgung für militärische Zwecke konstruieren sie eine Pipeline. Diese beginnt bei den Ölfeldern im kanadischen Norman Wells am Mackenzie River und führt quer durch die Northwest Territories, das Yukon Territory und Alaska (der Name Canol steht für Canadian Oil). Für den Bau der Pipeline und der Versorgungsstraße (Canol Road) werden 70 000 Tonnen Material bewegt und massenhaft Lkws in die Wildnis gebracht. Bis zu 10 000 Männer arbeiten gleichzeitig am größten Pipelineprojekt jener Zeit. Doch dann endet der Krieg. Auf einmal braucht man die gut 2500 Kilometer lange Ölpipeline nicht mehr ...

Mehrere Hundert Millionen Dollar hat man in den Sand, respektive die Tundra, gesetzt. Was nicht demontiert wird, lässt man in der Wildnis zu-

rück. Die Natur hat diese Wunden heute weitgehend bedeckt. Dennoch ist dies auch ein Stück Geschichte zum Anfassen …

Für Offroader liegt hier ein Dorado. Allerdings kommen sie auf diesem letzten, als Canol Heritage Trail bezeichneten Abschnitt nur so weit, wie die wilden Gebirgsflüsse es zulassen. Die meisten Brücken sind mittlerweile zerstört …

Ab dem Macmillan Pass erinnert die Straße stellenweise an einen ausgewaschenen Pfad. Trotz der tollen Geländeeigenschaften des Syncro muss ich mich bei nasser Straße extrem aufs Fahren konzentrieren, um nicht von der glitschigen Piste in die Tundra zu rutschen.

Gut 230 Kilometer hinter Ross River überqueren wir die Grenze der Northwest Territories; ein Riesenterritorium, knapp viermal so groß wie Deutschland, aber mit nur 45 000 Einwohnern. Wer weiterfährt, setzt auf volles Risiko … Eine reguläre Straße gibt es jetzt nicht mehr. Und mehr denn je sehen wir rechts und links zurückgelassene Militär-Lkws des Zweiten Weltkriegs. Ihre Originalfarbe ist verblüffend gut erhalten. Manch einer dieser Trucks dient, heute wie damals, als Brückenbefestigung.

Die zerborstene Brücke über den Tsichu River lässt keine Zweifel aufkommen: Hier ist das Ende der mit Autos ohne Allradantrieb befahrbaren Straße. Alle weiteren Brücken bis zum Mackenzie River wurden durch die Hochwasser der vergangenen Jahrzehnte zerstört. Für eine Instandsetzung der Straße hat sich niemand eingesetzt. Warum auch? So wurde dieser Teil der historischen Canol Road zum Insidertipp unter Wanderern, ein mehr als 350 Kilometer langer *wilderness trail* durch die Mackenzie Mountains bis hin zum Mackenzie River. Ein Extremabenteuer, das wegen der riskanten Flussdurchquerungen nur nach sehr sorgfältiger Vorbereitung angegangen werden darf.

Wir treffen Art, einen Indianer, der ein paar Monate des Jahres hier in seiner Trapperhütte lebt. Er lädt uns ein, die Nacht im Camper vor seiner Hütte zu verbringen. Abends besucht er uns am Bulli. Während dünner Kaffee vor uns dampft, lauschen wir beim Knistern des Lagerfeuers seinen Storys.

»Eines Winters«, so erzählt er, »ließ ich mich mit zwei anderen Trappern von einem kleinen Flugzeug hier in der Wildnis absetzen.« Dass die Streichhölzer, ihre Lebensversicherung in dieser Kälte, im Flugzeug liegen geblieben waren, bemerkten sie erst, als die Maschine längst ihren Blicken entschwunden war. »Zum Glück hatte einer von uns noch ein Heftchen Zündhölzer in seiner Hosentasche. Damit machten wir Feuer – und wo immer wir von nun an hingingen, nahmen wir ein glimmendes Holzstück mit.«

Begleitet vom »Good luck!« unseres neuen Freundes, mahlen wir uns am Morgen danach mit dem T3 Syncro durch den Tsichu River. Nachmittags erreichen wir Kanadas »Dach der Welt«, ein weites bergiges, menschenleeres Hochland, bei dem die Kuppen der Berge die zumeist tief hängenden Wolken aufzuschlitzen scheinen. Unwillkürlich geht mir diese Bezeichnung für das mit moosiger Tundra bedeckte Hochplateau durch den Kopf.

Einen halben Tag später verwehren Flüsse, aus denen nur noch Stümpfe eingestürzter Brücken ragen, uns endgültig die Weiterfahrt. Wir kehren um und fahren über Campbell und Klondike Highway nach Dawson City. Während des Klondike-Goldrausches war dies die größte Stadt nördlich von San Francisco, heute ist es ein Kaff mit nur etwas mehr als tausend Einwohnern. An einer Tankstelle schiebt sich ein Bursche mit einem ramponierten Pick-up-Truck an unseren Syncro heran. Er tätschelt das Metall: »Good on gas.« Angesichts trinkfester amerikanischer PS-Monster ist der Bulli eine richtige Spardose.

Tage später biegen wir auf den Dempster Highway ab. Es ist zwar erst Ende August, und daheim in Deutschland blühen noch die Blumen, doch rings um den Dempster leuchtet bereits der rotgoldene Herbst. Über Nacht gefriert unser Trinkwasser im Camper. Der Winter steht vor der Tür! Auf dieser knapp 750 Kilometer langen, einmalig schönen Straße entlang der Ogilvie Mountains und über das Eagle Plain Plateau begegnen wir nur selten anderen Menschen.

Bei Inuvik im Mackenzie Delta erreichen wir das Ende der nördlichsten Straße Kanadas. Dahinter kommen nur noch der Arktische Ozean und dann der Nordpol ...

Ein Unikat: die einem Iglu nachgebildete Kirche von Inuvik

Nach dieser »Testfahrt« mit Baby im T3 Syncro ist uns klar: Mit unserer Tochter können wir eine Weltreise wagen!

Bettina ist zwei Jahre alt, als wir aufbrechen. Vier lange Jahre ist ihr Kinderzimmer die ganze Welt; Neuseeland durchqueren wir mit zwei Pferden und Planwagen. In Alaska erleben wir zwei klirrend kalte Winter in Blockhütten am Yukon River, und ich nehme am längsten Schlittenhunderennen der Welt teil. Um nur einige Abenteuer dieser Weltreise mit Kleinkind zu nennen …

»Was kommt wohl als Nächstes?«, frage ich, als wir von der zweiten Weltreise zurückkommen. Mir ist schon klar: Irgendwann wird der Ruf der Wildgänse mich wieder erreichen … Ich hätte da auch schon eine Idee: Australien – das haben wir noch nie im VW-Bulli umrundet!

ARMANDO UND SEIN HEAVY-DUTY-T3 SYNCRO:

»IN AFRIKA GING'S RICHTIG ZUR SACHE …«

Geboren wurde er 1950, im selben Jahr, in dem der Ur-Bulli in Wolfsburg das Licht der Welt erblickte. Aber auch sonst gibt es Gemeinsamkeiten zum VW-Bus: Durch viele Regionen der Welt hat Armando sich im T3 Syncro durchgebissen. Und wenn's ganz brenzlig wurde, auch mit eingelegter Differenzialsperre. Denn sein Syncro war vom Feinsten. Und wer denkt, dass seine elektrische Seilwinde nur zur Dekoration da war, sollte Armandos Geschichten von der Durchquerung Zentralafrikas und Zaires lauschen.

Als wir ihn und seine heutige Lebenspartnerin Ursula 2018 in einem Camp in Paraguay treffen, sitzen die beiden vor ihrem 10-Tonner-MAN-Lkw mit 226 PS. Und sie schwitzen genauso wie wir. Schwitzen macht durstig, das weiß man. Also holen wir ein paar Biere aus den Kühlschränken unserer Lkws, setzen uns in den Schatten der Bäume und plaudern gemütlich miteinander.

»Hat man denn noch genug Dampf im Kessel, wenn man so alt ist wie der Ur-Bulli?«, mag der eine oder andere denken. Nun – als Antwort verrate ich den Skeptikern kurz die Geschichte, die mir der Schweizer Armando Barbieri über seine neunjährige Reise erzählt, an deren Ende wir uns zufällig unweit von Asunción treffen:

2009 verschiffte er seinen Lkw von Bremerhaven nach Perth, um damit knapp ein Jahr lang Australien zu bereisen. Zurück in Perth, kam das Auto erneut aufs Schiff. Und als es in Wladiwostok anlangte, fuhr Armando von Sibirien über die Mongolei, das westliche Russland und das Baltikum zurück in die Schweiz. Aber auch das war nur eine Stippvisite, denn 2013 ging der MAN erneut aufs Schiff – diesmal nach Ostkanada. Von dort führte die Reise nach Alaska, dann hinunter durch Mexiko bis Panama und von Kolumbien kreuz und quer durch Südamerika. Bis hin zu dem Platz, wo Ursula, Armando, Juliana und ich mit kaltem Bier auf die vielen tollen Reisen und all unsere Abenteuer anstoßen!

»Ich habe irgendwann das ›Jucken‹ gehabt, ich musste mal raus«, sagt er. Das war bei ihm schon mit 26 Jahren so. Also nahm er den Rucksack, stieg ins Flugzeug und flog nach Singapur. Von dort aus reiste er durch Südostasien und weiter bis nach Taiwan und Japan. Dann ging es mit dem Schiff nach Russland und anschließend mit der Transsibirischen Eisenbahn nach Europa.

Eine schöne Einstimmung für das, was 1987 anstand: Armando kaufte sich einen T3 Syncro, ausgerüstet mit den besten Allrad- und Offroad-Komponenten, die VW zu bieten hatte. Ein Jahr später gingen er und seine damalige Frau auf große Afrikareise.

Davor allerdings war noch vieles vorzubereiten. »Der Schweizer Importeur«, sagt er, »weigerte sich damals, diesen besonderen Syncro einzuführen. Vielleicht war ihm auch nur die Einzelabnahme zu aufwendig. Also nahm ich die Sache selbst in die Hand, ließ Lärmmessungen und all die anderen Tests durchführen. So erhielt ich letztlich die schweizerischen Autodokumente für dieses Fahrzeug.« Als Inhaber einer Land-Rover-Vertretung im Raum Zürich war Armando mit der Materie vertraut.

Natürlich liegt da die Frage auf der Hand: »Warum hast du die Reise nicht mit einem Land Rover unternommen?«

»Der Land Rover war mir zu klein. Im T3 mit Weinsberg-Hochdach konnte man stehen und sowohl oben wie unten schlafen. Das war wichtig, denn unsere damals schulpflichtige Tochter sollte uns während der Schulferien unterwegs besuchen.« Was sie dann auch mehrfach tat.

»Mit der Weinsberg-Campingausrüstung hatten wir drinnen alles, was wir zum Wohnen brauchten. Der Ausbau wurde so ausgeführt, wie von Weinberg damals angeboten, allerdings ohne Gasversorgung. Ich hatte gehört, dass es in Afrika Gasversorgungsprobleme geben könnte. Also besorgte ich mir aus dem Bootszubehör einen Kocher samt Backofen, der sowohl mit Diesel als auch Benzin betrieben werden konnte.«

Werksseitig war das Allradfahrzeug für das Abenteuer fit gemacht worden; inklusive robustem Unterbodenschutz. Vorn wurden ein Bullbar-Rammschutz und Sandbleche angebracht. An der einen Seite befestigte man Spritkanister. Zwei Tanks à 45 Liter hatte Armando zusätzlich zum regulären Tank am Fahrzeugboden anbringen lassen. Diese Dieselversorgung sollte dem Auto eine gute Reichweite geben. Außerdem würde der 1,6-Liter-70-PS-Turbodiesel den T3 in der Heavy-Duty-Ausführung über nahezu alle Hindernisse auf Afrikas Straßen wohlbehalten hinwegbringen.

Nach einer zweiwöchigen Probefahrt an den Gardasee und in die Dolomiten brachen Armando und seine Frau auf. Über die damaligen Ostblockstaaten Ungarn, Rumänien, Bulgarien ging es in die Türkei. Die nächsten Etappen klangen wie die einer Sightseeingtour: von der Türkei nach Syrien, Zypern, Israel und Ägypten, wo sie mit ihrer Tochter das Weihnachtsfest feierten.

Doch Armandos größter Weihnachtswunsch, von Ägypten über den Sudan weiter in den Tschad reisen zu können, ging wegen schwerer innerer Unruhen in diesen Ländern nicht in Erfüllung; alle Grenzen waren dicht. Also planten sie um: Mit der Fähre ging's zurück über Zypern nach Griechenland und weiter nach Italien, wo sie sich von Sizilien samt Auto nach Tunesien übersetzen ließen. Das nun folgende Abenteuer trug den

Namen »Algerien – Niger – Mali – Burkina Faso – Togo – Benin – Nigeria – Kamerun – Zentralafrika – Zaire«. Vor allem in Zaire, der heutigen Demokratischen Republik Kongo, ging es so richtig zur Sache: Trotz Allrad mit Differenzialsperre schafften sie an manchen Tagen nur 20 bis 40 Kilometer. Seilwinde und Schaufeln waren im Schlamm im Dauereinsatz.

»In einem kleinen Dorf«, erinnert sich Armando, »haben wir den Häuptling gefragt, ob wir dort übernachten dürften. Er war einverstanden. Ich wollte mich dafür revanchieren und fragte, ob er ein Bier von mir nehmen würde. ›Ja!‹, sagte er. Ich griff in den Kühlschrank und reichte ihm eine kalte Dose Bier, doch er ließ sie wie von der Tarantel gestochen fallen. Nie zuvor im Leben hatte er ein eiskaltes Bierchen in der Hand gehalten ...«

Bedroht gefühlt haben er und seine damalige Frau sich auf dieser Reise nicht, und menschlich unerfreuliche Erfahrungen gab es auch nicht. Er schmunzelt: »Doch, einmal ging in dieser Richtung etwas schief. Das war aber bereits zuvor an der Grenze von Niger nach Mali gewesen. Während meine Frau auf Bitten der Einheimischen Kopfschmerztabletten verteilte, stahl jemand etwas aus unserem Bulli. Wir bemerkten das aber erst 20 Kilometer weiter, als wir die offizielle Zollstation von Mali erreichten. Der Pass meiner Frau war weg! Mist! Das konnte nur dort gewesen sein, wo wir den Leuten die Medikamente gegeben hatten. Also zurück! Während bei unserem ersten Besuch die Menschen von allen Seiten zu uns gerannt waren, ließ sich jetzt niemand sehen. Ich hupte. Endlich kam jemand. ›Wo ist das Problem?‹, fragte er. ›Warum hupt ihr?‹

›Uns geht ein Pass ab ...‹

›Ach der ...‹, meinte er, ›der wurde hier gefunden ... Aber ein wenig Trinkgeld kostet die Wiederbeschaffung schon!‹

Okay, wir zahlten also ›Finderlohn‹, was bei den Leuten größte Heiterkeit auslöste!«

Spannend war es auch, als die beiden, von Zaire kommend, durch Uganda rollten. Das war, kurz nachdem Diktator und Menschenschlächter Idi Amin zum Teufel gejagt worden war. »Im Land herrschte Chaos! Mal wurden wir vom Militär kontrolliert, dann sagten die Soldaten: ›Seid vorsichtig, die Rebellen sind alle Verbrecher.‹ Wir fuhren weiter und wurden irgendwann von den Rebellen gestoppt, die uns kontrollierten und vor dem Militär warnten: ›Seid vorsichtig, die Soldaten sind alle Verbrecher.‹«

Wohlbehalten erreichten sie Kenia. Hier besuchte ihre Tochter sie erneut. Von Ostafrika ging es weiter nach Namibia und Südafrika, wo der VW-Bus auf einem Frachtschiff im Container nach Genua fuhr. Zwei Jahre nach dem Aufbruch in Richtung Afrika kamen Armando und seine Frau wohlbehalten in die Schweiz zurück.

»Gab es während der Afrikareise technische Probleme?«, frage ich.

Nach einigem Nachdenken meint er: »Nein, nur dass wir in Kapstadt eine neue Kupplung brauchten. Und das ist ja bei der Belastung auf den Straßen Afrikas ganz normaler Verschleiß. Er lief und lief und lief, typisch VW-Bulli eben!«

Anfang der Neunzigerjahre verschiffte Armando den Syncro nach Nordamerika, wo er mit seiner Frau mehrere Jahre lang zwischen Alaska und Panama pendelte.

»Ein einziges Mal hatten wir hier ein richtiges Problem«, erinnert er sich, »und zwar mit dem Motor. Werde ich nie vergessen ... Am Grenzübergang von Alaska nach Kanada stand plötzlich der Motor still – nichts bewegte sich mehr. Mir schwante Böses ... Der freundliche Fahrer einer Straßenbaumaschine rief für mich über Funk den Abschleppwagen, der uns nach Dawson City brachte. Aber da gab es keinen VW-Service. Also musste unser T3 erneut huckepack auf einen Lkw, der uns weitere 550 Kilometer nach Whitehorse, der Hauptstadt des Yukon Territory, brachte. Am Rand einer Kiesgrube setzte er unseren Syncro ab. Ich machte mich gleich an die Arbeit und demontierte die Zylinderköpfe. Der Zahnriemen des Motors war übersprungen, der Schaden beachtlich. Die Ventile waren so krumm wie Fleischerhaken. Per Kurier ließ ich Ersatzteile aus der Schweiz kommen. Eine Woche später waren sie da. Eine Spezialfirma in Whitehorse baute alles zusammen, und genau zehn Tage nachdem der Motor den Geist aufgegeben hatte, waren wir mit dem T3 wieder auf der Straße.«

1994 beendeten die beiden die Amerikareise und kehrten nach Hause zurück. Armando tauschte den Motor gegen einen neuen aus. »Zwei Jahre später übernahm unsere Tochter den Bulli, sie reiste mit ihm quer durch Europa, aber auch noch einmal durch Nordamerika. Nach der Geburt ihres dritten Kindes hat sie den T3 schweren Herzens an einen Händler verkauft. Es war eine Trennung mit Tränen in den Augen. Aber das Auto war für sie und ihre Familie einfach zu klein geworden.« Die Beziehung der Familie Barbieri zu diesem Bulli hatte genau 25 Jahre gedauert!

»Was steht bei euch als Nächstes an?«, frage ich Armando. Er holt tief Luft und sagt dann nachdenklich: »Alles im Leben hat seine Zeit … Wir haben noch ein Haus im Tessin – und nach all unseren Reisen um die Welt freue ich mich darauf, dort zu sein.«

Ein T4 Syncro ist für uns der Schlüssel zu den einsamsten Flecken im australischen Outback.

Das gibt es nur in Australien: Warnung vor Kängurus, Wombats und Kamelen.

Im T4 entdecken wir die Schönheiten Europas – hier den Lago di Misurina in den Dolomiten.

Dennoch – es zieht uns zurück in die weite Welt: Momentaufnahme im menschenleeren Westaustralien.

Bizarre Eigenwilligkeit der Natur in der Pinnacles Desert nördlich von Perth

Härtetest zwischen Alaska und Feuerland: Diese T4 fahren 1999 ins Buch der Rekorde!

Mit rollendem Kinderzimmer durch Bolivien: Dominique und Andrea Glaus mit ihren Söhnen

Stelldichein der ältesten Uralt-Bullis beim Barndoor Gathering in Amersfoort in den Niederlanden

Bulli-Parade 2017 mit 350 Fahrzeugen von Wolfsburg nach Hannover

Christian Geiss und seine von der Jury prämierte »Wanderdüne«

Wenn Filip Fischlein seinem Rennbulli die Sporen gibt, zeigt die Tachonadel 200!

Alle vier Jahre ist Hessisch Oldendorf für Luftgekühlte bis Baujahr 1957 der Nabel der Welt.

Bunt und fröhlich: Das Midsummer Bulli Festival auf Fehmarn hat mittlerweile Volksfestcharakter.

Traugott Grundmann und sein Sohn besitzen die außergewöhnlichsten Luftgekühlten.

Noch ein Hingucker beim Midsummer Bulli Festival auf Fehmarn ...

Diese Malaysier reisen 20 000 km im T1/T2 nach Norddeutschland, um hier den Bulli zu feiern.

Yuri und Bulli La Lula, getroffen in Chile

Eine unglaubliche Geschichte erleben Caro, Anton mit Bulli Lupita in Peru.

VERONICA UND MARTIN (PENÍNSULA VALDÉS, ARGENTINIEN)

Wind gehört zu Patagonien wie der Tango zu Argentinien oder Fußball zu Brasilien. Doch jetzt reißt mich der Sturm fast von den Füßen. Gischt fegt als prickelnder Spray über den Strand von Punta Pardelas.

Tags drauf aber säuselt der Wind nur noch und erstirbt dann zu einem linden Lüftchen. Erstmals seit Tagen holen wir unsere Campingstühle hervor, um die warme Sonne zu genießen. In der Bucht der Halbinsel Valdés schieben sich die Buckel zweier Wale aus dem Meer. Hier, weitab vom Lärm der Zivilisation, bringen Walkühe ihre Jungen zur Welt. Deshalb sind wir hier. Und deswegen kommen wenig später auch Veronica und Martin, die, wenn sie nicht im T3 unterwegs sind, im Kanton St. Gallen in der Ostschweiz leben. Ihr olivgrüner Bulli rollt auf dem sandigen Pfad durch blassgelbe Hügel geradewegs auf uns zu. Natürlich kommen wir schnell mit den beiden ins Gespräch.

Ihren T3 hatten sie im Rheinhafen von Basel direkt in einen Container gefahren. Er wurde versiegelt und schipperte auf einem Frachter den Rhein hinunter bis Antwerpen, wo er auf ein Frachtschiff verladen wurde. Nach langer Reise konnten sie ihren Bulli namens Stitch in Montevideo, Uruguay, in Empfang nehmen. »Für dieses Rundum-sorglos-Paket haben wir rund

6000 Schweizer Franken bezahlt«, erinnert sich Veronica, »darin inbegriffen waren die Hafengebühren und die Kosten des Schiffsagenten!«

1988 wurde ihr T3 Syncro mit der Westfalia-Joker-Campingausstattung gebaut. Vor wenigen Jahren kauften sie ihn, doch das Bulli-Fieber hatte sie schon viel früher erwischt.

Martins Beziehung zum VW-Logo begann 2009, als er sich einen Volkswagen LT zulegte, ihn komplett restaurierte und ihm »eine neue Innenausstattung spendierte«. Doch nach einem Kroatienurlaub stellten die beiden fest: »Dieser Transporter ist zu groß für uns.« Sie verkauften ihn und investierten den Erlös in einen T2-Bulli mit Westfalia-Einrichtung, Baujahr 1971. »Unser Schnurri«, sagt Veronica und lacht. »Der Motor hatte zuvor sechs Jahre ungenutzt in der Ecke gestanden, und als Martin ihn erstmals zum Laufen brachte, schnurrte er wie ein Kätzchen.«

Von Beruf ist Martin Kraftfahrzeugschlosser – gibt's für solche Hobbys einen geeigneteren Beruf?

»Den T2 hatten wir als Puzzle gekauft: ein komplett zerlegtes Auto, dessen kleinere Teile fein säuberlich in Plastikbeutelchen steckten, die penibel markiert waren. Dann waren da aber auch noch Karosserie, Achsen, Räder, Lenkrad und Motor … Der Vorbesitzer hatte bei der Restauration die Lust und wohl auch den Mut verloren. Nachdem ihm klar geworden war, dass er lieber reisen würde, anstatt am Auto zu schrauben, legte er sich einen voll ausgestatteten T5 zu.«

Dann also saß Martin über dem Puzzle. »Bei 400 Arbeitsstunden habe ich aufgehört zu zählen.« Schätzungsweise tausend Arbeitsstunden investierten sie in den T2. »Aber das Ergebnis konnte sich sehen lassen: Er war dezent tiefer gelegt worden, hatte Porsche-Räder, doch der Motor schnurrte nach wie vor mit originalen 50 PS.« Nach diesem hart erarbeiteten Erfolgserlebnis war ihnen der T2 zu schade, um damit auf große Reise durch Südamerika zu gehen. »Ein Freund von uns, der die Arbeit, die im Bulli steckte, zu schätzen wusste, kaufte ihn.«

Nun sahen sich die beiden nach einem T3 um.

Auf einer Auktionsplattform entdeckten sie diesen Syncro. »Auch der Preis stimmte. Denn für einen reisetauglichen T3 Syncro kannst du auch schon mal bis zu 40 000 Schweizer Franken auf den Tisch legen.« So viel berappten die beiden natürlich nicht. Umso mehr Zeit investierte Martin: »Mindestens 400 Arbeitsstunden!« Die Zusatztanks für Sprit wurden selbst entwickelt und eingebaut. Insgesamt 150 Liter Benzin können sie fassen. Bei einem Durchschnittsverbrauch von 15 Litern/100 Kilometer sollte das für rund 1000 Kilometer reichen. »In schwerem Gelände«, meint Martin, »müsste es uns – bei geschätzt doppeltem Spritverbrauch – immerhin noch 500 Kilometer weit bringen.« Der T3 bekam auch eine Motorwinde und Solarversorgung. Die Staukästen wurden selbst gefertigt. Ein neues Fahrwerk, aber auch größere, innen belüftete Bremsen wurden eingebaut. »Reisefertig mit allem Drum und Dran bringt unser Bulli 2,5 Tonnen auf die Waage.«

»Für das, was ihr in das Auto reingesteckt habt, hättet ihr euch allemal ein neueres Fahrzeug kaufen und herrichten können«, sage ich.

»Aber keinen Bulli – und den finden wir nun mal cool! Er gibt uns das Gefühl, frei zu sein. Wir beide haben eine emotionale Bindung zum VW-Bus. Wir mögen seine Ausstrahlung. Bullis sprechen die Emotionen an. Die Leute finden so was knuffig … und lächeln. Das ist schön! Egal, ob wir T1-, T2- oder T3-Fahrer sind, alle sind auf derselben Wellenlänge. Die Hilfsbereitschaft untereinander ist riesig.«

Aber als sie wirklich mal Hilfe benötigten, war niemand da. Das war, als sie der argentinischen Ostküste von San Antonio Oeste nach Las Grutas folgten. »Zu Beginn war alles schön und spannend. Teilweise fuhren wir sogar auf dem völlig menschenleeren Strand.« Aber dann verwehrte ihnen das Verbotsschild »Naturschutzgebiet« die Weiterfahrt. Sie kehrten um, wollten aber nicht denselben Weg zurückfahren. Den kannten sie ja, und so etwas versprach nicht genug Abenteuer. Das bekamen sie dann, als sie einen Alternativpfad wählten, der eher einem Guanako-Wildwechsel glich. »Plötzlich landeten wir in Dornen. Binnen Kurzem waren alle vier Reifen zerstochen. Wir hatten massiven Luftverlust und reparierten notdürftig mit Gummipfropfen.«

Die aber waren bald verbraucht. In ihrer Not nahmen sie die Isolation von Lautsprecherkabeln. Doch alle paar Minuten waren die Reifen erneut platt ... Es hieß anhalten und wieder Luft aufpumpen. Sie erreichten zwar wieder den Strand, aber jetzt war die Flut da. »Irgendwie schafften wir es bis nach San Antonio zurück – wo wir dem Bulli notgedrungen fünf neue Reifen spendierten.«

Das ging zwar ins Geld, doch als Juliana und ich die beiden Monate später in der wilden Berglandschaft des Nationalparks Torres del Paine in ihrem tollen Syncro zufällig wiedertrafen, hatten sie die Dornenepisode unter der Überschrift »Dumm gelaufen!« bereits abgehakt.

Einige der Dornenzweige werden sie irgendwann als Souvenir mit in die Schweiz nehmen. Und dort werden die 5 Zentimeter langen Monsterstacheln sie ein Leben lang an diesen ganz besonderen Moment ihrer Offroad-Zweisamkeit im Stitch erinnern ...

CORNELIA UND FABIAN (MONTEVIDEO, URUGUAY)

Bei solchen Reisebegegnungen fasziniert mich immer wieder die Verschiedenheit der Herkunft, die Unterschiedlichkeit der Berufe und der Backgrounds der anderen. Aber wenn man miteinander ins Plaudern kommt, findet man schnell Gemeinsamkeiten, denn es geht bei allen um ein Thema: Reisen! Und besonders spannend ist's, wenn es ums Reisen mit Bulli geht.

Eigentlich haben der Multimediaelektroniker Fabian und die Verkäuferin Cornelia weder zum Bulli noch zum Reisen eine allzu lange und ausgeprägte Beziehung. Beide gehen auf die dreißig zu, sie war schon mal ein halbes Jahr lang in Australien, er drei Monate in Nordamerika. Als sie zusammenzogen, fanden sie, man könnte ja mal etwas gemeinsam in dieser Richtung unternehmen. Auch der Kauf des T3-Bullis war eher eine Zufallsentscheidung. »Die Werkstatt neben unserer Wohnung bot ihn an. Wir besichtigten ihn mit einem Freund und sagten: ›Das passt!‹«

Im ersten Jahr machten sie zwei Wochen ganz normalen Urlaub im Auto. So auf den Geschmack gekommen, kauften sie eine vorgefertigte Inneneinrichtung von Reimo, bauten diese selbst ein und rüsteten den Bus mit Solarpaneelen und zweiter Camperbatterie aus.

»Während des Ausbaus kam uns die Idee: Wir könnten doch auch mal längere Zeit auf Reisen gehen …«

Alle Achtung, die beiden sind Freunde schneller Entschlüsse: 2015 haben sie den T3 gekauft, und bereits im Dezember 2016 wurde Lola, so sein Name, von Basel über den Rhein via Antwerpen nach Montevideo verschifft. Ihr VW-Bus ist Baujahr 1987 und wird von einem 1,6-Liter-Turbodiesel auf Trab gehalten.

Als wir Cornelia und Fabian treffen, hat ihr T3 in knapp fünfzehn Monaten 34 400 Kilometer auf den Straßen Südamerikas zurückgelegt. Ich schaue mir den Bulli näher an: Gut sieht er innen wie außen aus, ohne Blessuren, was bei einer solchen Abenteuerreise nicht gerade selbstverständlich ist.

»Habt ihr vorher Veränderungen am Auto vorgenommen, zum Beispiel Zusatztanks eingebaut oder den Wagen höher gelegt?«, frage ich. Fabian grinst: »*Plug and play* – gekauft und losgefahren.« Klar, da war die neue Inneneinrichtung, der 60-Liter-Kompressorkühlschrank und die Solarstromversorgung. Aber die übrige Technik war seit dem Kauf unverändert geblieben.

Man erwartet eigentlich, dass diese Glückssträhne so weiterging. Doch auf der Ruta 40 in Argentinien war dieses verflixte Wasserloch, an dem sich der Motor verschluckte. »Die Haupttrasse war frisch asphaltiert gewesen, da durften wir nicht drauf. Stattdessen mussten wir diese Baustelle auf einer schlammigen Piste umfahren. Da es schon drei Tage lang geregnet hatte, stand das Wasser ziemlich hoch. Ich war natürlich vorsichtig, watete barfuß durch besonders große Pfützen, um die Tiefe vor der Durchfahrt zu prüfen. ›Nur 20 Zentimeter tief‹, sagte ich mir – und fuhr los. Kaum aus dem Wasser raus, gab der Motor seinen Geist auf. Später fanden wir heraus, dass eine Undichtigkeit in der Luftzuführung dazu geführt hatte, dass der Motor Wasser angesogen hatte. Das war der Grund für den Exitus.«

Ein Szenario, das wohl jeder Globetrotter irgendwann mal im Albtraum erlebt, um dann beim Erwachen erleichtert zu erkennen, dass alles nur ein böser Traum war …

War es bei Cornelia und Fabian aber nicht.

Was tun? Vor allem, wenn so etwas in der Pampa passiert und man des Spanischen nicht mächtig ist. Doch die beiden standen bereits in Kontakt mit dem deutschen Ehepaar Schubert, das sich nach einer langen Weltreise in Patagonien niedergelassen hatte und dort eine Farm betrieb. Irgendwie schafften sie es, Lola mit Abschleppfahrzeugen dorthin zu bringen.

»Während dieser drei Wochen gab es einige wenige Momente, in denen ich nur noch nach Hause wollte!«, bekennt Cornelia.

Die Motorreparatur in Argentinien wurde zwar professionell erledigt, aber irgendwie zog der Motor nicht mehr hundertprozentig. Andere Reisende meinten, der VW-Service in Chile sei deutlich besser als der in Argentinien. Auf der Fahrt dorthin ging allerdings die Dieselpumpe kaputt, und der Turbolader fiel aus.

»In Chile wurde alles zu unserer vollen Zufriedenheit erledigt«, berichtet Fabian. »Aber die Hälfte unseres Reisebudgets der letzten fünfzehn Monate war damit weg«, wirft Cornelia bedrückt ein.

Fabian fährt fort: »Beim Motorschaden fragt man sich natürlich: Warum bist du da durchgefahren? Warum hast du nicht gewendet? Letztendlich aber hatten wir Glück im Unglück. Und wir lernten, dass auch im dunkelsten Moment irgendjemand hilft!«

Von da an gab es keine Probleme mehr. Besonders gut gefiel es ihnen in Bolivien. »Einmal konnten wir dort sogar Raclette-Käse kaufen!«, sagen sie mit einem Lächeln. Und sie liebten es, an Chiles spektakulären Vulkanen zu übernachten: Lanín, Villarrica und Osorno zum Beispiel. Lola machte sich nach dem Pech- und Pannenauftakt richtig gut.

Und wie steht's um die beiden Globetrotter?

»Wir haben weit mehr gesehen und erlebt als das, was auf unserer Wunschliste stand«, meint Cornelia.

Fabian ergänzt: »Total überrascht hat mich, wie gut wir zu zweit über so lange Zeit auf begrenztem Raum im Auto zurechtgekommen sind – und dass wir uns in der Enge nicht auf die Nerven gegangen sind!«

»Diese Reise hat mich geprägt. Ich habe gelernt, dass der erste Schritt entscheidend ist … Und was dann folgte, war zumeist einfacher zu bewältigen, als man es sich zuvor vorgestellt hätte«, resümiert Cornelia.

Und so haben die beiden ihre Website *justonestep* genannt.

Einen Wunsch aber haben sie noch für die Zukunft: »Einen T3 – als Syncro – und höher gelegt!«

»EINFACH NUR DURCHHALTEN!«

T3 JOKER: DAS ABENTEUER EINER RESTAURIERUNG

Während sich Lola und Stitch, die beiden Bullis der vorherigen Kapitel, auf den Straßen Südamerikas wacker geschlagen haben, steht dem T3 Joker von Florian Wollmann die Jungfernfahrt nach der Restaurierung noch bevor. Nach Schottland soll es gehen.

Ich sah Florians VW-Bus erstmals in der Werkstatt von Martin Krampe, wo die einzelnen Teile nach dem Lackieren darauf warteten, wieder zu einem schicken Ganzen zusammengefügt zu werden.

Florian war Ende zwanzig und Student, als er damit begann. Jetzt ist er Mitte dreißig und Laboringenieur an der Hochschule Hannover. Ein langer Weg war zu gehen. Inzwischen blickt er auf gut tausend Arbeitsstunden zurück, die er in seinen T3 investiert hat. Und bei unserem Gespräch fällt der Satz, den ich als Überschrift gewählt habe: »Einfach nur durchhalten!« Doch dann fügt er noch hinzu: »Es lohnt!«

Den T3 Joker, Baujahr 1985, erwarb er 2008 gemeinsam mit seinem Vater. Florian hatte eine schöne Kindheitsbeziehung zu solch einem Camper gehabt: »Meine Eltern hatten einen ähnlichen besessen.« Der neue stammte aus dem Bekanntenkreis. »Er war gepflegt«, sagt er, »sogar nachträglich hohlraumversiegelt worden – aber als das gemacht wurde, war es bereits zu spät …« Nur an leichten Fugenrost erinnert er sich. Zum Glück genoss er den T3 zunächst zwei Jahre als Campingfahrzeug, bevor er sich den linken Schweller, also das tragende Teil unter der linken Aufbauunterseite, genau ansah. »Ich stellte fest, dass jede Menge Wasser drin war!« Nachdem er den Schweller angebohrt hatte, liefen fast 2 Liter raus. Das war der Moment, in dem er entscheiden musste, wohin die Reise mit dem Bulli gehen sollte. Zu diesem Zeitpunkt war allerdings noch nicht klar, wie viel gemacht werden musste. Äußerlich war es ja ein stattlicher, gut erhaltener und gepflegt wirkender Jubiläums-Joker im klassischen Bronze-Metallic-Look.

»Schweißen half da nicht mehr. Mir war bald klar, dass der Schweller erneuert werden musste.« Doch um da ranzukommen, musste die Küchenzeile ausgebaut werden. Das wiederum bekam der alten Innenverkleidung nicht. Und Stück für Stück wurde der Kasten hinten leerer. Zentimeter für Zentimeter offenbarten sich neue Überraschungen. Florian entdeckte reichlich Rost am Batteriekasten sowie einen alten Unfallschaden, der ihn neben alter Spachtelmasse mit noch viel mehr Rost begrüßte. 2011 begann er, »befallenes, krankes Blech« herauszuschneiden. »Es war oft frustrierend, weil ich von einer Baustelle zur nächsten kam.« Je tiefer er grub, auf umso mehr Rost stieß er.

»Jetzt gab's nur eins: durchhalten und systematisch Stück für Stück abarbeiten!«

Er revidierte auch den Motor und baute ihn um.

Statt des früheren 1,9-Liter-Wasserboxers hat er jetzt einen mit 2,1 Liter Hubraum. »Ein Motor mit Digifant-Motorsteuerung; der hat jetzt keinen Vergaser mehr, sondern wird elektronisch über eine Saugrohreinspritzung gesteuert.« Diese Form der Einspritzung sei verbrauchsoptimiert, erfahre ich. »Der alte 1,9-Liter-Motor schluckte 16 Liter Benzin auf 100 Kilometer, jetzt werde ich bei 11 Litern liegen.« Und einen geregelten Katalysator hat der Bulli inzwischen auch.

All das schlug mächtig zu Buche, vor allem, weil er damals noch Student war.

»Grundsätzlich ist die Ersatzteilversorgung gut«, erinnert sich Florian. Was er nicht bei VW Classic Parts findet, treibt er an anderer Stelle im Internet auf. »Sogar für das Aufstelldach habe ich einen Zeltstoff in guter Qualität für den Faltenbalg gefunden.«

Auch wegen dieser Kostenblöcke bewegte sich sein Bulli-Projekt manchmal nur mit angezogener Handbremse vorwärts. So gingen die Jahre ins Land ...

»Ein Arbeitskollege sagte unlängst, er kenne jemanden, der großartige Lackierungen mit tollem Effekt vornehme. Und so kam ich mit Martin Krampe ins Gespräch. Wir legten schon bald die Farbe fest: Kieselgrau für die Karosserie und Grafitschwarz für Stoßstangen, Lüftungsschlitze, Steckdosenklappe, Wassereinfüllstutzen und so weiter.

Alles lief gut bis zu dem Moment, als die Gepäckwanne des Joker, die auf einem Anhänger stand, während der Überführungsfahrt zum Lackierer durch den Fahrtwind abriss und neben der Straße aufschlug. Im Zugfahrzeug hatten wir davon überhaupt nichts bemerkt, bis uns ein Autofahrer überholte und wild gestikulierend darauf aufmerksam machte. Mein erster Gedanke: Hoffentlich wurde niemand verletzt! Ich wusste ja, wie schwer das Teil ist. Der zweite Gedanke: Solch eine Wanne neu zu bekommen wird schwer, sogar sehr schwer sein ... Ich ging davon aus, dass die Gepäckwanne zerschmettert war. An der Stelle, wo das Malheur passiert war, hatten sich bereits einige Leute eingefunden, die das seltsame Flugobjekt inspizierten. Ich hatte Glück im Unglück: Es gab weder Personen- noch Sachschäden. Ende gut, alles gut, kann man sagen, wenngleich die Gepäckwanne schwer beschädigt war.«

Anstatt am Wochenende wie geplant an der Ostsee zu chillen, verbrachte Florian die nächsten Tage und Nächte mit Epoxidharz und GFK-Matten über die Gepäckwanne gebeugt und reparierte den Schaden bravourös. »Jetzt kann ich schon wieder über die Sache schmunzeln«, sagt er.

Ich habe niemanden kennengelernt, bei dem die Vollrestaurierung eines alten Bullis ohne Pech und Pannen abgelaufen ist. Und wer sich die Restaurierung nicht selbst zutraut, muss – wie wir von Gerolf Thienel in der VWN-Oldtimer-Halle gehört haben – bei einem Profi zwischen 50 000 und 100 000 Euro berappen. Zeit- oder Geldaufwand sind also riesig. Das sollte

man im Hinterkopf haben, bevor man sich auf dieses Abenteuer einlässt.

»Wir hatten für die Außenlackierung von Florians T3 eine Woche eingeplant«, erinnert sich Martin Krampe, »aber dann kamen wir überein, ebenfalls innen zu lackieren. Inklusive der Vorarbeiten haben wir zweieinhalb Wochen am Fahrzeug gearbeitet – und das jeden Tag.«

Und er fährt fort: »Der Farbton für den T3 wurde speziell angemischt: ein Grauton mit einem Schuss Grün darin. Dieser leichte Grünanteil bewirkt, dass das Äußere in angenehmer Harmonie zu der Umgebung steht, vor allem, wenn das Auto später irgendwo draußen in freier Natur parkt.« Naviton heißt das Beschichtungssystem. Auffällig dabei, dass die Lackoberfläche nicht glatt und hochglänzend, sondern leicht rau und matt ist.

»Wir verwenden hier eine spezielle Technik, die wir Caliper-Struktur nennen. Am Anfang spritzen wir eine relativ grobe Struktur. Diese lassen wir im Laufe der weiteren Beschichtung immer feiner werden. So werden die ›Täler‹ quasi ausgefüllt, sodass die Beschichtung sehr harmonisch wirkt. Bei naher Betrachtung wirkt die Oberfläche inhomogen, also nicht gleichmäßig aufgebaut. Aber das soll so sein! Sie erscheint matt

mit einem leicht irisierenden Glanz. Je nach Blickwinkel ändert sich die Intensität. Das ist eine der Besonderheiten dieses Beschichtungssystems. Ein weiterer Vorteil ist, dass Schmutzpartikel drainiert werden. Wenn ich zum Beispiel über einen staubigen oder lehmigen Ackerweg fahre und es danach regnet, wird der Schmutz weitgehend runtergespült.«

Doch der Weg zu dieser schicken und strapazierfähigen Oberfläche war bei Florian Wollmanns T3 lang. »Die ersten drei Schichten wurden mit der Hand, das heißt mit Rolle und Pinsel, aufgetragen. Zunächst der Haftvermittler, danach zweimal die Zwischenbeschichtung. Letztlich wurden mit der Lackierpistole fünf weitere Schichten hinzugefügt.«

Als ich Florian Wochen später wiedertraf, träumte er bereits von der Reise im Bulli nach Schottland, die nun immer näher rückte.

»Für mich ist der Westfalia-Bulli ideal«, sagt er. »Bei kompakter Größe hat er alles, was ich brauche: bis zu vier Schlafplätze, Kocher, Kühlschrank, Standheizung. Eine Markise und Solaranlage werden noch dazukommen.«

»Was für einen Tipp würdest du jemandem geben, der einen T3 kaufen möchte?«, frage ich Florian am Ende dieser fast zehnjährigen Odyssee.

»Man muss wissen, worauf man sich einlässt. Das Fahrzeug sollte in einem noch gut benutzbaren Zustand und nicht zu rostig sein. Aber man muss wissen, was auf einen zukommt. Entweder man gibt eine Stange Geld für eine externe Restaurierung aus, oder man muss bereit sein, selbst Hand anzulegen und sich dafür auch handwerklich fit zu machen.« So hat Florian sich gleich zu Beginn den Reparatur-Klassiker »Jetzt helfe ich mir selbst« von Dieter Korp gekauft.

»Etwas salopp und mit einem Augenzwinkern würde ich raten: Ja – kauf dir den alten Bulli! Aber kauf dir auch eine Flex und ein Schweißgerät dazu!«

STECKBRIEF T4

GENERATIONS-WECHSEL!

Während im Geburtsjahr des ersten Bullis Fußballmagier Brasilien bei der WM entzaubert wurde, erklimmt die deutsche Elf im Geburtsjahr des T4 erneut den fußballerischen Olymp und wird am 8. Juli 1990 in Rom mit einem 1:0 gegen Argentinien Fußballweltmeister. Ein etwas mageres Ergebnis durch einen umstrittenen Foulelfmeter, aber Deutschland feiert!

Beste Rahmenbedingungen für den T4. Am 6. Januar 1990 ist der anfangs verhaltene Produktionsbeginn, denn parallel läuft sogar noch einige Zeit die T3-Produktion weiter. Im Sommer dieses Jahres wird der T4 der Presse vorgestellt und ein paar Monate später ausgeliefert. Volkswagen hat noch einen weiteren Grund zum Feiern: Seit dem Ur-Bulli vom 8. März 1950 sind insgesamt fast 6,7 Millionen Transporter gebaut worden.

Mit ein wenig Fantasie könnte man sich vorstellen, dass die beiden 1990 von Matthias Reim gesungenen Hits »Ich hab geträumt von dir!« und »Verdammt, ich lieb dich!« extra für den Erstauftritt des T4 getextet wurden. Während in Hollywood die Filme »Pretty Woman« mit Julia Roberts und Richard Gere und »Der mit dem Wolf tanzt« mit Kevin Costner aufgeführt werden, passiert andernorts Weltbewegendes. Nelson Mandela kommt in Südafrika nach 27 Jahren Gefangenschaft frei. Die

D-Mark wird für ganz Deutschland eingeführt, und am 3. Oktober 1990 erfolgt die Wiedervereinigung Deutschlands.

Was bei Volkswagen mit dem Transporter geschieht, ist auf andere Weise revolutionär: Anstatt hinten ist der Motor beim VW-Bus jetzt vorn. Im Fachdeutsch heißt das: Frontmotor – Frontantrieb mit quer zur Fahrtrichtung eingebautem wassergekühlten Reihenmotor. Und der ist wahlweise als Benziner oder Diesel mit jeweils vier oder fünf Zylindern und anfangs Motorleistungen zwischen 61 und 110 PS zu haben. Das im Bedarfsfall mit zu bestellende Allradsystem heißt nach wie vor Syncro.

Den T4 gibt es mit kurzem (2920 Millimeter) oder langem (3320 Millimeter) Radstand. Dazu kommt ein Baukastensystem für Karosserievarianten: Kastenwagen, Kombi, Caravelle, Pritschenwagen, Doppelkabine und so weiter. Natürlich gibt es den T4 als Multivan und California.

Beim Käufer kommt die vierte Transportergeneration gut an. Die Auftragsbücher sind gefüllt. Bereits vier Jahre nach Produktionsbeginn wird in Hannover der 500 000. T4 gebaut.

Neben dem hauseigenen T4 California sind auf dem Markt jetzt auch zahlreiche Reisemobile anderer Aus- und Umbauer zu finden: etwa der Cheetah von Karman oder der schicke Dehler Profi. Es gibt Campmobile von Carthago oder Reimo. Firmen wie Tischer und Bimobil bieten wahlweise feste oder abnehmbare Alkovenkabinen an. In den fernen USA baut die Firma Winnebago einen Campingbus auf Basis des T4 mit langem Radstand.

Dass dieser T4 auch das Zeug zum Weltrekordler besitzt und für Globetrotter attraktiv ist, beweisen Matthias Göttenauer und Andreas Renz. Am 24. September 1999 starten sie in Prudhoe Bay, Alaska, dem Endpunkt der nördlichsten Straße Amerikas. Am 11. Oktober erreichen sie Ushuaia, Argentinien, die südlichste Stadt der Welt. In fünfzehn Tagen, vierzehn Stunden und sechs Minuten haben sie in ihrem VW-Multivan Syncro TDI 22 880 Kilometer zurückgelegt.

MISTER CALIFORNIA

EIN LEBEN FÜR DEN CAMPER

Westfalia war lange Zeit für Urlauber wie Fernreisende schlichtweg das Synonym für komfortables Wohnen auf vier Rädern: klein, aber fein! Als der Joker von Westfalia 2003 in Rente ging, trug die mobile Freiheit aus dem Hause VW Nutzfahrzeuge nur noch einen Namen: California.

Karl-Heinz Forytta, genannt Kalle, war damals dabei – als »Mister California«.

Man ahnt schon – dieser Spitzname hat natürlich mit dem Freizeit- und Reisemobil zu tun. Einen Großteil seines Berufslebens nämlich brachte Forytta viel technisches Wissen, aber noch mehr Leidenschaft ein, damit der California so wurde, wie die Welt ihn kennt.

Seine Bulli-Liebe geht zurück ins Jahr 1977, als der damals 23-Jährige gemeinsam mit seinem Freund Thomas einen acht Jahre alten Kastenwagen aus Braunschweig kaufte, der bis dahin das Essen einer Großküche ausgeliefert hatte. »Ein T2a mit 47 PS«, erinnert er sich. »Der wurde von uns ›wärmebehandelt‹, will sagen, wir mussten sehr viel an ihm schweißen. Auch Motor und Getriebe wurden überholt, um auf Reisen gehen zu können. Am 7.7.77, das Datum werde ich nie vergessen, bekamen wir für das Auto den Segen des TÜV in Braunschweig, und schon waren wir auf dem Weg nach Skandinavien.« Danach galt das Interesse von Thomas eher seiner Freundin als den gemeinsamen Reisen. Er behielt den Bulli und zahlte Kalle aus. Da sein Vater Werksangehöriger war, kaufte Forytta sich ein Jahr später für rund 7300 Mark einen T2b (2 Liter/70 PS). »Dieses Auto habe ich heute noch. Gerade erst war es die Hochzeitskutsche für meine Tochter.«

Damals aber studierte er Allgemeinen Maschinenbau und später an der Technischen Universität Braunschweig Fahrzeugtechnik. Bei einer befreundeten Familie lernte der junge Forytta den legendären »Transporter-Mayer« kennen, den Chef der Entwicklungsabteilung bei Volkswagen.

»Er fragte mich, ob ich Interesse hätte, nach meinem Studium bei VW als Volontär anzufangen. ›Ich werde es mir überlegen‹, sagte ich, was vielleicht etwas hochnäsig klang. Das lag auch daran, dass ich meine frühe Kindheit in Hornburg, dieser wunderschönen Fachwerkstatt im Vorharz, verlebt hatte. Wolfsburg war da anders – viel Beton und Stahl, nicht unbedingt mein Ding.« Aber dann stellte er sich doch bei Gustav Mayer vor.

»Ich fuhr mit meinem pastellweißen T2 zur Abteilung Forschung und Entwicklung. Und wie jeder Student damals trug ich Parka, Jeans und kariertes Hemd. Ich parkte den Bulli ein, ging in den Eingang 105 und fuhr mit dem Fahrstuhl ins siebte Obergeschoss. Hier oben sah es schon anders aus als unten. Türrahmen und Türen aus Edelholz, auf einem Messingschild daneben las ich ›G. Mayer‹. Ich klopfte, hörte: ›Herein!‹ Es klang eher wie ein Befehl. Die den Befehl erteilt hatte, war etwa 1,65 Meter groß, mit grauem Rock, weißer Bluse und Brosche. So haben Sekretärinnen schon vor fünfzig Jahren ausgesehen, dachte ich.

Ziemlich kurz angebunden, fragte sie, woher ich käme. ›Von unten‹, sagte ich. ›Und wohin wollen Sie?‹ – ›Nach oben‹, antwortete ich. Das kam bei der Vorzimmerdame gar nicht gut an.

›Raus!‹, donnerte sie. Gustav Mayer, der das in seinem Zimmer mitbekommen hatte, trat ins Vorzimmer: ›Ist schon gut, Frau Buschmann …‹«

Später, versichert Kalle Forytta, habe er sich bestens mit Frau Buschmann verstanden. Aber für ihn, der in den Siebzigerjahren ein herrlich ungebundenes Studentenleben geführt hatte, war die Administration alter Art doch etwas gewöhnungsbedürftig.

1981 machte er ein Praktikum bei VW, 1982 ein Volontariat, und 1983 wurde der frischgebackene Ingenieur eingestellt. »Entwicklungschef Gustav Mayer hatte mich unter seine Fittiche genommen. Er war sehr geradlinig. Er hat uns immer unterstützt. Wir mochten ihn.«

An seinem privaten T2 machte Kalle Forytta schon damals das, was er Jahre später auch im Beruf perfektionieren musste: einem VW-Camper die idealen Reiseeigenschaften geben. »Spätestens im Februar oder März, wenn es draußen warm genug war, juckte es mich in den Fingern, dann musste ich raus und mein Fahrzeug optimieren. Der Kombi war hinten ja leer gewesen, als ich ihn kaufte. Beim Erstausbau waren für mich zunächst zwei Dinge wichtig: erstens bequem und gut drin zu schlafen und zweitens viel Stauraum zu haben.

Ich baute zum Beispiel unter der dreisitzigen Sitzbank zwei Schubkästen. Die waren dann für mich eine Art Vorlage, um beim California Schubladen in die Bank zu bringen. Einige Elemente aus unserem T2-Camper habe ich später auch in den T5 California übertragen. Ohne es damals zu wissen, begann da quasi meine eigene California-Entwicklungsgeschichte«, sagt er mit einem Schmunzeln.

Kalle Foryttas T2 ist nun ausgebaut. 1979 fährt er mit drei Kumpels nach Skandinavien und auf die Lofoten. »Drei schliefen hinten längs und einer quer vor der Sitzbank – der ließ bei offener Tür die Beine rausbaumeln …«

Damit ist Schluss, als eine angehende Lehrerin in Kalles Leben tritt. Der Test, ob die junge Frau Bulli-kompatibel ist, findet 1982 in Norwegen statt. Ist sie – und so wird im Jahr drauf geheiratet! Das Reisen im VW-Bus geht auch weiter, nachdem

1986 die erste Tochter auf die Welt gekommen ist. Etwas enger im Auto wird es 1988 nach der Geburt der zweiten Tochter.

»Da habe ich mich entschlossen, ein Aufstelldach draufzubauen. Über meine Kontakte zur Firma Westfalia kaufte ich eins der letzten T2-Original-Westfalia-Aufstelldächer und baute es an.«

Die Jahre gingen ins Land. »Wie die meisten Werksangehörigen fuhr ich damals sogenannte Jahreswagen, die nach einem Jahr von uns verkauft wurden. Und folgte der neue Wagen nicht nahtlos, war ich mit meiner Familie auch schon mal im T2 unterwegs. Ich erinnere mich noch sehr genau daran, wie unsere pubertierenden Töchter sich immer wegduckten, wenn wir durch Wolfsburg fuhren und Freunde am Straßenrand standen. Sie schämten sich, in einem alten T2 unterwegs zu sein. Das war alles andere als cool! Heute können sie herzlich darüber lachen.

Zusammen mit meiner Mutter, die übrigens alle Schneiderarbeiten am Bus ausgeführt hatte, saßen wir eines Tages am Kaffeetisch, als meine Frau unvermittelt sagte: ›Dein Bus heißt Jule!‹ Und Großmutter und Enkelinnen stimmten zu. Seit diesem Tag hat unser Bulli seinen Namen weg.«

»Jule hat über vierzig Jahre lang ohne Probleme durchgehalten, 160 000 Kilometer hat sie auf der Uhr. Manchmal«, sagt Kalle, »setze ich mich rein und cruise ein bisschen über die Landstraßen oder die Autobahnen. Dann höre ich ›Eight Miles High‹ von Golden Earring oder den ›Boogie‹ von Canned Heat, schwimme in der Wiege der Lkw-Kolonne mit und denke: So macht Bullifahren Spaß. Irgendwann schere ich aus dem Konvoi aus und winke: ›Danke, Jungs!‹ Und das wird mit einer Lichthupe quittiert: *Hey Brother!* In solch einer Situation hat man mit dem Fahrer eines blitzblanken, nagelneuen SUV-Brummers für 50 000 Euro eher Mitleid!«

Allerdings weiß Kalle auch aus seiner Zeit bei der VW-Fahrleistungsmessung: »Die richtige Drehzahl fürs Cruisen liegt zwischen 2800 und 3100 Umdrehungen. Dann rolle ich zwischen 81 und 82 Stundenkilometern. Das spart Sprit und ist vom Verschleiß her optimal.« Vor allem kann er bei diesem Geräuschpegel am besten »On the Road Again« von Canned Heat genießen!

Ich weiß, dass es bei Eigentümern von Oldtimern ein oft heiß diskutiertes Thema ist, ob andere Familienmitglieder »mein« Prachtstück auch bewegen dürfen. Kalle Forytta hat damit kein Problem.

»Meine Töchter haben Jule auch schon gefahren – beide haben allerdings einen wahnsinnigen Respekt davor. Und meine Frau bevorzugt unseren Golf, fährt den Bulli aber auch.«

Und dann erzählt er mir die Geschichte, die er jüngst mit seinem Schwiegersohn erlebt hat: »Weißt du, wir Ingenieure ticken manchmal komisch ... Ich habe unseren Schwiegersohn den Bus fahren lassen. An einer bestimmten Stelle in Wolfsburg hat er in genau der richtigen Sekunde vom dritten in den zweiten Gang geschaltet. Wer den T2 gefahren hat, weiß, dass man die Kupplung richtig modellieren muss, dass der Schaltweg sehr lang und die Schaltung auch nicht exakt ist. Unser Schwiegersohn aber hat das perfekt hingekriegt. Das war für mich der Punkt, wo ich mir sagte: Der Kerl hat das richtige Gespür für meine Tochter.«

Ich bin mir nicht sicher, ob Kalle Forytta die Leidenschaft zum Beruf oder den Beruf zur Leidenschaft machte. Jedenfalls war er mehr als dreißig Jahre dabei – zunächst begleitete er den Joker, dann gestaltete er den California mit, bis er unlängst in den Ruhestand ging.

Nach dem anfänglichen Volontariat begann er als Versuchssachbearbeiter und wechselte 1984 in die Abteilung »des legendären Herrn Duckstein«, wie er sagt. »Dort war ich unter anderem für Sonderfahrzeuge zuständig, dazu zählten auch Freizeitfahrzeuge, also Camper. Henning Duckstein war sehr stringent, forderte eine Menge, ließ aber Raum für Eigeninitiative. Er vermittelte dieses Gefühl: ›Mach es!‹ Und das gibt Selbstvertrauen.«

Seit 1988 war Kalle Forytta als »VW-Resident« vor Ort bei der Firma Westfalia; sozusagen das Bindeglied zwischen beiden Unternehmen. »Da unser Chef darauf bestand, dass wir genau kennen, was wir entwickelt haben, gehörte es auch zu meinem Job, die Westfalia-Camper zu nutzen und somit gleichzeitig zu testen.«

Aus der Rückschau betrachtet, ging die Entwicklung 1988 klar erkennbar dahin, dass VW beim Camper stärker als in der Vergangenheit das Heft in die Hand nehmen würde.

»Der Markt für den Joker war rückläufig. Die Preise mussten angeglichen werden. Und so wollte VWN durch stärkere Einbindung in die Aktivitäten das wieder in den Griff bekommen, was ja auch geschah. Vorher hatte Westfalia die technische Hoheit beim Freizeitfahrzeug. Aber mit der Umstellung auf den California mischte VW bei der Konstruktion und Ausführung wesentlich stärker mit. Man stellte Forderungen, die Westfalia umzusetzen hatte.«

Was 1988 niemand ahnte: Die Kooperation mit Westfalia dauerte nur noch bis zum Ende der T4-Produktion. Mit dem Start des T5 California im Jahr 2003 war sie endgültig beendet.

Es ging schon ein Ruck durch die Szene, als VW auf dem Caravan Salon 1988 in Essen den allerersten California vorstellte, der wesentliche Elemente des Joker besaß, aber erheblich preisgünstiger war als jener. In einer Verlautbarung von VW liest sich das so: »Auf dem Caravan Salon 1988 kann und will der neue California T3 nicht verleugnen, dass sein Konzept das bewährte Technik- und Ausstattungs-Layout des Westfalia Jokers nutzt. Bestellt werden kann der California in zwei Farben: Pastellweiß und Marsalarot. Allerdings verlässt der neue California ohne die beim Joker übliche Isolier-Doppelverglasung das Werk. Dafür kostet er mit 39 900 Mark rund 10 000 Mark weniger als das Westfalia-Modell und entwickelt sich auch sofort zum Bestseller – bereits im ersten Jahr verkauft Volkswagen 5000 Exemplare des California.«

Zwei Jahre später folgt der nächste Entwicklungssprung zum T4 California. »Beim California-Konzept für den anstehenden Umstieg auf den T4 hatte es drei Prototypen für den Innenausbau gegeben«, erinnert sich Forytta. »Letztlich war man der Empfehlung von Westfalia gefolgt und übernahm den Grundriss vom T3 Joker. Danach musste innerhalb von drei Monaten das Fahrzeug komplett abgenommen werden. Da kam ich ins Spiel. Es war eine Herkulesaufgabe, die wir dank persönlicher Erfahrung aber auch dadurch schafften, dass Vorgesetzte uns den Rücken stärkten und uns einfach machen ließen.

Der Abnabelungsprozess von der Firma Westfalia war auch durch den Wechsel an der Spitze des VW-Konzerns befördert worden: Dr. Piëch hatte als Vorstandsvorsitzender das Ruder übernommen, und die Westfalia-Gründerfamilie Knöbel verkaufte ihr Unternehmen an ein Konsortium. Wir erfuhren Mitte der Neunzigerjahre von der Entscheidung, dass das Campingfahrzeug mittelfristig ausschließlich von VW gebaut werden würde. Eines Tages hatte ich im Büro meines Chefs zu erscheinen. Dort wurde mir mitgeteilt, ich solle als Unterabteilungsleiter die Vorentwicklung des T5 California übernehmen. Das war 1995.

Es wohnten zwei Seelen in meiner Brust, denn zu diesem Zeitpunkt kooperierten wir ja noch mit Westfalia. Und ich war regelmäßig dort vor Ort bei den Mitarbeitern ... Aber der Auftrag für den künftigen Alleingang war nun mal an mich ergangen: Ich schrieb das Lastenheft, also eine Zusammenstellung der Anforderungen an den T5 California. Das Papier wurde vom Management abgesegnet. Die Vorgaben des Vorstandes für den T5-Camper waren gewesen: kein Holz, kein Kunststoff. Und GFK sollte auch nicht rein.

Wir ließen uns von den Kollegen der Forschungsabteilung inspirieren: Aluminium! Damit sparten wir Gewicht und konnten auch wesentlich dünnwandiger bauen. Gegenüber dem T4 gewannen wir fast 20 Liter Stauraum. Und das ist bis heute der Werkstoff der California-Möbel. Was die Wohnraumgestaltung anbelangte, waren wir der Überzeugung, dass der bewährte T4-Grundriss auch hier gut war. Ich trug das dem Nutzfahrzeuge-Vorstand vor. Der sagte: ›Machen Sie ... Sie sind der Camper!‹«

Kalle Forytta weiß von zwei kleinen Episoden zu berichten, bei denen seine Frau den Anstoß für Änderungen am California gab. »Dass ich die von uns entwickelten Modelle auf Anweisung meines Chefs Duckstein auch privat und im Urlaub testen sollte, erwähnte ich bereits. Und wenn zwei Erwachsene mit zwei Töchtern im VW-Bus unterwegs sind, merkt man sehr schnell, wo es kneift. Meine Frau ärgerte zum Beispiel, dass Campingstühle und Tisch immer so viel Platz im Auto beanspruchten. Also baute ich zu Hause Aufnahmen für zwei

Stühle an der Heckklappenverkleidung. Meine Frau fragte: ›Und was ist mit dem Tisch?‹ Also konstruierten wir mit den Kollegen von der Entwicklung eine Tischhalterung samt Tisch, die in die seitliche Schiebetür passte. Das ging in Serie und ist bis heute in jedem T5 und T6 California zu finden.

Die Produktionsanlagen für den T5 California in Rheda-Wiedenbrück, dem Sitz von Westfalia, standen uns ab 2003 natürlich nicht mehr zur Verfügung. Wir suchten und fanden einen neuen Produktionsstandort in Hannover-Limmer. Ein erfahrenes Team aus vielen Bereichen von VW Nutzfahrzeuge wurde aufgebaut. Die Vorentwicklung war abgeschlossen. In Limmer ist heute das California-Montagewerk; das heißt, die Möbel werden angeliefert und mit allen anderen Komponenten eingebaut. Entsprechendes gilt auch für die angelieferte Dachschale. Ab da übernahm mein Team die Erprobung der T5 California, so wie schon zuvor beim T3 und T4.«

Im Sommer 2003 wurde der T5 California dann vorgestellt. Keiner der Mitbewerber konnte seitdem dem California das Wasser reichen. Und der Wunsch von Dr. Piëch – »kein Holz, kein Plastik!« – war umgesetzt worden. Eine Erfolgsgeschichte! 2018 feierte man den 100 000. in den Produktionshallen in Hannover-Limmer gefertigten California.

Und Kalle Forytta? Er war später auch an der Entwicklung des California Beach beteiligt. »Heute«, sagt er, »bin ich ein Nutzi (Nutzfahrzeuge-Mitarbeiter) in Rente. Aber höchst aktiv. Gemeinsam mit ein paar anderen VW-Mitarbeitern gründeten wir ganz offiziell über die ›Administration VW Ehrenamt‹ VWNOaktiv, eine Bezeichnung in Anlehnung an Volkswagen Nutzfahrzeuge Oldtimer. Unser ›Heimathafen‹ ist das Auto Museum Volkswagen in Wolfsburg. Wir unterstützen von dort aus VW-Oldtimer-Projekte, indem wir etwa mit Bullis präsent sind. Oder planen eigene Projekte. Ich fühle mich VWN nach wie vor sehr verbunden.«

Und noch immer brennt die Bulli-Flamme, die Gustav Mayer, Henning Duckstein, aber auch sein erster T1 von der Braunschweiger Großküche 1977 in ihm entzündet haben.

»Bulli kann schon verrückt machen … Aber ein wenig anders sein tut gut!«

IM T4 SYNCRO: AUSTRALIENS »HIGHWAY NUMBER ONE«

Die Australier sind ein äußerst mobiles Völkchen. Und Platz zum Campen gibt's im Outback reichlich … Mit einem Down Under ausgebauten T4 haben wir uns auf den Weg gemacht, Australiens schönste Seiten kennenzulernen.

Aus dem Flimmern über der Straße schälen sich die Konturen eines *road train*. Brodelnder Staub verdüstert den Himmel. Wie eine Faust schiebt das dröhnende Monster seinen *bullcatcher* vor. Die 82 Lkw-Reifen lassen den Boden vibrieren. Steine wirbeln über unseren VW-Bus, dann ist der Spuk vorbei. Erst Minuten später hat sich der *bulldust* gelegt. Und erst da entdecke ich den quer über die Windschutzscheibe unseres T4 verlaufenden Riss. In diesem Moment lacht in der Ferne ein Kookaburra sein freches Lachen. Willkommen in der Realität der Traumstraße Australiens, denke ich.

Zu Australien habe ich eine ambivalente Beziehung: Riesenstädte wie Sydney, Melbourne oder Brisbane quetschen sich an einen relativ schmalen Küstensaum, während sich im Outback *cattle stations*, riesige Rinderfarmen, breitmachen, die größer sind als manches deutsche Bundesland. Es ist, von der Antarktis einmal abgesehen, der flachste, trockenste, menschenärmste Kontinent. Abweisend manchmal, und seine Fliegen sind die Pest. Andererseits lockt mich gerade seine Stille, die

Leere. Und dass auf schnurgeraden Highways das Land wie ein in sanften Farben schwelgender Breitwandfilm an mir vorbeifliegt, mag ich auch.

Solche Gedanken summen mir durch den Kopf, während ich auf den frischen Riss in unserer Windschutzscheibe starre ...

Wir besuchen Australien im letzten Jahr, in dem der T4-Bulli in Hannover vom Band läuft. Im darauffolgenden Frühling 2003 wird der T5 debütieren. Auch in Australien ist der Bulli präsent. Die Firma von Brad Leach in Sydney hatte unseren T4 Syncro mit langem Radstand zum Camper ausgebaut.

»Ich bin in Volkswagen-Vans aufgewachsen«, erzählt uns Brad. »Vater steckte uns Kinder damals in seinen T2, und wir fuhren die Küste hinauf zum Surfen nach Queensland.« Beruflich wurde Brad Tischler und machte seine Bulli-Liebe zum Beruf; er baut Camper aus. Den Namen seiner Firma kennt man in Australien: TRAKKA. »Meine australische Antwort auf den California«, sagt er mit einem Schmunzeln. Und bald schon hat auch unser T4 seinen australischen Namen weg: Kookaburra, Lachender Hans.

Gut drei Monate haben wir für diese Australienumrundung eingeplant. Unsere Tochter Bettina, beim T3-Syncro-Abenteuer auf der kanadischen Canol Road sechs Monate alt, ist jetzt sechzehn und für die Dauer ihrer Schulferien ebenfalls mit an Bord. Eltern schätzen sich glücklich, wenn ihr Teenager ihnen bei der Einladung zum gemeinsamen Abenteuer keinen Korb gibt! Von Queensland aus wird sie wieder heimfliegen.

Einige legendäre Pisten durchziehen Australiens Outback, *tracks* genannt. Zu den berühmtesten zählen der Oodnadatta, der Strzelecki oder der Birdsville Track. Mit Syncro oder 4MOTION sind sie während der trockenen Jahreszeit allemal befahrbar. Doch diese *tracks* befinden sich im Inland. Wir aber wollen der Küstenstraße 1 folgen, von der wir Offroad-Abstecher in einige der unberührtesten Regionen Australiens unternehmen werden: Mir schwebt da vor allem der Cape York Track vor.

Dieser Highway 1 ist genau genommen ein Verbund bestehender Straßen wie Pacific oder Eyre Highway ... Die »Nummer eins« folgt weitgehend der Außenlinie des Kontinents. Sie zieht sich von Sydney nordwärts ins tropische Queensland. Weiter geht's in Richtung Northern Territory und dann über 7000 Kilometer durchs fast menschenleere Western Australia nach Südaustralien, wo sich bald in Sydney der Kreis schließt. Ein Weltrekord. Denn mit rund 16 000 Kilometern Länge ist die Straße ein Stück länger als der russische Trans-Siberian Highway. Damit ist der Highway 1 der längste nationale Highway der Welt. Mit Abstechern nach Frazer Island und Cape York werden wir mehr als 20 000 Kilometer unterwegs sein. So weit der Plan – jetzt aber geht's erst mal los ...

Hier ein paar Trailnotizen:

22. April: Begegnung mit John und Martha im T2
Beide sind etwa dreißig, der Steppke an Mutters Hand ist acht. »Unser VW-Camper kam per Schiffscontainer von England nach Australien«, erzählt mir John. Im westaustralischen Fremantle nahmen sie ihn in Empfang, seitdem haben sie gut ein Jahr lang fast alle Ecken Australiens erkundet.

28. April: Byron Bay; Surfer und Hippie-Bullis
Byron Bay, knapp 800 Kilometer nördlich von Sydney, feiert sich wieder mal selbst – wie so oft in den letzten Jahrzehnten, seit Surfer und Hippies die Traumstrände unterhalb des wie ein Stachel aus dem Pazifik ragenden Cape Byron entdeckten. Juliana vermerkt mit ihrem unnachahmlichen Hang zur Statistik den 41. hier und heute gesichteten VW-Bulli, meist sind es T2. Als diese in bunten Farben schillernden VW-Veteranen zwischen 1965 und 1980 das Licht der Welt erblickten, waren die meisten ihrer Fahrer nicht mal geboren.

Und während wir im T4 nordwärts rollen, machen wir uns mit australischen Begrifflichkeiten vertraut. So lerne ich, dass ein *banana bender* (Bananenbieger) ein Einwohner von Queensland ist, dass Autoreifen *bulldust* aufwirbeln, ein *drongo* ein Dummschwätzer ist. Und wenn jemand *pissed* ist, hat er ein Bier zu viel in sich reingekippt.

Ich unterbreche meine Australien-Studien, als wir 200 Kilometer nördlich von Brisbane Frazer Island erreichen. Der Name dieser Insel steht für die in Australien beliebtesten drei As: Ausspannen, Angeln, Allradvergnügen. Damit Letzteres auch wirklich zum Vergnügen wird, reduziere ich vorsichtshalber unseren Reifendruck. So komme ich besser durch. Frazer Island ist Australiens Allrad-Tummelplatz, doch ein paar Spielregeln sollten besser beachtet werden: »Nie mit dem Auto bis dahin, wo die Wellen über den Sand lecken«, lautet die wichtigste. »Das Meerwasser wird in Sekundenschnelle die Reifen unterspülen, und hängt das Bodenblech erst einmal auf dem breiigen Sand, ist der Wagen so gut wie verloren.« Ansonsten ist der 75-Mile-Beach von Frazer Island ein Allrad-Dorado vom Feinsten!

CAPE YORK TRACK

Die Cape York Peninsula gehört zu den größten, fast unbevölkerten Wildnissen im Nordosten Australiens. Nur eine »Straße« verbindet den Süden mit dem Ort Bamaga, der nördlichsten Siedlung Australiens, von wo es nur ein kurzer Sprung übers Meer nach Papua-Neuguinea wäre. Der sogenannte Cape York Track, der dorthin führt, hat es in sich. Folgt man der Haupttrasse nach Bamaga, hält sich das fahrerische Risiko – und damit der Offroad-Spaß – in Grenzen. Doch wer stattdessen das Teilstück des Old Telegraf Track wählt (er führt entlang einer alten Telegrafenlinie), wird am Ende vermutlich nur noch ein Stoßgebet zum Himmel schicken, dass sein Allradantrieb nicht im Jardine River schlapp macht und ihn bei dieser Gelegenheit die Krokodile fressen. Ich kannte den Track und war vorgewarnt.

Die Stadt Cairns ist für mich das Sprungbrett in die Cape-York-Wildnis. Gut 1000 Kilometer sind es bis zu ihrer wie ein Pfeil nordwärts ragenden Spitze – und das Gleiche noch mal zurück ... denn Cape York ist *dead end*.

Nachfolgend noch ein paar Trailnotizen:

6. Mai: Daintree River
Am Ufer warnt ein Schild mit dem aufgerissenen Rachen eines Krokodils. Ein Zusatz unterstreicht die Botschaft: »Baden ist ungesund!« Problemlos durchquert unser Kookaburra den Fluss.

8. Mai: Lions Den (Kneipe)
An der verräucherten Decke baumelt ein Schild mit der Aufschrift »No pub next 500 km!«. Die Vorstellung, auf 500 Kilometer keine Kneipe zu finden, ist für jeden Aussie ein Albtraum.

9. Mai: Nördlich der Old Laura Homestead
Eine Creek-Durchquerung folgt der nächsten. Nur verbeulte Militär-Luftlandebleche und verrottete Holzbohlen bilden die »Brücke« über den Zyprus Creek. Im Noland Creek fluche ich so wie alle anderen vor mir auch, denn vor Jahren ist die Holzbrücke in Flammen aufgegangen. Man ließ alles so, wie es war ... Ich wühle mich durch Schlamm und Wasser. Fazit: »Gerade noch mal gut gegangen!«

12. Mai: Cape York
Ziel erreicht! Tagestemperatur bei 31 Grad, die Nacht bringt »Kühlung«: 30 Grad! Auf dem nördlichsten Parkplatz Australiens hocke ich zwischen Outback Blokes mit Schlapphüten und ihren Geländewagen; manche zerbeult, alle verdreckt, viele schwer beladen. »Bloody good, mate!«, schwärmen sie und meinen den Track. Zwischen uns knistert ein Lagerfeuer. Und während wir unsere Erlebnisse auf dem Cape York Track schildern, werden die Schlammlöcher von Bierdose zu Bierdose größer und tiefer ...

OUTBACK

Westlich von Cairns und südlich des Golfs von Carpentaria zieht sich der Highway in ausweichendem Zickzack nach Westen: nach Normanton, durch die Orte Mount Isa und Tennant Creek. Das Northern Territory ist eine nahezu menschenleere Region. Schilder warnen: »Next service 376 km«.

Dass auf der dreieinhalbfachen Fläche Deutschlands nur die Hälfte der Einwohnerzahl Hannovers lebt, glaubt man sofort: Kaum eine Menschenseele treffen wir. Stattdessen Graue Riesenkängurus, die gemächlich über den Highway 1 in das von goldenem Morgenlicht geflutete Buschland federn. Zwanzig Rosenkakadus palavern in der Fahrbahnmitte. Fünf mächtige Keilschwanzadler mit bis zu zweieinhalb Meter Spannweite zerfleddern den Kadaver eines Kängurus. Auch für den Brahman-Bullen, der dem *bullcatcher* eines *road train* im Wege stand, war dies kein paradiesischer Morgen: Er liegt aufgebläht am Straßenrand.

Wer dachte, in Australien die große Einsamkeit bereits kennengelernt zu haben, wird im Bundesstaat Western Australia eines Besseren belehrt. Auf der siebenfachen Fläche Deutschlands leben nur gut zweieinhalb Millionen Menschen, zwei Millionen davon in der Hauptstadt Perth. Der Rest des Staates wirkt einsam und verlassen. Westaustralien zu bereisen heißt, sich in Geduld zu üben. Auf einer Distanz, die der Entfernung zwischen Hamburg und Zürich entspricht, findet man drei *roadhouses* zum Tanken, ein Dutzend Emus oder mehr als hundert Kängurus. Aber dann erreicht man nach langer Fahrt das Tagesziel, etwa den Delfinstrand von Monkey Mia, und blickt plötzlich auf weite, weiße Strände.

An diesem Abend südöstlich von Perth aber ziehen schwarze Regenwolken über Western Australia auf und kündigen ein Unwetter an. Vereinzelte Strahlen der tief stehenden Sonne illuminieren dieses Wolkenmonstrum: unheimlich-schön! Wir sehen uns an, und ich sage: »Lass uns da reinfahren!«

Vor uns liegt die menschenleere, baumlose Nullarbor Plain. Einsamer geht's kaum. Ich mag es, mich als Teil der Elemente zu fühlen, ich mag ihre Urgewalt … wie in dieser Nacht. Nie zuvor erlebte ich eine solche Sound & Light Show, bei der die Blitze im Sekundentakt zucken. Dazu stürzt sintflutartiger Regen aufs Land. Kirschgroße Wassertropfen detonieren auf Kookaburras ohnehin gepeinigter Windschutzscheibe. Ich verlangsame den Bulli, weiter als zehn Meter kann ich nicht sehen. Ohne den Blick von der Straße abzuwenden, ertaste ich

eine Musikkassette. Kurz darauf tönen Ry Cooders Gitarrenklänge aus »Paris, Texas« durch den Camper. Nach einer Stunde endet das Unwetter so abrupt, wie es begonnen hat. Da erfasst mein Scheinwerfer eine Schneise im Busch. Wir folgen ihr und finden einen stillen Platz für die Nacht.

Hier im Südwesten des Kontinents lasse ich beim Highway 1 auch die Bezeichnung »Traumstraße« durchgehen. Großartige Ausblicke aufs Meer und einsame Stellplätze findet man immer. Wohl dem, der einen Syncro fährt ...

Der Highway 1 schmiegt sich während der letzten 3000 Kilometer bis Sydney eng an die Küste. Adelaide, im Weinland Südaustralien, ist das nächste Etappenziel. Besonders bei dem als Great Ocean Road bezeichneten Abschnitt westlich von Melbourne zieht die Straße noch einmal alle Register: Entlang der steil abfallenden Felsküste entdecken wir zwölf senkrecht im Meer stehende Felsen – wie in der Bewegung erstarrte Riesen. Das trug dieser bizarren Küstenformation den Namen »Zwölf Apostel« ein.

Gut 20 000 Kilometer nach dem Start schließt sich der Kreis unserer Reise in Sydney. Die Farben von Australiens schönster Stadt sind so bunt und verführerisch wie am Tag des Aufbruchs: Ausflugsboote tuckern vor uns durch den Hafen. Und wie ein Schiff unter Segeln erhebt sich das hell erleuchtete Dach des Opera House vor dem grün schimmernden Bogen der Sydney Harbour Bridge.

Hier endet unsere VW-Bus-Reise auf dem Highway, der genau das hält, was sein Straßenschild verspricht: die Nummer eins zu sein!

Die technische Bilanz: Alles top! Nichts weiter vorgefallen außer einer gebrochenen Windschutzscheibe. Selbst die Schinderei auf dem Cape York Track hat Bulli Kookaburra uns nicht übel genommen.

T4 – DAS ROLLENDE KINDERZIMMER (SUCRE, BOLIVIEN)

Tage zuvor noch waren wilde Wasserschweine über die Straße gesprintet, während bunte Papageien lautstark über unseren Köpfen krakeelten. Im Sumpfland des brasilianischen Pantanal war das, kurz bevor wir, über die Ostseite der Anden kommend, die Stadt Sucre in Bolivien erreichen. Welche Überraschung, als dort Anfang März 2019 ein T4 mit großem Tischer-Wohnmobilaufbau und schweizerischem Kennzeichen neben uns einparkt. Wir freuen uns auf die Begegnung mit dieser Crew: zwei kleine Kinder und ihre Eltern.

»Nicht das Reisen durch Südamerika steht bei uns im Vordergrund, sondern die intensive gemeinsame Zeit als Familie«, sagt Dominique Glaus, als wir ihn, seine Frau Andrea und die beiden Söhne Mael und Louan begrüßt haben.

Ob die Bulli-Gene von den Eltern übertragen wurden, will ich wissen.

»Meine Eltern sind in diesem Punkt nicht besonders experimentierfreudig«, bekennt Andrea. Ganz anders sah es bei Dominique aus. »Ende der Siebzigerjahre fuhren meine Eltern ein halbes Jahr mit einem alten VW-Postbus durch Afrika«, berichtet er. Da das Geld nicht bis zum Ziel Südafrika reichte, blieben sie in Rhodesien (heute Simbabwe) und arbeiteten. »Ein knappes Jahr später bin ich dort zur Welt gekommen.«

T5 des Rekordfahrers Plattner in Istanbul.
Durchschnittsverbrauch auf 2500 km: 4,8 Liter.

Extremsportler Joachim Franz mit T5-Begleitung beim Fahrrad-Marathon auf der Panamericana

T5-4MOTION-Erprobung. Team Plattner/Abraham in Mauretanien: »Einmal erwischt es jeden …«

Peter Seikel mit seinem T5 Extrem: Offroad kommt keiner an ihm vorbei.

Zwei Generationen Kreutzkamp mit Reise-fieber: Juliana, Christian, Bettina, Dieter

2005 waren VW-Transporter 4MOTION bei der Rallye Paris-Dakar als Service-Fahrzeuge im Einsatz.

Karl-Heinz Foryttas T5 California auf Test-fahrt im klirrend kalten Skandinavien

Seit rund 70 Jahren ist der VW-Bus ein Synonym für Freiheit und Mobilität.

70 JAHRE AUF EINEN BLICK

Unser siegellackroter T1 hinter einem Büffelskelett in der Serengeti, Tansania

Bei den preiswerten Souvenirs in Mexiko konnten wir nicht widerstehen.

Dempster Highway: noch 429 km bis zum Ende der nördlichsten Straße Kanadas

Auszusteigen kann in den Flüssen Australiens wegen hungriger Krokodile ungesund sein.

Beste Offroad-Eigenschaften beim T5 4MOTION – Seikel-Umbauten machen das Abenteuer noch zünftiger.

Modernste Fertigungsmethoden bei der Herstellung des T6 im VWN-Werk Hannover

Zeitenwende: der ID. Buzz, das erste vollelektrische Fahrzeug von VWN, neben der Bulli-Ikone T1-Samba

Fast 50 Jahre liegen zwischen diesen Fotos. Und noch immer sind Juliana und ich *on tour* – natürlich im Bulli!

In diese Fußstapfen traten Andrea und Dominique: 2010 kauften sie von der Schweizer Armee einen T3, Baujahr 91. Einen VW-Bus deswegen, weil er klein und wendig ist. 60 000 Kilometer ist er gelaufen, ein nackter Kombi zwar, aber bestens erhalten.

»Wir sind anschließend in den Baumarkt gegangen, haben Holz, eine Säge und Schrauben gekauft«, erinnert sich Andrea. Dann ging's ans Werk. Nach einem halben Jahr war der VW-Bus fit für die Straße.

»Die ursprüngliche Idee war, in dem ausgebauten Bulli unsere Kletterferien zu verbringen«, sagt Andrea. Aber je mehr sie am T3 schraubten, umso deutlicher zeichnete sich die Idee ab, dass man damit auch was »Handfestes« unternehmen könnte: zum Beispiel in die Mongolei fahren. Das Auto erhielt, was die beiden für solch eine Reise als wichtig erachteten: neben Schlafgelegenheit ein Solarpaneel, eine zweite Batterie, natürlich Kochgelegenheit und Kühlbox. Ein Hochdach hielten sie nicht für notwendig. Dominique: »Alles, was in unseren Augen irgendwie überflüssig erschien, wollten wir erst gar nicht dabeihaben.«

Auch wenn sie Südostasien schon früh als Endpunkt definiert hatten, war doch die Route dahin genauso wichtig. »Der Weg ist das Ziel. Aber welcher? Wir wollten auf möglichst großen Abschnitten der Seidenstraße folgen«, sagen sie. Afghanistan schied leider aus Sicherheitsgründen aus. Also fuhren sie über die baltischen Staaten, durch Georgien, Kasachstan und Kirgisistan Richtung Russland. Nach Stopps am Baikalsee ging's in die Mongolei.

»Wir wären gern per Auto nach China gereist, haben uns aber aus Kostengründen dagegen entschieden.« (Anmerkung: Ein »staatlicher Führer« – besser »Aufpasser« – muss ständig im Auto sein, wofür horrende Gebühren an den chinesischen Staat zu zahlen sind.)

»Also haben wir unseren T3 im Container vom sibirischen Wladiwostok nach Bangkok verschifft.« Von dort erkundeten sie Thailand, Laos und Kambodscha und verschifften den T3 dann von Bangkok direkt nach Basel. Der Preis lag bei rund 2500 Euro. Günstig, wie wir alle meinen. »Von Asien nach Europa wird deutlich weniger verlangt als andersrum«, hören wir.

Für eine 30 000 Kilometer lange Abenteuerstrecke ist die Pannenstatistik sehr überschaubar: In der Türkei musste die Zylinderkopfdichtung gewechselt werden. Das Problem mit den Federn und Stoßdämpfern auf dem Weg in Richtung Altai-Gebirge war nicht so einfach zu beheben. »In der ersten großen Ortschaft der Westmongolei haben wir kurzerhand Toyota-Federn zusammenschweißen lassen, natürlich ein Provisorium, doch es hat ungefähr gepasst. Vorsichtshalber aber kehrten wir um und kauften in der Hauptstadt Ulan Bator neue Stoßdämpfer und Federn.«

2010 hatten sie sich den T3 zugelegt, doch nachdem Mael und Louan ins Team eingestiegen waren, wurde es drinnen eng. 2017 verkauften sie den Bulli, wobei ihnen entgegenkam, dass der T3 zunehmend begehrt und damit im Preis gestiegen war. Ganz offenbar hatte die Tour im VW-Bus das Fernweh bei ihnen geschürt. »Uns war klar, dass dies nicht die letzte große Reise gewesen war. Wir saßen oft zusammen und fragten uns, was wir für unsere Zukunft wollten. Das waren kreative Abende mit ganz vielen Plänen. Zweieinhalb Jahre hätten wir, bis unser Großer in die Schule müsste. Uns wurde schnell klar, dass die Zeit drängte, wollten wir noch mal – diesmal mit Kindern – eine große Tour machen«, erinnert sich Dominique.

Welche Reiseziele kamen infrage? Südostasien kannten sie. Afrika war ihnen zu riskant. Nordamerika würden sie später bereisen. Australien war erst mal »zu weit« weg und Europa »zu nah dran«, also auch ein Ziel für später. »Da blieb eigentlich nur Südamerika übrig.«

Andrea meint: »Die Familie war traurig, als wir mit den Kindern aufbrachen. Es gab auch Bedenken, wir würden unseren Söhnen ihre sozialen Kontakte vorenthalten. Natürlich hatten wir uns darüber selbst schon Gedanken gemacht. Aber mit zweieinhalb und vier Jahren sind Mama und Papa die wichtigsten Bezugspersonen. Die Kinder wollen mit den Eltern kuscheln, Märchenbücher anschauen oder spielen.«

Dominique: »Die Südamerikareise ist vor allem als Familienzeit gedacht. Wir wollen das Reisen und das Zusammensein mit den Kindern kombinieren.«

Die Erfahrungen nach einem halben Reisejahr sind bestens! »An Schlechtwettertagen muss man sich eben intensiv miteinander beschäftigen, inklusive Kissenschlacht und Schlafsackburg bauen.«

Und Platz ist in diesem Tischer-Camper vorhanden: »Dass wir mit Kindern ein völlig anderes Anforderungsprofil ans Auto haben würden, war klar. Deswegen hatten wir ja wesentlich mehr Wert auf den Wohnkomfort als auf die Motorleistung gelegt, oder darauf, ob es ein 4×4-Fahrzeug ist.« Immerhin haben sie den 2,5-Liter-Turbodiesel mit 102 PS durch Tuning auf 135 PS gebracht. Dass in den Anden noch mehr Leistung oder in Brasilien eine Klimaanlage wünschenswert wäre, wissen jetzt beide. Aber so manches haben sie dem größeren Platzangebot zugunsten von Kissenschlacht und Co. untergeordnet.

Außer einem Auto-Aufbruch im chilenischen La Serena hat die Pech-und-Pannen-Statistik nichts zu verzeichnen. »Der T4 läuft einwandfrei!« Von Bolivien aus soll die Reise nordwärts durch Peru und Ecuador nach Kolumbien gehen.

»Wie sieht die Halbzeitbilanz aus?«, frage ich. »Würdet ihr eine ähnliche Reise mit einem rollenden Kinderzimmer und euren beiden Jungs noch mal antreten?«

Und beide aus einem Mund: »Ganz klar, ja! Auf jeden Fall!«

102
STD V 772H
HR OH 64H

EIN EXKURS ZU DEN LUFTGEKÜHLTEN

DIE GROSSFAMILIE VON BULLI, KÄFER UND CO.

Es ist eine große Familie, die der luftgekühlte VW-Motor eint. So verwundert es nicht, dass bei manchen Treffen neben Bullis auch Käfer vertreten sind. Und gelegentlich sind äußerst seltene und fast unbekannte Schätze dabei: Hebmüller, Karmann oder Rometsch zum Beispiel. Fahrzeuge, die auf Käfer-Basis in den Fünfzigerjahren völlig neu und sehr individuell designt und umgebaut wurden. Auch ihnen begegnete ich. Ein Blick über den Tellerrand ...

MOMENTAUFNAHMEN BEIM MIDSUMMER BULLI FESTIVAL, FEHMARN

Beim Midsummer Bulli Festival auf der Insel Fehmarn geht die Post ab, und das schon seit 2014. Man muss allerdings früh zur Stelle sein, um eines der begehrten 1250 Tickets fürs Beachcamp direkt am Veranstaltungsort zu ergattern. Fast 600 Bullis cruisen dann am Sonntag bei der Bulli-Parade über Fehmarn, unlängst angeführt von einem T1 des Baujahrs 1964. Natürlich gehen alle als Bullis durch, egal ob T1 oder T6. Ein buntes Fest, bei dem der VW-Bus fröhlich gefeiert wird. Auch von den 50 000 Besuchern, die sich vom Fehmarn-Bulli-Fieber haben anstecken lassen. Was Szene-Oldtimer wie Manfred Klee mit seiner Petition auf originaler T1-Tür oder Jochen Brauer mit Gummibärchen vor dem VWN-Werkstor vor Jahrzehnten einforderten, ist eingetreten: Überall feiert man das Bulli-Erbe.

T2-BULLI MIT 180 PS

Der Schwede Filip Fischlein lebt im schwedischen Ystad, das jeder Leser der Wallander-Krimis von Henning Mankell natürlich bestens kennt.

»Dieser Bus«, sagt er und zeigt auf seinen T2, »ist Baujahr 1973 – mit einem Motor vom Porsche 911 S 2.2.«

Alter Schwede ..., denke ich: 180 PS! Natürlich ist auch alles Sonstige an diesem »Rennbulli« vom Porsche: Bremsen, Getriebe, Federung ...

»Aber nur hinten, vorn ist die originale Federung vom VW-Bus drin. Alles legal, samt Eintrag in die Fahrzeugpapiere«, betont er.

»Wie schnell bist du mit dem Bulli schon gefahren?«, will ich wissen. »200 Stundenkilometer – aber ich werde es nie wieder tun ...«

Sicherheitshalber hat er einen – und er gebraucht dafür das deutsche Wort – Überrollbügel eingebaut. Das Midsummer Bulli Festival ist für Filip das Highlight am Ende einer 6400 Kilometer langen Reise in nur 23 Tagen durch elf europäische Länder. Und über dem Camp, wo auch andere flotte schwedische T2 stehen, flattert während unseres Gesprächs die riesige blau-gelbe Flagge Schwedens.

EIN TÄSSCHEN KAFFEE IN DER WANDERDÜNE

»Im Vorjahr habe ich den Preis für den schönsten T3 erhalten«, sagt Christian Geiss. Ich stehe vor seiner T3 Doppelkabine (DoKa) mit dem ungewöhnlichen Aufbau, während im Hintergrund das Wasser des Fehmarnbelt plätschert und Christian seinen Hund Janne tätschelt. »Ein reinrassiger Mischling«, sagt er grinsend.

Eine ungewöhnliche Kombination, diese DoKa. Baujahr 1990, von Haus aus mit 75 PS, jetzt aber mit einem 110-PS-TDI-Motor veredelt. Die DoKa buckelt einen Pick-up-Camper, der innerhalb weniger Minuten entweder abgesetzt oder huckepack genommen werden kann. Und da Christian zu Hause noch eine T4-DoKa stehen hat, kann er wahlweise den

Camperaufbau bei dem einen wie dem anderen Fahrzeug nutzen.

»Keines der beiden Fahrzeuge gilt als Wohnmobil – der Wohnaufbau ist schlichtweg Ladung. Die T4-Pritsche ist allerdings etwas größer«, gibt er zu. »Da musste ich etwas modifizieren.« Den Aufbau hat Christian Geiss selbst gefertigt: »Außen Aluminium, innen Sperrholz und dazwischen 4 Zentimeter Dämmung. Im Winter stehe ich in Sankt Peter-Ording am Nordseestrand und trinke im behaglich warmen Camper Kaffee.«

Diese Vorliebe für ein gepflegtes Tässchen Kaffee war auch der Grund für den vorne hohen und nach hinten abfallenden Wohnaufbau. »Den Latte macchiato, den ich eigenhändig brühe, trinken meine Freundin Kerstin und ich morgens im Bett sitzend, während wir dem Tag in die Augen sehen.« Deshalb also die Erhöhung – um bequem sitzen zu können. »Meine kleine Wanderdüne«, nennt Christian den Buckel. Sinnvoll ist der zudem, weil Regenwasser so schneller abfließt.

Seine Liebe zum Meer ist auch beim Design der Camperaußenwand unübersehbar: ein riesiges Strandbild aus Dänemark. »Es mag vielleicht eigentümlich klingen«, sagt er, »aber ich suchte nach dem Sinn meines Lebens. Dafür bin ich für drei Jahre aus dem Beruf ausgestiegen. Am Wasser habe ich ihn gefunden: schneller Wind, wildes Wasser und Wassersport dazu – das ist mein Leben!« Und natürlich gehört ein T3 oder T4 samt »Wanderdüne« dazu.

AUSGEPRÄGTES BULLI-FIEBER

Es gehört schon einiges dazu, in 33 Jahren nur lächerliche 9736 Kilometer zu fahren. Kerstin und Markus Schumachers knallrote Feuerwehr von 1973 hat das Kunststück fertiggebracht.

»Vielleicht«, meint Markus mit einem Schmunzeln, »hat dieses Tragkraftspritzenfahrzeug mehr Bierkisten zu Feuerwehrfesten transportiert als Feuer gelöscht.« Der VW-Bus ist bestens erhalten, hat Originallack. Nur an der Front musste wegen eines leichten früheren Schadens nachlackiert werden. Das war's aber auch schon. Der Feuerwehr-Bulli wirkt wie aus dem Ei gepellt.

Ein Feuerwehrleben lang war der T2 in einem kleinen Dorf im Nordpfälzer Bergland im Kreis Bad Kreuznach gelaufen. Allerdings wusste man beim Verkauf auch dort – preislich gesprochen –, wie der Hase läuft ... Ein Schnäppchen war es nicht. Die Schumachers kauften ein leeres Fahrzeug ohne Feuerlöschpumpe. Seine jetzige Tragkraftspritze, wie die Pumpe im Fachjargon heißt, schenkten ihm später Freunde zum Geburtstag. TÜV-Probleme gab es bei der Zulassung als historische Feuerwehr nicht, auch nicht wegen des Blaulichts, das ja abgedeckt ist.

1990 hatte Markus' VW-Bus-Begeisterung mit einem T3 begonnen. Als er 2004 bei Manfred Klees letztem großen VW-Deutschlandtreffen in Koblenz war, beschloss er mit anderen Bulli-Freunden, selbst einen Bulli-Club zu gründen. »Keinen Verein«, sagt er, »nur ein lockerer Zusammenschluss von Leuten mit den gleichen Interessen.« Das war 2005, und sie nannten den Club »IG-Bulli-Rhein-Ruhr«. Aktiv ist Markus Schumacher auch mit Beiträgen auf der bei VW-Freunden bestens bekannten Internetplattform: www.vw-bulli.de.

Ich besuchte Kerstin und Markus zu Hause in Bottrop und diagnostizierte sofort hohes Bulli-Fieber. Und so folgte ich ihnen ins »Allerheiligste« – bis oben hin dekoriert mit Bulli-Devotionalien.

»Eigentlich ist das unser Gartenhaus«, grinst Markus. Die Bezeichnung Bulli-Tempel würde eher passen. »Alles Dinge, die ich im Laufe meines Lebens gesammelt habe: Bulli-Bilder, Bulli-Becher, unzählige Bulli-Modelle ... Als wir hierherzogen und dieses Gartenhaus unser Eigen wurde, habe ich von meiner lieben Frau die Erlaubnis erhalten, mich hier austoben zu dürfen.« Davon hat er reichlich Gebrauch gemacht. »Es gibt hier auch eine kleine Leinwand, auf der wir Bulli-Filme ansehen!«

Die schönste Zeit haben die beiden

natürlich, wenn im Sommer die Bulli-Freunde hierher zum Grillen kommen. »Und während wir abends bei Benzin-Gesprächen zusammensitzen, kühlen wir uns mit einem Stauder Bier aus Essen ab!«

WELTREISE NACH HANNOVER

Während unlängst Maik Röper beim Midsummer Bulli Festival den ersten Preis für seine tadellos restaurierte Erna erhielt, wird dort jedes Jahr auch der Preis für die weiteste Anreise verliehen. Der ging schon mal an Bulli-Fans aus der Schweiz, die 1187 Kilometer zurückgelegt hatten.

Richtig große Augen mache ich, als 2017 der Malaysier Stephen Pang im roten T1-Bulli vorfährt und verkündet: »Seit meinem Aufbruch in Kuala Lumpur bin ich bis zu diesem Augenblick exakt 19 960 Kilometer gefahren. Eins unserer Herzensanliegen war, mit unseren Bussen den Weg zurück zum Volkswagenwerk zu schaffen!«

Das Team besteht aus drei Bullis; die Fahrer sind Stephen, sein Freund Terence Moses, ebenfalls im T1, beide Baujahr 1967, sowie Cliften Nathaniel im T2, Baujahr 1978. Drei Monate hat die Reise über Thailand, Laos, China, die Mongolei und Russland nach Europa gedauert. Punktgenau erscheinen sie, um als Sieger für die weiteste Anreise geehrt zu werden.

Ich treffe mich später mit Stephen Pang auf seinem Stellplatz im Beachcamp. Als Weltenbummler möchte ich natürlich Details dieser Anreise hören!

Dabei erfahre ich, dass neben drei Bullis auch zwei VW-Käfer zum Team gehören. Aber bei den Abenteuern der fünf Fahrer gab es nicht nur Grund zur Freude: »Während der dreimonatigen Fahrzeit hatte jeden zweiten Tag irgendeiner von uns Probleme: mal mit dem Vergaser, dann an den Verteilern, es tropfte aus Dichtungen, und bei einem unserer T1 hakte ständig die Kupplung. Faustregel: 45 Tage schraubten wir, die übrigen 45 Tage fuhren wir. Einer unserer Sponsoren ist Volkswagen Classic Parts. Aber was hilft dir das, wenn du mitten in Sibirien festsitzt?«

Zum Glück hatten sie sechs Kisten voller Ersatzteile und Werkzeuge dabei. Vor allem die selbstlose Hilfe der Mongolen wird Stephen nie vergessen: »Da tauchte jemand buchstäblich aus der Weite des Graslands auf. Er verstand weder ein Wort Englisch noch Malaiisch, und wir verstanden ihn nicht. Aber er packte mit an. Und als er nicht weiterkam, verschwand er und kam eine halbe Stunde später mit drei oder fünf anderen Männern zurück. Und dann packten alle gemeinsam an.«

Stephens Beziehung zu den Luftgekühlten reicht zwanzig Jahre zurück, als er in Kuala Lumpur seinen ersten Käfer kaufte. Weitere Käfer, aber auch Bullis folgten. Er begann zu sammeln. »Damals kriegtest du einen VW-Bus für 500 Dollar, heute legst du in Südostasien für eine heruntergekommene Rostlaube 10 000 auf den Tisch.« Das Hobby wurde ihm zu teuer, und statt Autos zu sammeln, war er jetzt im Urlaub mit Freunden im Bulli auf Achse.

»In Malaysia haben wir etwa zwanzig VW-Bus-Clubs mit rund 400 Bullis.« In Thailand, so schätzt er, seien wohl an die 2000 Busse und Käfer in Clubs zusammengeschlossen. »Was ein Klacks ist gegenüber Indonesien: Der offizielle Volkswagen Classic Club zählt etwa 11 000 Mitglieder.«

Dermaßen in die Bulli-Szene hineingewachsen, hatte Stephen 2013 eine Einladung nach Hessisch Oldendorf erhalten. Ich stutze: Hessisch Oldendorf ist ein 18 000-Einwohner-Städtchen und weniger als eine halbe Fahrstunde von meinem Wohnort entfernt. Was in aller Welt mag einen Volkswagen-Fan dort hinziehen?

»2013 reichte mein Geld nicht, um diese Reise nach Deutschland anzutreten. Aber 2017, beim nächsten Treffen in Hessisch Oldendorf,

wollte ich dabei sein. Ich verkaufte einen meiner Bullis, um liquide zu sein. Das restliche Geld kam durch Sponsoren rein. Klar …«, verrät er mir, »es ist toll, unsere Bullis vor das Tor jenes VW-Werks zu fahren, aus dem sie 1967 und 1978 nach Südostasien gerollt waren. Aber mein eigentliches Ziel ist der Ort, an dem die seltensten der seltenen luftgekühlten VW-Fahrzeuge zu sehen sind. Und wenn ich dort ankomme, werde ich den heiligen Boden von Hessisch Oldendorf küssen.«

Donnerwetter, denke ich, da muss ich hin!

MOMENTAUFNAHME: »DIE OLYMPIADE DER VW-SHOW-SZENE!«

Malerisch in den Naturpark Weserbergland eingebettet, unweit der Rattenfängerstadt Hameln, liegt Hessisch Oldendorf. Für viele der alle vier Jahre für drei Tage anreisenden VW-Oldtimer-Enthusiasten ist dieser Ort der Nabel der Welt. Rasch stelle ich anhand der Autokennzeichen fest, dass Teilnehmer beispielsweise aus Großbritannien, Belgien, Holland, Norwegen, Finnland und der Schweiz gekommen sind … Und dann lese ich auf einer Landkarte, in der bunte Nadelköpfe die Herkunftsländer aller Gäste markieren, dass sich Besucher aus 49 Ländern der Welt zu dem HO17-Treffen (»Hessisch Oldendorf 2017«) eingefunden haben. Und während ich verblüfft auf Schlangen korrekt aufgereihter VW-Brezelkäfer der Fünfzigerjahre schaue, sehe ich rund um die altehrwürdige Marienkirche Bullis, wie sie älter, unterschiedlicher und ausgefallener kaum sein könnten.

Ich gehe auf einen VW-Bus zu, dessen Äußeres nicht verhehlen kann, dass in seinem langen Bulli-Leben nicht alles glatt gelaufen ist. Rikki James, der Eigentümer, lebt im englischen Oxford und ist im Vorstand des englischen The Split Screen Van Club. Jedes Jahr fährt er in seinem rot-schwarzen Samba rund 20 000 Kilometer zu Bulli-Treffen in ganz Europa. Er hat bereits Samba-Busse der Baujahre 1967, 1965, 1964, 1958 besessen. Aber keiner dieser Bullis der Königsklasse bewegte sein Herz so wie dieser Barndoor-Samba des Baujahrs 1954.

»Du darfst ihn gern verlottert oder heruntergekommen nennen«, sagt Rikki lächelnd, als er merkt, dass ich bei der Beschreibung seines Autos einen Moment verlegen nach den richtigen Worten suche.

Es ist unrestauriert, wirkt abgewetzt, und man könnte meinen, es habe ausgedient ... Kein Tropfen neuer Farbe ist an diesem Auto, alles original, so wie 1954. »That's the way I like it!« So mag er es. Weltweit existieren nur noch siebzehn Sambas des gleichen Jahrgangs 1954 mit der großen Motorraumklappe (*barndoor* = Scheunentor), verrät er mir. Über den Preis, den dieses Auto bei Liebhabern erzielen würde, mag man nicht mal spekulieren. Und an so etwas denkt Rikki auch nicht im Traum ...

»Ich kaufte diesen VW-Bus 1996. Zwanzig Jahre lang hatte er verlassen in einem Wald in Schweden gestanden.« Und mit Glück und guten Verbindungen konnte er das Unikat von Skandinavien nach Großbritannien überführen.

»Bei so viel alten Samba-Bussen, die du hattest und noch hast, bist du sicher ein guter Mechaniker?«, frage ich.

»Nein«, sagt er und lacht, »ich arbeite für ein Londoner Finanzunternehmen. Dies hier ist mein Hobby, meine Leidenschaft, meine Liebe. *This is the bus of my dreams!* Ich bin privilegiert, einen solchen Bus besitzen zu dürfen.«

Rikki und ich haben uns mittlerweile in den Bulli gesetzt. Er hat eine eher einfache Wohneinrichtung, die gewiss nicht von

Westfalia stammt. Rikkis beiden Kinder aber lieben es, mit dem VW-Bus in Urlaub zu fahren. »Fast die ganze Zeit ihres Lebens hatten wir nur diesen Bus. Ich bringe sie in ihm zur Schule, hole sie ab, wir fahren damit einkaufen. Alle vier konnten wir darin schlafen, bis die Kinder zu groß wurden, um in der Hängematte hinten quer über dem Motor zu liegen.« Daraufhin kaufte er ein Dachzelt. Geht doch! Jetzt schlafen die Kinder oben und er und seine Frau unten. So auch kürzlich bei einem dreiwöchigen Urlaub in den Pyrenäen.

»Ich dachte«, erinnert sich Rikki, »meine Kinder hätten vielleicht die Nase voll davon, auf dem Dach zu pennen. Aber kaum zu Hause, fragten sie: ›Daddy, wann geht's wieder los?‹«

Der Vollständigkeit halber sei erwähnt, dass Rikkis Bus nicht mehr von den ursprünglichen 30 PS angeschoben wird.

»Statt 85 Stundenkilometer wie damals könnte ich heute 200 fahren«, sagt er. Denn im Motorraum des 54er-Bullis schlägt das Herz eines Porsche 914 mit 2,6 Liter Hubraum. Die alten Bremstrommeln wurden durch Porsche-Scheibenbremsen ersetzt, dazu kam ein Porsche-Getriebe vom 911er. In jeder Hinsicht also ein Unikat, und deshalb ist der »BUS«, so steht es auf den Nummernschildern, in der Altstadt so platziert, dass keiner ihn übersehen kann.

»Um dir zu zeigen, wie ich dieses Treffen hier in Hessisch Oldendorf sehe, kurz ein Vergleich«, sagt Rikki. »Es gibt Lokalmatadore und darüber die Champions auf Kreis-, Landes- und Bundesligaebene. Und dann gibt es die Olympiade. Und dies hier ist die Olympiade der VW-Show-Szene! Alle vier Jahre. Hier in Hessisch Oldendorf findest du die ältesten und coolsten Volkswagen auf unserem Planeten. So was gibt es kein zweites Mal auf Erden.«

Dermaßen eingestimmt, machen Juliana und ich eine Erkundungstour im hübschen alten Stadtkern von Hessisch

Oldendorf. Damit beginnt auch eine Zeitreise zurück in die Nachkriegszeit, denn ausschließlich luftgekühlte Volkswagen bis Baujahr 1957 sind im Stadtbild zu sehen. Und zwar in rauen Mengen!

Natürlich werden in Hessisch Oldendorf auch diverse Preise vergeben. Claus Missing aus Düsseldorf erhielt einen für seinen makellos restaurierten VW-Kombi Baujahr 1952. Der »Pechvogel-Preis« ging an die Familie eines Bulli-besessenen Professors aus Bogotá, Kolumbien. Vor Tagen hätte sie bereits ankommen sollen. Doch unmittelbar vor dem Flug mit Zwischenaufenthalt in den USA stellte man fest, dass das US-Visum für die Ehefrau des VW-Enthusiasten abgelaufen war. Schnell buchte man um, und die fünfköpfige Familie flog über Istanbul nach Berlin. Etwa zur Halbzeit des HO17-Events erreichte man doch noch Hessisch Oldendorf. Rechtzeitig, um den »Pechvogel-Preis« zu kassieren, und auch noch so rechtzeitig, dass der VW-begeisterte Professor bei den Exponaten ein um das andere Mal »Amazing!« ausrufen konnte.

Ich wollte wissen, wer alle vier Jahre dieses außergewöhnliche Treffen der ältesten und ganz besonderen aller luftgekühlten Volkswagen ermöglicht. So begegnete ich Traugott und Christian Grundmann.

TRAUGOTT GRUNDMANN: »DAS WELTWEIT GRÖSSTE VW-VETERANENTREFFEN …«

Dass Traugott Grundmann, wenn ihm danach ist, mal eben einen Porsche Carrera 2 mit Königswellenmotor – damals der schnellste Straßenwagen der Welt – oder den von Hollywoodstar Gregory Peck gefahrenen Rometsch, einen Luxusliner auf Käfer-Basis, anwerfen könnte, hatte ich zuvor schon gehört. Dass hier aber die weltgrößte Sammlung von Rometsch-Fahrzeugen steht, erfahre ich an diesem Nachmittag. Und wenn Grundmann Lust hat, mal eben mit einem der weltweit drei noch existierenden Prototypen des Brezelkäfers von 1938 zu cruisen oder in seinem schwarz-roten Samba-Bus von 1954 zu sitzen, wird ihn nichts daran hindern …

Schon der Auftakt eines Besuchs in dem rund 75 Fahrzeuge umfassenden privaten Automuseum ist stimmig: Ein irgendwie fröhlich blinzelnder Herbie begrüßt uns mit wippender Kofferraumhaube. Man erinnert sich: Herbie war der perlweiße VW-Käfer »Nr. 53« und Hauptdarsteller in den gleichnamigen Walt-Disney-Filmen.

Wir nehmen Platz auf den Stühlen einer Bar, die schon eine Rolle in dem Film »Bandits« mit Katja Riemann spielte, während im Hintergrund aus einer Wurlitzer Jukebox Elvis Presley rockt.

Es gibt wohl keinen Sammler oder Liebhaber von Uralt-Käfern oder Fahrzeugen auf deren Basis, Uralt-Bullis ein-

geschlossen, der die Namen von Traugott Grundmann und seinem Sohn Christian nicht kennt. Und Stephen Pang, der 19 980 Kilometer aus Kuala Lumpur anreiste, wollte sogar ihretwegen den »heiligen Boden« von Hessisch Oldendorf küssen.

»Wie waren die Anfänge?«, frage ich Traugott Grundmann.

»Mein Vater war Pastor in der Nähe von Hameln. Da ich der älteste Sohn war, musste ich Traugott heißen und sollte auch Pastor werden.«

Aber der Hang zum Irdischen, vor allem zu Autos, war damals schon recht ausgeprägt. Traugott schleppte in der Freizeit Zementsäcke für eine Baufirma, um sich mit achtzehn ein Auto leisten zu können: Ein Lloyd, der »Leukoplastbomber«, war sein erstes. »Da haben alle gelacht: ›Wer den Tod nicht scheut, fährt Lloyd!‹« Schon bald danach kaufte er für 400 Mark ein 49er-Käfer-Cabrio. »So hat die ganze Käfer-Geschichte angefangen!«

Vaters Wunsch, dass auch sein Sohn Pastor werden sollte, ging nicht in Erfüllung. Stattdessen ging Traugott Grundmann zur Bundeswehr, wurde Berufsoffizier, absolvierte eine Ausbildung bei der Luftwaffe und flog als Pilot rund 1850 Stunden auf Phantom-Jets. Die letzten dreieinhalb Jahre war er Fluglehrer auf diesen Maschinen und lebte mit seiner Familie in Kalifornien.

1977 sah er in einem Supermarkt in San Bernardino ein Plakat mit der Aufschrift »Split Window Club Meeting in Los Angeles«. Seine Familie und er fuhren dorthin. Sie bestaunten die alten Käfer dort und kamen auf den Geschmack. »Der erste Käfer, den ich für meine Frau fertig gemacht habe, war ein Brezelkäfer. Den hab ich dann gelb lackieren lassen, mit Porsche-Felgen und nicht originalen Sitzen versehen. Ich fand das toll!«, erinnert sich Grundmann. In L.A. machten ihm die Clubmitglieder Vorhaltungen, wie man ein so schönes Auto derart verhunzen könne ... »Da wollte ich's den Amerikanern zeigen. Hab mir in San Diego ein VW-Cabrio vom Schrottplatz geholt und es restauriert.«

Bingo – er gewann damit 1979 den ersten Preis! »So fing alles an!«

Doch erst mal stellte er andere Weichen: Um die Nachfolge im Dachdeckerbetrieb seines Schwiegervaters zu übernehmen, ließ sich der 34-jährige Fliegerhauptmann entlassen, wurde Dachdeckerlehrling, dann Geselle und Meister. Aber auch während dieser Zeit kam seine Leidenschaft für alte Autos nicht zu kurz. 1978 hatte er in Amerika zum ersten Mal einen Rometsch gesehen. »Ich war begeistert von dieser Form, dieser Qualität, dieser Ausstattung! Dann fand ich in Deutschland meinen ersten Rometsch. Diesen roten dort!« Und er zeigt auf ein Auto mit elegant geschwungenen Linien.

Traugott Grundmanns Leidenschaft für alle Luftgekühlten begann jetzt erst richtig. Nicht zuletzt, weil der Konstrukteur dieses Autos, Johann Beeskow, ihn trotz seines hohen Alters persönlich bei der Restaurierung seines roten Rometsch unterstützte.

»Halt!«, sage ich. »Wie lief das mit Rometsch, und wer war Johann Beeskow?«

»Friedrich Rometsch, der Karosseriebauer in Berlin, und Beeskow, der erfolgreiche Autokonstrukteur, kannten sich aus der Vorkriegszeit. 1947 kamen sie wieder zusammen. Es waren harte Zeiten, in denen jeder irgendwie zu überleben versuchte«, erzählt Traugott Grundmann. »Anhand eines schrottreifen VW-Käfers zeichnete und entwarf Beeskow ein neues Auto, überließ alles Rometsch, und der baute den ersten Rometsch-Beeskow. Eine Erfolgsgeschichte der Nachkriegszeit, denn es blieb nicht nur bei dem einen Auto! Eines ging zum Beispiel an das schwedische Königshaus. Stars wie Gregory Peck und Audrey Hepburn, aber auch deutsche Prominente wie Aenne Burda kauften es.«

Ich folge Traugott Grundmann in die Rometsch-Halle. Viele Autos dort wirken auf mich, als hätten sie gerade die Hallen des Friedrich Rometsch verlassen. Glänzend, makellos. Mit handgearbeiteten Polstern und schickem Interieur.

Weit gefehlt! Zwei Wagen galten als unrestaurierbar, höre ich. Wir bleiben am Auto von Hollywoodlegende Gregory Peck stehen: »Der Wagen ist von einem Schrottplatz in Amerika.« Wir kommen zum nächsten Rometsch: »Dieses Auto fand man in Florida in einem Sumpf.«

»Wie viele Stunden Arbeit stecken da drin?«, möchte ich wissen.

»1480 Stunden nur Karosseriearbeit!«

So weit einige wenige Impressionen aus der größten Rometsch-Sammlung der Welt.

Alle, egal ob Rometsch, Hebmüller, Karmann oder Bulli, haben die gleiche »Auto-DNA« und stammen vom Ur-Käfer ab. Eine große Familie! Und die war nun wieder in Hessisch Oldendorf zu Gast gewesen, wobei während des HO17-Treffens nur Fahrzeuge bis Baujahr 1957 in der Innenstadt zugelassen sind.

»Wie war die Bilanz des 7. Internationalen VW-Veteranentreffens?«, möchte ich von Traugott Grundmann wissen.

»980 Uralt-Luftgekühlte bis Baujahr 1957 aus 21 Nationen. Dazu 46 000 Besucher aus 45 Ländern! Das weltweit größte Volkswagen-Veteranentreffen!«

CHRISTIAN GRUNDMANN: »WIR HABEN HIER KEINE NORMALEN VW-BUSSE STEHEN!«

Ein paar Monate nach dem Gespräch mit Traugott Grundmann treffe ich mich mit seinem Sohn Christian. Mit dabei ist sein Freund Björn Schewe, der seit mehr als 25 Jahren in vorderster Linie steht, wenn es darum geht, Auto-Raritäten aufzuspüren.

»Ich bin das Trüffelschwein«, sagt Schewe. »Das war ich schon als Schüler! Wenn ich vor der Wahl stand, eine Mathe-Klausur zu schreiben oder eben mal nach Warschau zu fahren, weil dort ein KdF-Käfer stand, dann war für mich natürlich der Käfer wichtiger …«

Christian Grundmann beschreibt seinen Freund so: »Er ist das wandelnde VW-Lexikon. Björn *lebt* Volkswagen.«

Christian Grundmann, heute Geschäftsführer der großen familieneigenen Bedachungsfirma in Hessisch Oldendorf, erinnert sich an die Anfänge seiner Suche nach dem Besonderen unmittelbar nach der deutschen Wiedervereinigung: »In Ostdeutschland fahndete ich in Militärstellungen des Zweiten Weltkriegs nach dem, was der Zahn der Zeit schon gnädig mit Patina bedeckt hatte.« Eines Tages fand er einen auf Basis des KdF-Wagens gebauten Wehrmachts-Kübelwagen. »Als ich anfing, den zu restaurieren, habe ich Björn kennengelernt. Nach 1989 wurde in Ostdeutschland sehr viel weggeschmissen. Wir

konnten so manches Teil davor bewahren. Mitte der Neunzigerjahre waren die Zeitungen wie *Such und Find* oder *Zweite Hand* voller Kleinanzeigen über Artikel, die keinen Alltagswert mehr für andere, für uns aber hohen Sammlerwert hatten.

Björn und ich sind dann am Wochenende mit dem Firmen-Bulli meines Vaters Richtung Magdeburg gefahren und haben gut eingekauft, aber auch fair bezahlt«, erinnert sich Christian Grundmann. Auch VW-Teile waren dabei.

Die Beziehung zu Volkswagen-Oldtimern reicht in die Kindheit zurück: »So um 1978 herum haben wir auf dem Schrottplatz von San Diego den alten Ovali-Käfer gefunden, bei dessen Restaurierung ich meinem Vater schon als Kind geholfen habe. Mein Herz hat schon immer für die Frühzeit von Volkswagen geschlagen. Ich mag das Einfache, Schlichte.«

So kam es, dass Björn und er ab 1990 begannen, Luftgekühlte zu sammeln. Dabei klangen ihm immer die Worte seines Vaters im Ohr: »... so ein tolles Auto könnte ich auch noch gebrauchen.«

Na bitte! Was daraus geworden ist, konnten wir beim Besuch der exquisiten Autosammlung der Grundmanns sehen. Worte wie »Wertanlage« oder »Sammelwahn« passen überhaupt nicht zu dem, was sie tun, sagt Grundmann. Dafür aber: »Leidenschaft! Passion! Ich liebe es, wenn man etwas ganz Besonderes findet.« Und manchmal spürt er dann ein Prickeln wie bei einer Schatzsuche. »Es gibt Leute, die haben ganz viel Geld und kaufen einfach nur. Für mich ist es das Schönste, etwas Besonderes zu *finden*! Aber mittlerweile ist es auch so, dass die berühmten und interessanten Fahrzeuge *uns* finden!«

Jetzt bin ich natürlich gespannt auf die zehn Fahrzeuge umfassende Bulli-Sammlung. »Irgendwie kommen die besonderen Fahrzeuge zu uns ...«, sagt Christian Grundmann. »Wir haben hier keinen normalen Bus stehen.« In diesem Sinne ist der Fensterbus von 1950 wohl sein Lieblingsauto. Die wahren Werte stecken hier eher im Inneren, denn von außen sieht er recht mitgenommen aus. Dennoch ist dieser Bulli aus den Fünfzigern ein Unikat.

»Dies ist der älteste Fensterbus auf der Welt«, erfahre ich. »Und er hat auch noch viele Prototypenmerkmale.« Er hat dasselbe Baujahr wie Sofie in der Oldtimer-Sammlung von VWN. Während der fensterlose Kastenwagen Sofie die Herstellungsnummer 1880 hat, lief dieser Mausgraue als Nummer 2469 vom Band. »Wir waren eine Ewigkeit hinter dem Bus her!«, sagt Christian Grundmann.

Björn Schewe: »Wir erhielten damals den Tipp, dass irgendwo im brandenburgischen Spreewald ein Kübelwagen und ein Bulli mit geteilter Scheibe stünden. Und dazu noch jede Menge VW-Teile ... Wir machten den Besitzer ausfindig, der viermal auf unser Nachhaken wiederholte: ›Ich habe nichts mit VW zu tun!‹ Klar, den gab's ja ganz offiziell in der DDR nicht. Wir ließen nicht locker. Endlich sagte er: ›Ihr gebt ja doch keine Ruhe – kommt mit!‹ Wir gingen zu dem mausgrauen Bus. Ich sah auf dem Typenschild: ›Baujahr 1950‹.«

Bald war den Freunden klar, dass da ein ganz besonderes Fahrzeug vor ihnen stand. »Letztendlich konnten wir den Bus mit vielen Zubehörteilen kaufen.« Zur Lebensgeschichte des Busses haben die beiden inzwischen herausgefunden, dass er 1950 nach Westberlin ausgeliefert, 1957 an eine Familie in der DDR verkauft worden und ein Autoleben lang in der Region Lübben im Spreewald gelaufen war.

Gegenüber dem mausgrauen 50er-Bus stehen drei T1-Bullis. Alle mit sehr unterschiedlicher Westfalia-Campingeinrichtung und einer wie der andere ein Augenschmaus. Jeder ist hervorragend restauriert, dazu mit Accessoires wie Kofferradio auf dem Campingtisch und Thermoskanne aus den Sechzigerjahren ausgestattet. Alles stimmig. »Dieser T1 ist Baujahr 1962 mit 26 000 Originalkilometern«, erfahre ich über den ersten. Die drei hatten als Beleg für die Firmengeschichte des Hauses Westfalia in Rheda-Wiedenbrück gestanden, wo ehemalige Firmenmitarbeiter sie einst liebevoll und detailgetreu restauriert hatten. Dann kam in den Neunzigerjahren der Anfang vom Ende des Traditionsbetriebes. Das Unternehmen wurde saniert, aber die wechselnden Eigner hatten offenbar keine Beziehung zu der Sammlung und deren automobilgeschichtlicher Bedeutung. »Westfalia hat sich von den drei besten Unikaten getrennt, und alle drei sind hier im Museum«, hatte mir Traugott Grundmann bei meinem ersten Besuch gesagt.

Etwas Besonderes ist auch der T2-Bulli, Baujahr 1968, den Christian Grundmann im letzten Sommer in Kalifornien kaufte. Nicht als Sammlerstück: »Ich hatte mit meiner Familie beschlossen, mal *back to the roots* zu gehen, dorthin, wo ich in Amerika aufgewachsen bin, zwischen Los Angeles und Las Vegas.« Natürlich kannte er bei all seinen Kontakten drüben Leute aus der VW-Bus-Szene, die diesen unrestaurierten Top-T2-Bulli mit erster Lackierung und Westfalia-Einrichtung für ihn fanden und kauften. Mit diesem Auto nahmen ihn die amerikanischen Freunde auch am Los Angeles Airport in Empfang. Und darin verbrachte Familie Grundmann junior zu viert drei Wochen Urlaub in Kalifornien. Ohne jedes technische Problem. »Tolles Auto!«, sagte er.

Christian Grundmann am ältesten Stück VW-Geschichte, der Vorserie VW30 von 1936

»VW verbindet: egal ob Bus oder Käfer!«, resümiert Christian Grundmann. Davon kann sich jeder alle vier Jahre bei der »Olympiade der VW-Show-Szene« in Hessisch Oldendorf am besten selbst überzeugen.

DER PERFEKTIONIST – DIE RESTAURIERUNG VON BREZELKÄFER, BARNDOOR-BULLI UND CO.

Wir trafen Oldtimer-Sammler und -Fahrer, deren Begeisterung mit dem Käfer begann und die über kleinere oder größere Zufälle zum Bulli kamen. Claus Missing aus Düsseldorf ist einer von ihnen. Kennengelernt haben wir uns beim HO17-Treffen in Hessisch Oldendorf, wo sein Bulli von 1952 den ersten Preis für den bestrestaurierten T1 erhielt.

Dass er einmal acht Oldtimer, sieben mit VW-Motor und einen Porsche 911, sein Eigen nennen würde, hätte er sich wohl nicht träumen lassen, als er mit knapp achtzehn Jahren auf sein erstes Auto zusteuerte. Ein VW-Käfer oder eine Ente standen zur Wahl. Der Käfer, Baujahr 1967, gewann das Rennen um seine Gunst. »Ein Jahr später, 1990, kam meine Mutter mit einer Anzeige in der Rheinischen Post und meinte: ›Claus, da ist ein VW in Duisburg …‹ Der stand quasi um die Ecke, war Baujahr 63, erste Hand, die Sitze sozusagen fabrikneu, weil der jüngst verstorbene Vorbesitzer immer Schonbezüge draufgehabt hatte.«

Das Auto besitzt Claus Missing heute noch. »Eigentlich ein ganz normaler 1200er-Käfer mit viel Zubehör, vom kleinen Plattenspieler über Suchscheinwerfer bis hin zum 6-Volt-Heizkissen für die Batterie … völlig bescheuert.« Er schmunzelt. »Mit dem ganzen Zeug sah das Auto aus wie ein Weihnachtsbaum … Aber ich bin nun mal ein Zubehör-Freak und stehe auf den Klimbim der Fünfziger- und Sechzigerjahre.« Peu à peu lenkte Claus Missing seine Schritte hinein in die Käfer-Szene: »Anfang der Neunzigerjahre gründeten wir den Club Käferfreunde Pendelachse. Wir waren Original-Freaks, die alles so ursprünglich und so echt wie möglich haben wollten.« Dieser Linie blieb er auch bei seinen anderen Projekten treu.

Sein erstes wirklich seltenes Auto erstand er 1994: ein 52er-Brezelkäfer-Cabrio von Karmann. Da war er 23 und besuchte als gelernter Kfz-Mechaniker die Meisterschule, das Geld war knapp. »Aber mein Vater sagte: ›Hier sind 10 000 Mark, den Wagen schenken wir dir.‹ Ich war natürlich glücklich, aber – ein halbes Jahr später war ich beim Maikäfertreffen in Hannover, dem großen Treffen der luftgekühlten VW am 1. Mai. Da sagte ein Bekannter aus der Szene: ›He, Claus! Ich hab ein Hebmüller-Cabriolet zu verkaufen, für 10 000 Mark.‹ Ich schleunigst hin zu meinem Vater, um ihn anzupumpen. Er aber meinte: ›Richte erst mal den Schrotthaufen her …‹, womit er auf meinen Karmann anspielte. Und im Handumdrehen war dieses einmalige Angebot weg – verkauft an einen anderen. Aus heutiger Sicht ein Riesenfehler!«, sagt er.

»Zwölf Jahre hab ich gebraucht, um den 52er-Karmann zu restaurieren. Natürlich ging das nicht jeden Tag, denn ich beendete die Meisterschule, stieg in den Beruf ein. Wir kriegten Kinder und bauten ein Haus … wie das so ist im Leben.«

2006, zwölf Jahre nach dem Kauf und über tausend Arbeitsstunden später war der Karmann fertig. Seitdem hat Claus Missing ihn nur 2000 Kilometer bewegt. »Bei einem Auto, in das ich bei der Restaurierung so viel Liebe und Arbeit reingesteckt habe, bin ich vorsichtig … Auch weil sich schon mal jemand mit seiner Nietenjeans auf meinem Kotflügel lümmelte!«

Wenn er die Restaurierung nicht selbst durchgeführt hat, ist seine Beziehung zum Auto eine ganz andere. Dann ist es ein Fahrzeug, das er auch gern nutzt. Wie zum Beispiel sein T1 Westfalia Bulli mit dem Dormobil-Dach, Baujahr 1966.

»Bullis und ich wurden eigentlich erst spät Freunde. Zuvor hatte ich mal in einem gesessen und fühlte mich aufgrund meiner Körpergröße eingeengt, meine Knie stießen immer ans Armaturenbrett.« Aber dann machte Claus Missing doch mal eine

Probefahrt und kam auf den Geschmack. »Inzwischen waren unsere Kinder da, und ich wollte uns ein Campingfahrzeug zulegen. Von einem Freund erfuhr ich, dass Michael Steinke von der Bullikartei einen seiner Busse verkaufen wollte. Ich war zwar eine Nasenlänge zu spät dran, kriegte den Bulli aber über einen kleinen Umweg doch noch. Ich war überglücklich!«

Denn damit fügte er seiner Sammlung 2006 ein ganz besonderes Exemplar hinzu: »Nur 500 VW-Busse wurden damals mit der Westfalia-SO44-Einrichtung fertiggestellt.« Der Grund dürfte auch deren hoher Preis gewesen sein: stolze 2500 Mark. Dazu kamen damals weitere 1600 Mark für ein aufklappbares Dormobil-Dach. Dieses in England hergestellte Hochdach verbaute Westfalia in Lizenz. In der Kombination von SO44 und Dormobil-Dach gab es nur 24 Fahrzeuge. Und nachdem ein Lackspezialist den Bulli eine Woche lang mit Spezialpaste geschliffen und eine halbe Woche lang poliert hatte, war dessen Lack fast wie neu. »Dieser T1 war der Liebling unserer Kinder. Wir sind damit regelmäßig zum Camping gefahren.«

Aber die Geschichte geht noch weiter: Die Kollektion der besonderen Luftgekühlten wurde 2011 erweitert, nachdem ein Freund bei mobile.de ein voll restauriertes Hebmüller-Cabriolet, Baujahr 1950, entdeckt hatte. Ein ganz seltenes Fahrzeug, das vom Karosseriebauer Hebmüller nur 696 Mal gebaut worden war. »Das musste ich haben! In meinem Kopf begann Kopfkino: Seit ich damals, Mitte der Neunzigerjahre, den Hebmüller verpasst hatte, wollte ich solch ein Fahrzeug haben. Sofort war ich am Ball. Mein Anruf war der zweite beim Verkäufer, einem Schweizer. Ich sagte: ›Den Wagen kaufe ich! Machen Sie den Vertrag! In sieben Stunden bin ich bei Ihnen und hole das Auto ab!‹ Und so war es dann. In den sieben Stunden hatten fünfzig weitere Leute aus der ganzen Welt angerufen und sogar viel mehr Geld geboten. Doch der alte Herr, ein ehemaliger VW-Händler, stand zu seinem Wort

und verkaufte den Hebmüller an mich. 1989 hatte der Vorbesitzer das Fahrzeug perfekt restaurieren lassen. Alles stimmte: erster Motor, erstes Fahrgestell. Alles eins a. Heute«, sagt Claus Missing, »wird ein solches Fahrzeug in der Zeitschrift *Oldtimer Markt* mit einem Wert von 205 000 Euro angesetzt ...«

Als ich ihm beim HO17-Treffen an seinem Barndoor-Bulli begegnete, ahnte ich noch nichts von dieser Leidenschaft und seinem Hang zur technischen Perfektion. Und so interessierte mich vor allem die Geschichte dieses prämierten T1. Auch sie beginnt in Hessisch Oldendorf, und zwar 2009: »Ein Bekannter hatte hier in der Stadthalle seinen alten taubenblauen Kastenbulli ausgestellt. Das Fahrzeug faszinierte mich. Alles spartanisch: die einfache Sitzbank, das schlichte Lenkrad, ein Tacho und sonst gar nichts. Und nur 24,5 PS ... So was wollte ich haben.«

Wenig später fand er seinen Bulli, Baujahr 1952, den mit der scheunentorgroßen Heckklappe. Die Substanz war in Ordnung, vielleicht weil er als Behördenfahrzeug keine Schwerstarbeit hatte leisten müssen. Claus Missing zerlegte den Bulli, alle Bestandteile kamen ins Säurebecken, wo sie professionell entlackt wurden. »Danach wurde der Wagen passiviert, das heißt, jegliche Rückstände wurden entfernt. Anschließend wurde er beim Karosseriebauer geschweißt und schließlich KTL-beschichtet. Bei dieser kathodischen Tauchlackierung wird mit Elektroden und wässrigem Tauchlack sichergestellt, dass die Farbe optimal haftet und auch in eventuelle Hohlräume dringt. Danach kam das Fahrzeug direkt zum Lackierer.«

Sieben lange Jahre hat Claus Missing während der Winterhalbjahre an dem T1 gearbeitet und ihn restauriert. »Alles zerlegt! Jedes Lager, das Getriebe, den Motor! Bei dieser Restaurierung habe ich die Messlatte sehr hoch gehängt!«

Die Belohnung dieser ungezählten Arbeitsstunden ist der erste Preis in Hessisch Oldendorf.

»Bewegt habe ich den Bulli noch nicht«, sagt er. »Aber ich streichle ihn!«*

* Claus betreibt mit Peter Schepens die Register für alte Karmann- und Hebmüller-Cabrios: www.karmann1952.de und www.hebmueller-registry.com

H DX 992

STECKBRIEF T5

POWER, VIELFALT UND 4MOTION

Achteinhalb Millionen Bullis sind bereits vor ihm in die Welt gerollt, als der erste T5 im Frühjahr 2003 auf der Auto Mobil International in Leipzig vorgestellt wird. Doch abgesehen vom VW-Logo, fällt es schwer, Gemeinsamkeiten mit dem Bulli Sofie des Jahres 1950 mit der Fahrgestellnummer 1880 in der Oldtimer-Sammlung in Hannover-Limmer zu entdecken.

Während Juliana und ich uns mit unserem treuen T1 Methusalem erfolgreich mit 34 PS durch Afrika und Asien schlugen, bietet der T5 von 2003 mit dem stärksten Dieselmotor 174 Pferdestärken beziehungsweise 235 PS als Benziner: also richtig Power! Bei uns waren damals Schneeketten, Schaufel und Muskeln gefragt, um durch den Schlamm zu kommen. Jetzt packt hier beherzt der neu entwickelte 4MOTION zu, bei dem die Antriebskraft stufenlos über eine elektronisch geregelte Lamellenkupplung (Haldex-Kupplung) zwischen Vorder- und Hinterachse verteilt wird. Der Syncro ist damit Geschichte. Allerdings nicht bei Oldtimer-Fans, wo der T3 Syncro einen vorderen Platz auf der Beliebtheitsskala belegt.

Die Ausstattungsvarianten und -merkmale waren beim T1 und T2 sehr überschaubar. Beim T5 begeistert die Vielfalt. Während es noch beim T1 im Nachkriegseuropa vorrangig um die Erfüllung der Grundbedürfnisse ging, stehen jetzt Komfort,

Kraft, Geschwindigkeit, aber auch Lifestyle im Vordergrund. Wobei natürlich die Funktionalität nicht zu kurz kommt.

In diesem Jahr 2003 wird Schauspieler Arnold Schwarzenegger »Governator« von Kalifornien, und der Sommer gilt wegen seiner Hitzerekorde als »Jahrhundertsommer«. Während man im klimatisierten Kino den gerade angelaufenen Film »Keinohrhasen« sieht oder Herbert Grönemeyers Song »Mensch« lauscht, stirbt der hier bereits erwähnte Schauspieler Gregory Peck, dessen Rometsch heute im Museum der Grundmanns in Hessisch Oldendorf steht.

Schon vor seiner Markteinführung hatte der T5 gezeigt, was in ihm steckt: Der als Langstreckenspezialist bekannte und im »Guinness-Buch der Rekorde« verewigte Österreicher Gerhard Plattner war mit ihm die Strecke Hammerfest–Dakar in Bestzeit gefahren: 10 941 Kilometer durch fünfzehn Staaten in vierzehn Tagen. Gut zwei Jahre später macht Plattner medienwirksam auf die Wirtschaftlichkeit des 104-PS-TDI-Motors aufmerksam, als er die Strecke Hannover–Istanbul in 34 Stunden zurücklegt. Dabei tankt er nur einmal und das unter den Augen eines Sachverständigen: 1198 Kilometer nach dem Start. Der Tank wird danach verplombt. Als er am Ziel in Istanbul von einem ADAC-Geschäftsführer geöffnet wird, steht fest, dass der Rekordfahrer die rund 2500 Kilometer lange Strecke mit einem Durchschnittsverbrauch von nur 4,8 Litern pro 100 Kilometer bewältigt hat. Die Kunden honorieren das und anderes: Am 30. Juni 2009 produziert VW Nutzfahrzeuge im Werk Hannover das millionste Fahrzeug der T5-Baureihe. Bis zum »Stapellauf« des T6 im Jahr 2015 werden es insgesamt knapp zwei Millionen gebaute T5 sein.

Auch in Sachen mobiler Freiheit tut sich einiges: Ein Jahr nach der Vorstellung des T5 läuft der neue VW California in den Ausstattungsvarianten Trendline und Comfortline aus den neuen Fertigungshallen in Hannover-Limmer in die mobile Freiheit. »Welcome to the Hotel California«, möchte man mit den Eagles singen!

LOTHAR BRUNE – LEIDENSCHAFT IM DIENSTE DES BULLIS

Der Super-8-Schmalfilmprojektor knatterte sein nostalgisches Lied, während Bilder von einem rot-weißen T1-Bulli im Schlamm Afrikas über die Leinwand flimmerten. Lothar Brune, Produkt-Pressesprecher bei Volkswagen Nutzfahrzeuge in Hannover, und ich saßen nur ein paar Meter davon entfernt und schmunzelten bei dem Gedanken, dass 34 PS die Welt erobern können. Dann kam Juliana, stellte Teller mit Wurst- und Käseschnitten, eingelegte Gürkchen und Tomaten auf den Tisch und setzte sich zu uns.

Diese Momentaufnahme zeigt uns kurz vor dem 50. Bulli-Geburtstag zu Beginn des neuen Jahrtausends. Was bei Lothar Brune als kleine Dienstreise zu uns – den Zeitzeugen aus der Aufbruchszeit des Bullis – begann, entwickelte sich über den Abend hinaus zu einer langen Bekanntschaft.

Knapp zwei Jahrzehnte später sitzen er, Juliana und ich in Wolfsburg auf dem Parkplatz des AutoMuseums Volkswagen zwischen seinem T4-Bimobil-Camper und unserem T5.

»Wir haben eine großartige Bulli-Szene«, sagt er. »Das merkte ich schon 1999, als ich mit der VWN-Pressearbeit anfing und Unterstützung in der Clubszene fand. Es begann damit, als ich Fotos von allen Bulli-Generationen machen lassen wollte. Und plötzlich kamen viele mir bis dahin unbekannte

Bulli-Freunde aus den VW-Bus-Clubs zusammen – so lernten wir uns kennen. Damals spürte ich: ›Wir machen etwas gemeinsam!‹ Auch das 50-Jahre-Bulli-Jubiläum war etwas, was die Bulli-People und wir zusammen feierten.«

Allerdings in kleinem Rahmen. »Wir von VWN hatten für das Jubiläum kein Budget, konnten seinerzeit nur wenig finanzielle Unterstützung leisten. Trotzdem war es eine Supererfahrung, denn die Beziehungen von damals, manche sind sogar Freundschaften, bestehen bis heute. Auch deshalb, weil wir als Volkswagen nicht sagten, wo es langgeht, sondern rüberbrachten, dass wir gleichberechtigte Partner sind. Vorgaben zu machen und zu sagen, wie der Hase zu laufen hat, wäre bei den Bulli-Fahrern nicht gut angekommen«, erinnert sich Lothar Brune. Wohlgemerkt, dies geschah, lange bevor The Who im Auftrag des Vorstandes lautstark den »Magic Bus« aus Hannover besangen und draußen vor der Bühne 5000 Bullis aus ganz Europa parkten.

Dass Lothar Brune noch immer höchst engagiert im Dienste des Bullis unterwegs ist, hatte ich bei meinen Bulli-Gesprächen auch von anderen gehört. »Wie weit zurück reichen die Wurzeln dieser Leidenschaft?«, möchte ich wissen.

Lothar Brune war etwa sechs Jahre alt, als sein Vater, ein mittelständischer Unternehmer in der Fahrrad- und Autozubehör-Branche, seinen ersten VW-Bus anschaffte. »Ich erinnere mich, dass wir alle zusammen, auch mit Oma und Opa, an den Rhein fuhren.« Und dann fügt er hinzu: »Im VW-Bulli sein bedeutet für mich gemeinsam unterwegs sein.« Für ihn ein Lebensmotto.

Später studierte er Maschinenbau und arbeitete ab 1986 in der Testabteilung der renommierten Zeitschrift *auto motor und sport*. »Dort bekamen wir immer wieder Bullis (T3) als Testwagen, und einen VW LT1 hatte die Redaktion als Transportfahrzeug für Testequipment.« Das kam natürlich Lothar Brunes Interesse an VW-Bussen entgegen. Irgendwann kaufte der Motor Presse Verlag, zu dem *auto motor und sport* gehört, die Zeitschrift *promobil*. »Ich sagte, wenn ihr jemanden dort benötigt, dann gebt mir Bescheid.« 1990 kam der Ruf. Und unter Chefredakteur Adi Kemmer ging es mit der Zeitschrift genauso erfolgreich aufwärts wie mit der ständig wachsenden Wohnmobilbegeisterung der Deutschen.

»Mein erstes großes Thema bei *promobil* war ein Vergleich zwischen VW California (T3), Ford Transit Nugget und Carthago auf Renault-Trafic-Basis. Eine spannende Zeit«, erinnert sich Lothar Brune. »Wir behandelten im Magazin auch alles, was in Richtung Tuning ging. Das meistgetunte Auto unter den Pkws war damals der VW-Bus ...«

Neun Jahre arbeitete er für *promobil*. 1999 wechselte er zu VW Nutzfahrzeuge, wo er für die Kommunikation mit der Presse zuständig war. »VWN war bis dahin von der Pkw-Kommunikation in Wolfsburg betreut worden. Das heißt, ich habe die Produktkommunikation in Hannover nicht übernommen, sondern sie mit aufgebaut.«

Das war es, was ihn gereizt hatte. »Dreizehn Jahre lang hatte ich zuvor – sozusagen auf der anderen Seite des Tisches – als Journalist mit Mitarbeitern von VW Nutzfahrzeuge zu tun gehabt. Es schien mir immer so, dass VWN-Leute anders sind ... Wenn die ein neues Auto vorstellten, so stellten sie ›ihr‹ Auto vor. Das geschah nicht nur emotional, sondern war vor allem faktenmäßig überzeugend; egal, ob da ein Entwickler oder Marketingmanager saß. ›Das ist ein Superteam!‹, sagte ich mir und konnte mir vorstellen, bei denen einzusteigen.« Und so geschah es ...

»Als ich dann bei VWN anfing, kamen häufig Anfragen von Leuten, die mit dem VW-Bus irgendwelche Rekorde brechen oder neue aufstellen wollten. Darunter auch Matthias Göttenauer und Andreas Renz, die 1999 den bestehenden Streckenrekord auf der Panamericana zwischen Nordalaska und der Südspitze Feuerlands unterbieten wollten.«

VWN stellt zwei Teams zusammen: Ein Männerteam mit Göttenauer und Renz, beide Anfang dreißig, und ein Frauenteam mit Grit Marx und Tiziana Di Mari, beide Ende zwanzig. Dazu ein Begleitfahrzeug mit Mechanikern. Jedes Team startete in einem T4 Multivan Syncro TDI mit 102 PS. Wenig hatte man an den Fahrzeugen verändert. Drei Zentimeter waren die Fahrwerke höher gelegt worden. Außerdem gab es Zusatzscheinwerfer, doch das war's im Wesentlichen.

Die beiden Teams starteten zeitversetzt. Der Zufall wollte es, dass die Frauen mit weitaus größeren Unwägbarkeiten zu kämpfen hatten als die Männer. Während das Männerteam im Hochland Costa Ricas einen bestimmten Streckenabschnitt noch problemlos passieren konnte, war wenig später, kurz vor Ankunft der Frauen, der gesamte Straßenabschnitt in den Abgrund gerutscht.

Sie kehrten um und suchten eine Alternativroute – und verloren Zeit. Später in Chile mussten Grit Marx und Tiziana Di Mari wegen eines Unwetters eine Behelfsstrecke fahren und büßten so erneut kostbare sechs Stunden ein. Aber auch sie erreichten ihr Ziel Ushuaia am Südzipfel der Welt. Während die Männer für die von ihnen zurückgelegten 22 880 Kilometer fünfzehn Tage, vierzehn Stunden und sechs Minuten unterwegs waren, verbuchten die Frauen für 23 380 Kilometer siebzehn Tage, elf Stunden und 29 Minuten.

Beide Teams aber hatten mit ihren T4 Syncros den bisherigen Weltrekord von zwanzig Tagen, zwölf Stunden und 55 Minuten deutlich unterboten. Damit war beiden der Eintrag ins »Guinness-Buch der Rekorde« sicher.

Lothar Brune erinnert sich auch an ein paar ganz besondere Projekte mit Joachim Franz. Dessen Werdegang ist auf seiner eigenen Website nachzulesen: Franz, Jahrgang 1960, wird Schichtarbeiter bei Volkswagen in Wolfsburg und lebt ein bürgerliches Leben. Noch im Januar 1990 wiegt er 118 Kilo, doch dann legt er plötzlich den Hebel für sein Leben um: Im Mai 1990 bringt er nur noch 72 Kilo auf die Waage und nimmt bald darauf an einem Triathlon teil. Während der nächsten Jahre profiliert er sich als Extremsportler. Ein Aids-Tod im Freundeskreis konfrontiert ihn mit dem Thema HIV.

»2001 kam Joachim Franz auf mich zu«, erinnert sich Lothar Brune. »Er wollte mit spektakulären Aktionen Aufmerk-

samkeit erlangen und dadurch Spenden für die Deutsche Aidshilfe sammeln. Das passte ins Konzept des Konzerns. Franz wollte zu diesem Zweck die Rennstrecke Paris–Dakar mit dem Fahrrad zurücklegen. Und so gab es drei Begleitfahrzeuge für diese Unternehmung: zwei T4 Doppelkabine und einen Kastenwagen, alle mit Allradantrieb. Als Joachim Franz im unwegsamen algerischen Hoggar-Gebirge war, kam er mit seinem Fahrrad teilweise flotter voran als die Autos«, sagt Lothar Brune mit einem Schmunzeln. Nach 6500 Kilometern erreichte der Radler Dakar in Westafrika. Später kündigte Joachim Franz bei Volkswagen und gründete seine Organisation Abenteuerhaus GmbH Joachim Franz Personal Development. »Das verkörpert so seine eigene Geschichte«, sagt Brune. »Pack an! Nimm dir ein Ziel, und steuere geradewegs darauf zu!«

Ein solches Ziel visiert Joachim Franz auch 2004 an, als er im T5- und LT-Konvoi von Deutschland über Russland und Kasachstan nach Kirgisistan fährt, wo er im Rahmen seiner aids awareness expeditions (so die Bezeichnung seiner Projekte) eine zweieinhalb Meter hohe Aidsschleife auf den knapp 7500 Meter hohen Gipfel des Pik Pobeda trägt.

»Danach kam sein Panamericana-Projekt«, berichtet Lothar Brune. 30 000 Kilometer lang! Mit sechs Radsportlern, davon vier Männer und zwei Frauen, die in 39 Tagen von Deadhorse in Alaska nach Ushuaia auf Feuerland radelten. »Ein schier unfassbarer Durchschnitt von 32 Stundenkilometern! Auf dem Fahrrad! Und das 24 Stunden pro Tag!« Das war bei dieser aids awareness expedition 2005 allerdings nur dadurch zu bewerkstelligen, dass sich die Radler im Zwei-Stunden-Rhythmus ablösten. Womit Tag und Nacht ein Bike auf der Straße war, stets abgeschirmt durch einen der sieben begleitenden Multi-

vans beziehungsweise den VW California 4MOTION. Diese dienten nicht nur als Schlaffläche, sondern auch als Massagebank.

Nach 39 Tagen Nonstop-Radelei über 30 000 Kilometer erreichte das Team am 19. September 2005 Ushuaia.

Lothar Brune kann nicht verhehlen, dass auch in seiner Brust das Herz eines Abenteurers schlägt. Zum Beispiel, als er der gedachten Linie eines »W« um die Welt folgte. Dafür nahm er sich ein Sabbatical, eine Auszeit von drei Monaten, und war 2011 bei dem PR-Spektakel anlässlich der Markteinführung des VW Amarok dabei. »Unser Ziel war es, fünfzig Länder in fünfzig Tagen zu durchfahren.« Jeder, der sich ein bisschen in der Welt auskennt, weiß, dass so etwas auch mit den Möglichkeiten und Verbindungen eines Großkonzerns für jeden Teilnehmer eine Herausforderung ist.

Bei Eis und Schnee starteten die Teams im kanadischen Vancouver. Die Reise ging durch Mittelamerika, anschließend – aus Sicherheitsgründen mit Polizeischutz – durch Kolumbien und weiter nach Buenos Aires. Von dort wurden die Autos per Flugzeug nach Deutschland transportiert, um die Weiterreise durch Afrika anzutreten.

Aber dass in Afrika die Uhren anders ticken, wissen wir aus den Beiträgen diverser Bulli-Fahrer in diesem Buch …

»Wir stellten fest, dass auch mit einem Amarok an manchen Tagen in Afrika nur ein Durchschnitt von dreißig Stundenkilometern zu schaffen ist. Die Einhaltung unserer Termine war unmöglich.« Wobei die Weltrekordfahrt im Amarok letztlich doch erfolgreich war.

»Es war ein anstrengender Trip«, resümiert Brune. »Der Plan war, achtzehn Stunden am Stück zu fahren und dann sechs Stunden Pause einzulegen.« Oft aber fuhren sie 48 Stunden in einem durch. »Man schläft im Auto und kommt physisch und psychisch an seine Grenzen. Dabei lernt man auch, wie andere damit umgehen – ein spannendes Thema. Ich wusste ja nicht mal, wie ich selbst damit fertigwerden würde. Dabei habe ich eine Menge über mich herausgefunden.«

Die Leidenschaft für die Sache des Bullis klingt immer wieder bei ihm durch.

»Wir hatten stets gesagt, dass in die VW-Oldtimer-Sammlung in Hannover-Limmer wegen seiner Bedeutung für die Sechziger- und Siebzigerjahre auch ein Hippie-Bus hineingehört. Dann stießen wir auf einen handbemalten T2 mit Che-Guevara-Konterfei auf der einen und einem Regenbogen auf der anderen Seite. Die Ausstrahlung dieses Autos ist super.« Da VW Nutzfahrzeuge damals kein Budget dafür hatte, kaufte Brune ihn privat. »Ganz gleich, wo ich mich mit dem Hippie-Bus befand, ich merkte, wie die Leute, egal ob jung oder alt, sich von ihm angesprochen fühlten.« Heute steht er in der VWN-Oldtimer-Halle in Hannover-Limmer.

Auch Lothar Brune ist heute im Ruhestand, man merkt es ihm allerdings nicht an. Wie Kalle Forytta, der Mister California, gehört auch er zu VWNOaktiv, wo zumeist Pensionäre viel Zeit in die Erforschung und Erfassung der Bulli-Geschichte investieren. »Wir haben jetzt die Zeit und zudem das Wissen. Wir können da wirklich was bewegen, indem wir auch dafür sorgen, dass bestimmte Exponate ausstellungsfähig werden. Es fängt mit dem Putzen der Autos an und geht bis zur Darstellung ihrer Biografien. Viele der rund 150 Volkswagen hier im Museum waren Studien, also Fahrzeuge, die man auf der Straße nie gesehen hat.«

Beim Abschied sagt mir Lothar Brune: »Wohl jeder Mensch hat zum Bulli eine besondere Beziehung. Das merken wir vor allem bei Oldtimer-Rallyes. Auch wenn ein sündhaft teurer Flügeltüren-Mercedes 300 LS vor uns fährt, winken die Menschen am Straßenrand uns im einfachen T1 oder T2 zu! Jeder verbindet einen besonderen Moment seines Lebens mit dem Bulli. Er ist nicht nur ein Stück Blech, sondern das Synonym für die mobile Freiheit und den Wiederaufbau in den Wirtschaftswunderjahren.«

2003 war Lothar Brune Mitorganisator eines Treffens von uns Bulli-Fahrern mit dem VWN-Vorstand und dem damaligen Ministerpräsidenten Christian Wulff.

H NK 181

STECKBRIEF T6

FLOTTER FLITZER

2015, das Jahr, in dem der T6 erstmals präsentiert wurde, scheint – im Vergleich zur Geburtsstunde des T1 – noch gar nicht so lange her zu sein.

Wirklich? Dabei hat sich seitdem doch eine ganze Menge ereignet ...

2015 ist das Jahr, in dem Angela Merkel während der Flüchtlingskrise die legendären Worte »Wir schaffen das!« spricht. In diesem Jahr sterben bei einem vom Piloten vorsätzlich herbeigeführten Flugzeugabsturz alle 150 Personen an Bord. Die Schlagzeilen später werden durch den Abgasskandal bestimmt. Es ist das Todesjahr von Altkanzler Helmut Schmidt und Schriftsteller Günter Grass.

Die Schnulze aus dem Geburtsjahr des Ur-Bullis – »Rote Rosen, rote Lippen, roter Wein« – kennt heute fast keiner mehr. Stattdessen klettert 2015 die deutsche Band Unheilig mit dem Titel »Gipfelstürmer« an die Spitze der Charts. Auch der am 15. April 2015 in Amsterdam vorgestellte T6 profiliert sich als Gipfelstürmer; trotz Dieselskandals sind bereits drei Jahre später eine halbe Million T6-Busse verkauft worden.

Sein Design kann die Verwandtschaft mit dem direkten Vorgänger nicht leugnen. Viele sagen, das sei gut so. Der 2-Liter-TDI-Motor bringt zwischen 84 und 204 PS an die Räder, beim

Benziner sind es zwischen 150 und 204 PS. Gegen kräftigen Aufpreis sind Assistenz- und Sicherheitssysteme zu haben: etwa das Umfeldbeobachtungssystem Front Assist, das mittels Radar kritische Abstände zum Vordermann erkennt und hilft, den Anhalteweg zu verkürzen. Auch in der California-Schmiede in Hannover-Limmer tut sich Erfreuliches: 2018 wird dort der 100 000. fertiggestellte California gefeiert.

Es war ein langer Weg von dem am 8. März 1950 in Wolfsburg gebauten Ur-Transporter bis zu dem VWN-Werk von heute, in dem der jüngste Spross, der T6, gefertigt wird. Kurz vor dem 70. Bulli-Geburtstag hatte ich die Gelegenheit, das Werk in Hannover zu besichtigen.

VON ZEHN MILLIONEN BULLIS UND 203 000 CURRYWÜRSTEN

»Die ersten Bulli-Bauer in Hannover waren Pioniere!«, höre ich von Cornelia Neves, die als Historikerin am VWN-Standort Hannover die Fakten einer 64-jährigen Erfolgsgeschichte für die Nachwelt dokumentiert.

»Unsere Bulli-Bauer waren zunächst aber auch Pendler, die von 1955 bis zur Eröffnung des Werks im März 1956 jeden Arbeitstag zwischen Hannover und Wolfsburg hin- und herfuhren, um dort im Karosseriebau angelernt zu werden. Viele dieser Neuen waren Landmaschinenfacharbeiter, gewohnt, mit großen Blechen umzugehen.«

Kurz zur Erinnerung: Seit der Geburtsstunde des Urahns aller Bullis am 8. März 1950 in Wolfsburg waren dort bereits vier Jahre später 100 000 Transporter vom Band gelaufen. Die Tagesproduktion in Wolfsburg lag 1954 noch bei achtzig Fahrzeugen, Tendenz steigend! Der Platz, das war klar, würde bald nicht mehr ausreichen …

Generaldirektor Heinrich Nordhoff, die prägendste Persönlichkeit der VW-Nachkriegsgeschichte, entschloss sich zum Bau eines Transporterwerks am Rande Hannovers. Die Bauarbeiten begannen im eiskalten Februar des Jahres 1955 – nach einjähriger Bauzeit war die Halle fertig. Auf den Tag genau sechs Jahre nach dem T1-Produktionsbeginn in Wolfsburg, am 8. März 1956,

lief in Hannover der erste Transporter vom Band. Eine rasante Entwicklung … Für die in Wolfsburg angelernten Arbeiter entfiel jetzt die Zugfahrt. Gut so, denn damit sparten sie 40 Mark für die Monatskarte. Schließlich waren es keine allzu rosigen Zeiten: 1955 betrug der Stundenlohn eines VW-Arbeiters 2,50 Mark. Für ein Pfund »Bohnenkaffee«, wie man damals sagte, hätte er acht Stunden arbeiten müssen. Da trank man doch lieber »Muckefuck« aus Gerste oder Roggen. Und an einen eigenen Bulli dachten damals sowieso nur wenige Privatleute. Der kostete schließlich zwischen 6000 und 8000 Mark. Und so blieb es bei den Träumen, von denen viele bekanntlich später beim deutschen Wirtschaftswunder wahr wurden!

Auch beim Transporterwerk in Hannover ging es steil bergauf. 1956 startete man hier mit 5000 Mitarbeitern. Nach Fertigstellung der Halle 2 wurden ein Jahr später 7000 neue Arbeiter für den Motorenbau eingestellt. 1962 hatte das VWN-Werk Hannover bereits 21 000 Beschäftigte, acht Jahre später waren es 30 000.

»In diesem Jahr 1970 hat man pro Arbeitstag rund 1500 T2-Bullis und 7500 Motoren gebaut. Das waren noch Zeiten!«, sagt Cornelia Neves.

Vieles hat sich zwar verändert, aber der Bulli flitzt nach wie vor auf der Überholspur. 1962 feierte man den einmillionsten hier gebauten Transporter. Am 8. März 2019, genau am Tag seines 69. Geburtstags, läuft der zehnmillionste in Hannover gebaute Bulli vom Band.

Auch das Werk selbst, nahe dem Kreuz der beiden wichtigen deutschen Autobahnen A2 und A7, hat sich verändert. Heute sind auf dem rund 1,1 Millionen Quadratmeter großen Gelände fast 15 000 Mitarbeiter beschäftigt. Natürlich werden sie kraftvoll unterstützt von der 95 Meter langen und 23 Meter breiten Großraumpresse mit 9100 Tonnen Presskraft sowie von intelligenten Computern und Robotern. Alle zusammen verwandeln sie pro Tag bis zu 900 Tonnen Stahl und 80 Tonnen Aluminium in bis zu 850 schicke T6. Dabei soll ein weiteres interessantes Detail nicht verschwiegen werden: Jeder T6 bekommt ein »Make-up« von rund 25 Kilo Lackmaterial in siebzehn möglichen Serienfarben!

Manchmal kann Statistik auch höchst unterhaltsam sein: Im Jahr 2018 tranken die VWN-Mitarbeiter 804 771 Tassen Kaffee und futterten exakt 202 878 Currywürste, die sie zuvor in 35 808 Liter Ketchup getunkt hatten …

TERRY JOHN WHITBREAD: »ICH LIEBE DIESES VW-WERK, MEINE ZWEITE HEIMAT ...«

Dass diese Überschrift so lautet, verdanken wir eigentlich der Frau des Briten. »In den Sechzigerjahren war ich Soldat der Britischen Rhein-Armee und lernte in Verden meine deutsche Frau kennen. Ich sagte zu ihr: ›Schatz, willst du hierbleiben, oder möchtest du mit mir nach England kommen?‹ Sie wollte hierbleiben. ›Gut‹, habe ich gesagt, ›dann bleiben wir eben hier.‹« Man weiß ja: *Happy wife, happy life!* 1976 nahm er nach zwölf Jahren und zehn Tagen bei der Army seinen Abschied. Im Januar 1977 fing er bei VW Nutzfahrzeuge an.

Ich habe mich mit Terry Whitbread verabredet, weil er mir im Besucher-Bulli eine Führung durch das Werk in Hannover geben will. »Ich bin Terry«, sagt er. Und dabei bleibt es.

»Bei der Army sind Sie doch sicher Militär-Land-Rover gefahren?«, frage ich Terry.

»Ich war Panzerfahrer. Bei einem Manöver im Wald kriegte ich einmal den Gang nicht rein, der Panzer rollte immer schneller bergab. Der Rest meiner Besatzung sprang ab, und ich lenkte den Panzer so lange, bis er irgendwie mitten im Wald zwischen Bäumen zum Stehen kam. Keinem ist was passiert. Ansonsten war es eine schöne Zeit. Werde ich nie vergessen ...« Man merkt schon, mit Terry unterwegs zu sein ist äußerst kurzweilig!

»Von der Uniform des Panzerfahrers hin zum dunklen Anzug des VW-Besucherdienstes ist es sicherlich ein etwas längerer Weg«, sage ich zu Terry, der wenige Wochen vor dem Ende des Zweiten Weltkriegs in der Grafschaft Leicestershire zur Welt gekommen ist.

»Bei VWN fing ich damals mit dem T2 an«, erinnert er sich, »ich baute Benzinleitungen ein. Aber ich wollte vorankommen. Das sagte ich auch meinem damaligen Meister. Über die Bremsleitungen kam ich zum Vorderachs- und dann zum Motoreinbau.« Terry überlegt: »1979 kam ja der T3 auf den Markt ... Aber zuvor war alles rings um das neue Auto streng geheim gehalten worden. Der T3 wurde in Schuppen 12 gebaut, man kam nur mit Sonderausweis dort rein. Den aber hatte der damalige Werksleiter Dr. Krohn vergessen, als er sich vom T3 ein Bild machen wollte. Der Werksschutz, der den Schuppen bewachte, wies ihn pflichtgemäß an der Tür ab. Der Chef durfte erst rein, nachdem sein Fahrer den Ausweis aus dem Büro geholt hatte«, sagt Terry und grinst.

Als 1998 ein englischsprachiger Mitarbeiter für den Besucherdienst gesucht wird, ist klar, dass Terry sich bewirbt. Die Biografie seines Vorgängers Bobby Barnes, der in den Ruhestand ging, gleicht der seinen: »Auch Bobby war beim britischen Militär gewesen, und er war ebenfalls mit einer Deutschen verheiratet. Alles passte, der Kreis schloss sich – ich erhielt den Job!«

Ich steige zu Terry ins Auto des Besucherdienstes, und er fährt los. Mir fällt auf, dass viele Mitarbeiter hier mit Fahrrädern unterwegs sind, um von A nach B zu kommen. »Das Hallengelände ist 2,2 Kilometer lang«, höre ich. Um bei dieser Weitläufigkeit zügig unterwegs sein zu können, stehen den Mitarbeitern rund 3000 Fahrräder zur Verfügung.

Alles hier ist beeindruckend: Mit über 600 000 Quadratmetern Fläche haben die Hallen die Größe von rund einhundert Fußballfeldern. »Während in Halle 1 Presswerk, Karosseriebau und Teile der Lackiererei untergebracht sind, befindet sich in der 1958 ursprünglich für den Motorenbau errichteten Halle 2 heute die komplette Fahrzeugmontage.« Meine Werksbesichtigung umfasst Presswerk, Karosseriebau und Teile der Fahrzeugendmontage – die Lackiererei ist nicht zu besichtigen. Für den Außenstehenden sind die Dimensionen dieser Hallen genauso atemberaubend wie die Fakten über den reibungslosen Gang der Dinge hier: Täglich liefern rund 265 Lkws und rund 200 Bahnwaggons das Rohmaterial an. Stahl kommt in sogenannten Coils, Riesenrollen aus Blech in einer Stärke von 0,65 bis zu 3,5 Millimetern. Bis zu 35 Tonnen wiegen die Coils, die von knapp eintausend Mitarbeitern des Presswerks gepresst und zugeschnitten werden.

»Karosseriebau« heißt die zweite Etappe im Entstehungsprozess eines modernen Bullis. 2018 haben die in drei Schichten arbeitenden rund 1500 Karosseriebaumitarbeiter am Ende eines 24-Stunden-Arbeitstags bis zu 850 unterschiedliche T6- und 148 Amarok-Karossen fertiggestellt. In dieser Phase geben 813 Roboter dem T6 jene Karosserie, die der Käufer so schätzt. 5900 Schweißpunkte werden dabei gesetzt, und der Bulli durchläuft fünfzehn optische Messanlagen, bevor er in die Endmontage kommt.

»Die Variantenvielfalt ist riesig«, sagt Terry. »64 Varianten haben wir allein im Karosseriebau, und in der Endmontage sprechen wir von 750 verschiedenen T6-Varianten. Im Prinzip erhält jeder Kunde ein völlig individuelles Fahrzeug – ganz nach seinen eigenen Wünschen konfiguriert. Presswerk, Karosseriebau und Lackiererei haben die höchsten Mechanisierungsgrade – in der personalintensiven Endmontage fallen die meisten manuellen Arbeitsgänge an.«

Ich frage Terry, was für ihn während seiner langen Tätigkeit die größten Veränderungen im Werk gewesen seien. »Viel hat sich verändert!«, sagt er. »Damals gab es Einzelpressen. Heute sind es Mehrteilstufenpressen, die zum Beispiel Türen, Heckklappen und Dächer gleichzeitig pressen. Diese sind im Gegensatz zu früher leise und vibrationsarm. Und anders als früher werden viele der gefertigten Teile auch vollautomatisch entnommen. Die ersten Roboter kamen um 1980 mit dem T3. Die Mechanisierung hat den Mitarbeitern zwar schwere körperliche Arbeit abgenommen, doch andererseits fielen dadurch Arbeitsplätze weg, die allerdings durch neue Arbeitsgänge ausgeglichen wurden. Irgendjemand muss den Roboter ja programmieren, warten und reparieren …«

Das Gewusel hochmoderner Roboterarme fasziniert mich, als wir durch den Karosseriebau rollen. Alle werden vom jeweils robotereigenen Datenspeicher gesteuert, in dem die Detailinformationen über den just in diesem Moment zu fertigenden T6-Bulli stecken. Der Roboter kommt bestens damit klar, dass er nur wenige Sekunden später eine andere Variante zu schweißen hat, denn blitzschnell bezieht er seine neuen Aufträge aus dem Datenspeicher.

Viele Komponenten für den neuen T6-Bulli werden aus anderen inländischen Werken angeliefert, zum Beispiel Achsen aus Braunschweig, Getriebe aus Kassel und die Motoren aus Salzgitter.

Terrys Humor ist die Würze dieser Werksbesichtigung: »Dort, wo im Karosseriebau die Bodengruppe zusammengesetzt wird, beginnt für mich die Produktion. Ich nenne das den ›Kreißsaal‹. Der Moment, in dem die Karosserie die Fahrgestellnummer erhält, ist für mich die ›Taufe‹. Irgendwann findet in der Montage die ›Hochzeit‹ statt: Da wird die Karosserie mit dem kompletten Antriebsmodul – also Motor, Getriebe, gegebenenfalls Allradgetriebe, Vorder- und Hinterachse, Kardanwelle und Abgasanlage – verbunden. Ab da ist es ein fahrbereites Auto!«

Eine Besichtigung des VWN-Werks ist kein exklusives Privileg, jeder Interessent kann sich dafür anmelden. Vielleicht hat er dann das Glück, einem Werksführer wie Terry Whitbread zu begegnen. Der hat auch schon den dänischen Kronprinzen Frederik durch die Hallen geführt, aber auch Schulklassen, internationale Großkunden und Politiker.

»Bis 2010 war ich Leiter des Besucherdienstes. Zwölf Jahre habe ich alles gemanagt, Termine koordiniert, Touren eingeteilt, aber auch selbst Führungen gemacht. Eine Menge Arbeit, aber es hat auch unheimlich viel Spaß bereitet«, sagt er. Die wohl

unvergesslichste Führung war die einer Schulklasse aus Tansania. »Als wir im Presswerk waren, bewegten sich die Kinder rhythmisch im Takt der Pressen. Unablässig gingen ihre Körper rauf und runter … Das war so süß!« Und deswegen mag Terry auch nicht aufhören. »Meine Frau meint schon: ›Selbst mit Rollator wirst du noch Führungen machen!‹ Ich tue das hier aus purer Leidenschaft. Ständig sehe ich so viele fremde Menschen aus der ganzen Welt. Ich glaube, es gibt kein Land auf Erden, in dem ich nicht irgendjemanden kenne. Das ist Freude pur!«

PETER SEIKEL – OFFROAD KOMMT KEINER AN IHM VORBEI

»PS« steht gewöhnlich für Pferdestärke: Kraft und zuverlässiges Durchkommen. Oder aber für Peter Seikel. Für die Bulli-Fahrer ist nur diese Assoziation möglich. Denn wer seinen T5 oder T6 fürs Abenteuer abseits viel befahrener Pfade technisch fit machen will, kommt an Seikels Offroad-Umbauten nicht vorbei.

Ich traf Peter Seikel erstmals in der Oldtimer-Halle von VW Nutzfahrzeuge in Hannover-Limmer vor seinem früheren Rennfahrzeug, einem Volkswagen LT 45. Wobei die offizielle Bezeichnung »Lasten-Transporter« angesichts dieses Allrad-Wüsten-Rennboliden mit Bullbar und Snorkel recht komisch klingt … Aber als dieser LT 4×4 bei Volkswagen neu rauskam, dachte sich Seikel: »Damit kann ich auch die Wüste herausfordern!« Warum nicht gleich die Sahara bei der Rallye Paris–Dakar?!

Erste Wüstenerfahrungen hatte er bereits 1973 gemacht, als er mit drei Kumpels im T1-Bulli von Europa südwärts auf der Tanezrouft-Piste durch die Sahara bis nach Niamey im Niger fuhr.

Zwölf Jahre später kam der zweite Sahara-Kontakt: Mit dem Tourenwagen-Rennsport war Seikel bereits vertraut, als er 1985 von Volkswagen-Frankreich den Auftrag erhielt, bei der Rallye Paris–Dakar als Mechaniker mitzufahren.

»Das hat mir gefallen. Da kannst du ebenso gut auch selbst als Fahrer mitmachen, dachte ich mir.« Er sprach mit VW und erhielt von dort 1988 jenen LT 45, einen kantigen Vorgänger des VW Crafter. »Der wurde umlackiert und rallyetauglich aufgebaut«, erinnert sich Seikel. »Mit erhöhtem Fahrwerk, für die Wüste geeigneten Reifen und Doppelstoßdämpfern.«

Sie waren zu dritt: Peter Seikel, der Beifahrer und ein Mechaniker. »Der Beifahrer hatte uns finanziell unterstützt«, erinnert er sich, »aber in Südalgerien war er mit den Nerven fertig und wollte heim.« So geschah es, aber da sie zu dritt gestartet waren, verboten es die Statuten, das Rennen zu zweit fortzusetzen. »Wir fuhren nach Hause, verbesserten das Auto und nahmen zwei Monate später mit demselben LT 45 an der Rallye de Tunisie teil.«

Sie behaupteten sich in der Lkw-Wertung gegen stärkere Rallye-Trucks und hatten neben geschicktem Taktieren auch das berühmte Quäntchen Glück. So fuhren sie bei der Rallye de Tunisie 1988 den Lkw-Gesamtsieg ein.

Dieser LT 45 in der VW-Oldtimer-Halle sieht heute noch so aus, als könnte man gleich morgen erneut mit ihm durchstarten.

»Kommen da Erinnerungen hoch?«, frage ich Peter Seikel.

»Klar. Es hat schon mal Spaß gemacht, das Auto vorzubereiten. Und jeder geht dabei durch einen Lernprozess; auch wir – der LT 45 war beim Rennen zu schwer. Vor allem deshalb, weil wir zu viele Ersatzteile mitgenommen hatten.«

Und als Peter Seikel sagt: »Wir fuhren damals noch nach Kompass!«, klingt nicht die Spur eines Bedauerns durch. »Einen Tag lang hatten wir vor dem Rennen den Kompass kalibriert – fuhren quasi einen Tag lang im Kreis, bis Kompass und Navigation endlich präzise funktionierten. Das half uns in einem Sandsturm, bei dem wir innerhalb eines Tages einhundert Plätze gutmachten!« Wobei ihm natürlich seine Navigationskenntnis als Pilot einmotoriger Sportflugzeuge nützte. Man spürt bei Peter Seikel die Affinität zu besonderer Technik!

Auf deren Anfänge stoße ich in seiner Firma im hessischen Freigericht, einer Gemeinde östlich von Frankfurt. Im Eingangsbereich fällt mein Blick als Erstes auf ein altes Motor-

rad mit einem für heutige Verhältnisse sehr bescheidenen 75-Kubik-Motor. »Eine NSU Quick«, höre ich. »Anfang der Fünfzigerjahre war die von meinem Vater verkauft worden.«

Eigentlich beginnt die Seikel-Unternehmensgeschichte 1949, denn da hatte der Vater einen Betrieb gegründet, in dem er NSU-Fahrräder und -Motorräder verkaufte und reparierte. Im Jahr zuvor hatte Peter Seikel das Licht der Welt erblickt. Als er fünf war, starb sein Vater. »Meine Mutter führte den Betrieb weiter.« Und er packte schon bald mit an. »Mit zehn ging ich vormittags aufs Gymnasium, nachmittags schraubte ich in der Werkstatt.«

Und dann sagt er: »Ich blicke auf sechzig Jahre Berufserfahrung zurück. Habe auch vierzig Jahre Motorsport in der ganzen Welt betrieben ... Aber hier bin ich zu Hause!«

Addiert man die vorstehenden Zahlen, kommt man auf hundert Jahre Erfahrung. Und die nimmt man Peter Seikel auch ab, wenn man seine persönliche Geschichte und die seiner Autos hört:

1967 absolvierte er einen Fahrerlehrgang auf dem Nürburgring. Ein Jahr später fuhr er das erste Rennen dort. »Das war noch Abenteuer«, sagt er. »Mit dem, was ich später gemacht habe, hatte das nichts zu tun ...« Sein erster »Rennwagen« war ein gebrauchter NSU 1000, den er sich mit seinem Freund Volker Lapp gekauft hatte. »Wir wechselten uns mit dem

Auto ab, an einem Wochenende fuhr er, am anderen ich. Mit runderneuerten Reifen auf dem Nürburgring – so viel zur Professionalität damals! Wir hatten einfach kein Geld. Aber man sammelte zumindest Erfahrung …« Rennen mit NSU TT und TTS folgten. Ab 1973 fuhr er mit einem Audi-80-Tourenwagen auf Hockenheim-, Salzburg- und Nürburgring. 1979 gewann er in dieser Klasse die Europameisterschaft.

Jetzt wurde Audi auf ihn aufmerksam, und ab 1980 fuhr Peter Seikel »werksunterstützt« für Audi. Im selben Jahr gewannen er und seine Partner Manfred Trint, Willi Bergmeister und Hans Nowak die Tourenwagen-Europameisterschaft für Audi. 1993 wechselte er zu Porsche, wo er bis zum Ende seiner Rennaktivitäten im Jahr 2007 blieb.

Aber zu Hause in seiner Kfz-Werkstatt in Freigericht ging während all der Jahre das normale Tagesgeschäft weiter. »Ich war und bin Kfz-Meister. Tagsüber habe ich meinen Kfz-Betrieb gemanagt und nachts an Rennautos gebaut.«

Längst hatte er zu jener Zeit das Rennteam Seikel Motorsport gegründet. »Eine richtige Firma in den USA: mit Werkstatt, Technikern, Transportfahrzeugen und allem, was dazugehörte. Wir hatten einen guten Namen. Die Fahrer kamen auf uns zu und fragten, ob wir den Service für sie machen würden. Das taten wir, und zwar weltweit! In China, Japan sind wir gefahren, in Australien, Süd- und Nordamerika … Überall!«

Zehnmal fuhr sein Team auch das 24-Stunden-Rennen von Le Mans. Eines der wohl spektakulärsten und erfolgreichsten Rennen des Teams Seikel Motorsport war das Le-Mans-Rennen von 2001, bei dem er den Klassensieg in der GT-Wertung und den sechsten Platz in der Gesamtwertung einfuhr.

Bei alledem kamen extrem viel Erfahrung und Know-how bei der Fahrwerksabstimmung zusammen. »Was uns heute bei den Offroad-Umbauten für Volkswagen zugutekommt«, sagt er. 2007 beendete Seikel sowohl seine eigene Rennkarriere als auch die des Teams Seikel Motorsport.

Aber nicht nur bei Tourenwagenrennen sammelte er viel Erfahrung, sondern auch mit einem Syncro T3-Bulli in der Wüste bei Nordafrika-Rallyes. Das war ab 1989, als er neben der Tunesien-Rallye auch die Rallye du Maroc und Rallye des

Pharaons in Ägypten fuhr. »Wir hatten ein spezielles Fahrwerk mit härteren Federn und Doppelstoßdämpfern an Vorder- und Hinterachse entwickelt. Das geschah in Kooperation mit VW und in sehr enger Abstimmung mit Henning Duckstein, Leiter der Abteilung für Nutzfahrzeugversuche, Vorentwicklung und Fahrzeugtests. Der hatte hauptsächlich die Ideen, wir setzten sie um. Wir entwickelten auch gemeinsam die Stoßdämpfer mit dem Index N. Die besten Dämpfer für den T3, die man ab Werk kaufen kann.«

Ich will wissen, wie bei ihm der Vergleich von T3 Syncro und T5/T6 4MOTION ausfällt.

»Der T3 Syncro hat seine Zeit gehabt. Damals hat er mir gut gefallen, und heute ist er eine Offroad-Ikone. Der T3 war leicht und durch seinen kurzen Radstand extrem beweglich. Das war schon toll. Schlecht allerdings wirkte sich im Gelände der lange Überhang nach vorn aus. Was ich mit dem Auto an Sand geschaufelt habe, ist der Wahnsinn! Fuhr ich mit dem die Dünen hoch, hat der Sand nur so gespritzt!«

»Und wie schneidet er im Vergleich zum 4MOTION ab?«

»Der Syncro hängt Welten hintendran«, antwortet Seikel. »Beim Syncro haben wir ja bereits zwei Radumdrehungen an der Hinterachse, bis die Vorderachse dazukommt und greift. Da hat sich der T3 schon eingegraben!«

Beim 4MOTION, sagt er, sei das Allradverhalten optimal: »In dem Moment, wo man Allrad braucht, wird der automatisch zugeschaltet – und zwar bei einer siebtel Radumdrehung – das ist gerade mal eine Handbreit. Das heißt, wenn ein Vorderrad eine Handbreit durchdreht, wird die Hinterachse bereits zugeschaltet – und zwar in Sekundenbruchteilen!«

Die Erfahrung aus eigenen Wüstenrallyes klingt auch durch, wenn er sagt: »Der Nachteil vom T5 beziehungsweise T6 ist, dass er deutlich schwerer ist. Ich kenne viele Leute, die im T5 mit insgesamt 3,2 oder sogar 3,3 Tonnen Gewicht auf Reisen gehen. Aber wenn sie so beladen im Sand landen, haben sie verloren! Wer dagegen mit 2,8 Tonnen fährt, kommt bestens durch!«

Seit 2003 ist die Seikel GmbH offizieller Lieferant für Volkswagen. Seine persönlichen hundert Jahre Erfahrung auf

Wüstenpisten, bei Straßenrennen, im Rennstall und in Werkstätten fließen in die Offroad-Umbauten für Volkswagen ein.

»Wir entwickeln zwar selbst, suchen uns aber die entsprechenden Partner, die die Teile für uns bauen. Mittlerweile produzieren siebzig Firmen für uns.«

Hier in Freigericht werden letztendlich die Umbauten vorgenommen. Peter Seikel zählt auf: »Höherlegungen mit entsprechender Bereifung, oft mit verstärkten Felgen. Schutzplatten für Motor, Getriebe, Differenzial und Tank. Schwellerleisten, Rockslider. Zusätzlich kürzere Achsübersetzungen beziehungsweise Getriebeübersetzungen.« Für den Fall der Fälle bekommt man auch eine Seilwinde bei ihm eingebaut oder die erhöhte Luftansaugung durch einen Snorkel.

Seikels bestes Pferd im Stall ist der T5 Extrem, bei dem er jedem der vier angetriebenen Räder eine Portalaufhängung wie beim Mercedes Unimog gegeben hat. Mit größeren Reifen kommt der Extrem auf beeindruckende 40 Zentimeter Bodenfreiheit.

»Als Basisfahrzeug ist ein 4MOTION mit Schaltgetriebe erforderlich«, erfahre ich. »Der Umbau ist teuer, in Deutschland ist die Zulassung für den öffentlichen Straßenverkehr wegen der Abgasvorschriften praktisch unmöglich. Aber es sind ein paar in Russland, Afghanistan, Marokko unterwegs. Einer fährt sogar auf einem großen Privatgelände in Spanien. Eine Handvoll gibt's auch im südlichen Afrika.« Und natürlich besitzt auch Peter Seikel einen. »Werbemäßig hat er uns viel Aufmerksamkeit beschert. Er wurde oft getestet und war in vielen Zeitungen.« Er schmunzelt: »Fürs Image ist der Extrem sehr gut – aber nicht zum Geldverdienen!«

Seit Kurzem hat Peter Seikel die Firmenleitung an seine Tochter übertragen. »Ich halte mich im Hintergrund, mache aber nach wie vor Entwicklungen.« Und auch das Reisen kommt bei ihm nicht zu kurz. Mal ist er unterwegs in Patagonien, dann in Neuseeland oder im südlichen Afrika.

Welche Wünsche sind noch offen?

»Entweder die Fahrt auf der Seidenstraße oder über Russland und die Mongolei nach China!« Zu seinen hundert Jahren Erfahrung wird also noch einiges hinzukommen!

Und da bei Juliana und mir sowohl Sibirien als auch die Mongolei noch weiße Flecken auf der Landkarte sind, schmunzle ich bei der Vorstellung, dass wir uns zufällig dort begegnen: wir im unlängst gekauften, höher gelegten T5 4MOTION und er im T5 Extrem. Gibt's ein besseres Fleckchen Erde für einen zünftigen Offroad-Test?

ID.BUZZ

STECKBRIEF

ID. BUZZ

DIE ZUKUNFT HAT BEGONNEN

Es war wie die Verlinkung der alten mit der neuen automobilen Welt, als der Volkswagen-Konzern 2001 auf der Detroit Auto Show die Studie »VW Microbus« vorstellte. Äußerlich kam er wie ein Kraftprotz daher, die großen Räder, die kurzen Überhänge erinnerten an den Urvater aller Bullis, den mir bestens vertrauten T1. Doch es blieb bei der Studie. Aber wie ein guter Wein gewann auch dieser Bulli durch die Jahre, bis er am 9. März 2022 in Hamburg Weltpremiere feierte.

Sein Name: ID. Buzz! Die ersten beiden Buchstaben stehen für die gesamte VW-Elektro-Familie: für intelligentes Design, Identität und visionäre Technologien. Und Buzz bedeutet auf Englisch »summen«: Ein 204 PS starker Elektromotor treibt – wie einst beim T1 – die Hinterachse an. Aber was macht das Wesentliche eines Elektro-Bullis aus? Um Antworten zu finden, traf ich mich mit Kai Frankenstein.

Der Planungsingenieur von VWN in Hannover hat den ID. Buzz von der ersten Stunde an konzeptionell mitgestaltet und ist für alles unter der Motorhaube zuständig: »Dazu gehören die Klimatisierung wie auch die richtige Temperierung der großen Batterie. Unsere Aufgabe war es, die vor allem digital entwickelten Produkte baubar zu machen.« Der ID. Buzz hatte tatsächlich eine Art Vorgänger. Bereits 1970 hatte Volkswagen den ersten Elektro-Entwicklungsbereich gegründet. Die Berliner Verkehrsbetriebe zum Beispiel setzten im Arbeitsalltag T2-Bullis mit jeweils 880 Kilo schweren Batterien ein. Doch eine noch fehlende ausgereifte Batterietechnologie machte dem Projekt ein Ende.

Ein anderer VW-Bus, der umweltbewussten T1-Fans ein Lächeln ins Gesicht zaubert, ist der vom VWN-Partner eClassic umgebaute und jetzt völlig emissionsfreie T1, der zuvor über ein halbes Jahrhundert als T1-Samba mit 44 PS über die Highways Kaliforniens gezuckelt war. Nach dem Umbau treiben ihn nun 83 PS komplett elektrisch an. Kostenpunkt: mehr als 65 000 Euro! Nur für den Umbau! Doch es zeigt, was beim Aufbruch in eine emissionsarme Zukunft alles möglich ist.

Beim ID. Buzz befindet sich die etwa zwanzig Zentimeter dicke Batterie, das Herzstück des Bullis, flach und mittig im Fahrzeugboden zwischen Vorder- und Hinterachse. Von der Form erinnert sie ein wenig an eine Tafel Schokolade. In einem Interview mit dem Leiter des Volkswagen Center of Excellence Batteriezelle lese ich außerdem: »Bei unseren neuen Elektromodellen haben wir das Fahrzeug praktisch um die Batterie herum entwickelt. Grundsätzlich gilt unser Anspruch: Unsere Batterien halten ein ganzes Autoleben, für acht Jahre oder 160 000 Kilometer garantieren wir eine Mindestkapazität von 70 Prozent.« Globetrotter mit dem Ziel Zentralafrika oder Amazonas werden sich allerdings noch ein wenig gedulden müssen, bis Elektro-Ladesäulen auch dort verfügbar sind. »Also entdecken wir mit dem ID. Buzz erst mal die schönsten Ecken Europas«, schmunzelt Kai Frankenstein.

Der aerodynamisch wirkende E-Bulli ist gespickt mit Software und Technik neuesten Standards, er ist breiter als der T6.1, dafür einen Deut niedriger. Es gibt ihn in schicker zweifarbiger Lackierung samt großem VW-Logo, und produziert wird er in Hannover. Na, wenn das kein gutes Omen ist! Made in Hannover, so wie schon seine Vorgänger seit 1956.

EPILOG: ZWISCHENTÖNE

Well I'm gonna find a home on wheels, see how it feels / Goin' mobile / Keep me moving / I can pull up by the curb / I can make it on the road / Goin' mobile / I can stop in any street / And talk with people that we meet …

Aus »Going Mobile« von The Who

Ich bin ein Jahr älter als Ben Pons VW-Bus-Skizze von 1947. Aber der Bulli wie auch ich … beide laufen wir prächtig!

Nachdem wir kürzlich, angeregt durch viele tolle Bulli-Gespräche, den schon erwähnten T5 gekauft hatten, sagte ich zu Juliana: »Wir könnten den VW-Bus auch in einen Container verfrachten und ihn nach Oman verschiffen. Dort gibt's großartige Wüsten! Oder nach Namibia. Wir brauchen dem T5 nur noch eine kurze Achsübersetzung zu verpassen … dann ist er im Gelände fast unschlagbar!«

Das Gespräch mit Peter Seikel war bei mir auf fruchtbaren Boden gefallen: »Mit 174 PS, Allrad und großen Reifen pflügen wir durch jede Wüste! Und für den Fall, dass es doch mal dumm läuft, habe ich Sandbleche dabei …«

Vermutlich dachte Juliana: Über siebzig und kein bisschen leise … Doch sie lächelte und meinte: »Ja, ja, mach man!«

Zu vielen unserer VW-Bekanntschaften haben wir auch heute noch Kontakt.

Nachdem Udo und Josef Opa verkauft hatten, waren sie noch lange in unserem T1 durch Afrika mitgereist. Später besuchten sie uns in Kanada.

Auch Lebenskünstler Hans-Peter Boldt, der mit Schrottbulli Hugo nach Indien und dann durch Afrika bretterte, ist heute im Ruhestand. Das lässt ihm Zeit für neue Reiseaktivitäten. »Allerdings stellte ich mir die Frage: Habe ich in all den Jahren, in denen ich keinen Bulli mehr hatte, vielleicht verlernt, so zu reisen wie früher? Nach reiflicher Überlegung kam ich zu dem Entschluss: Du brauchst wieder einen alten Bulli, du musst ausprobieren, ob das noch immer etwas für dich ist …«

Gesagt, getan. Von Berlin aus fuhr er mit seinem frisch erstandenen T3 namens Alfred 2018 zur Fußballweltmeisterschaft nach Russland. Diese (T3-)Unternehmung lief für Hans-Peter übrigens erfolgreicher als das, was die deutsche Elf bei ihrem »End-Spiel« gegen Südkorea ablieferte, denn die musste nach der 2:0-Niederlage bekanntlich mit hängenden Köpfen heimfliegen. Nicht so Hans-Peter: »Schwamm drüber, ich wollte mir sowieso den Westen Russlands ansehen.« Und wohlbehalten kehrten der T3 und er später zurück.

Die Bulli-Erfahrungen prägten unser Leben. Die Erinnerung an Menschen von damals ist sehr präsent. Wir haben nach wie vor Kontakt zu Bernd und Brigitte, die Methusalem auf der Obo-Schreckenspiste durch Zentralafrika gelegentlich »an den Haken ihres Unimogs gehängt« und aus den gemeinsten Schlammlöchern gezogen hatten. Die beiden wurden danach in Südafrika heimisch, wo Juliana und ich sie unlängst besuchten, nachdem wir 2011 erneut über Land von Deutschland bis Kapstadt gefahren waren. Fünf Jahre später reisten wir von dort auf der Ostafrika-Route zurück: Wo wir in Nordkenia 1976 auf der mörderischen Moyale-Piste in einen Banditenüberfall geraten waren, schnurrten wir 2016 wie auf Samtpfoten über eine just von den Chinesen fertiggestellte Teerstraße. Und an die Schlammabenteuer zwischen Addis Abeba und dem Sudan erinnert heute auf gutem Asphalt rein gar nichts mehr. Damals benötigten wir vierzehn Tage für die Strecke, jetzt waren es nur noch acht Stunden. Seit der T1 vom Band lief, hat sich die Welt gewaltig verändert ... Aber keine Sorge: Wer als Syncro- oder 4MOTION-Pilot das Allradabenteuer sucht, findet es noch in anderen Teilen Afrikas.

Es war mir ein Vergnügen, beim Geschichtensammeln für dieses Buch so vielen interessanten Menschen zu begegnen. Menschen, in denen der Bulli etwas bewegt hat oder die etwas im und am Bulli bewegt haben, wie etwa Mister California, Manfred Klee, Jochen Brauer, Lothar Brune oder Peter Seikel.

Vor allem war es uns eine große Freude, junge Leute kennenzulernen, die heute mit VW-Bussen und demselben Elan wie wir damals unterwegs sind ...

Und sollte mal etwas unrund laufen – das wissen wir von Jockel Wichmann und seinem grünen Frosch –, wird der nächste, spätestens der übernächste VW-Bus-Fahrer anhalten und fragen: »Brauchst du Hilfe, Bulli?« Auch deshalb habe ich meine trotz moderner Allradtechnik am T5 angebrachten Sandbleche griffbereit: um bei Bedarf auch mal einem Bulli-Fahrer aus irgendeinem Schlamassel zu helfen. Egal ob im Sand Botswanas, im Schlamm der Transamazônica oder auf der Seidenstraße ...

Also Augen auf, wenn ihr einen roten T5-Bulli mit Sandblechen seht! Ich stoppe!

Einmal Bulli im Blut ...
immer Bulli im Blut!

OHNE GELD
UM DIE WELT
MIT DEM LEGENDÄREN T1 ÜBER DANZIG, TALLINN, MOSKAU UND IRKUTSK NACH PEKING
NATIONAL GEOGRAPHIC
JOEY & LUKE KELLY
BULLI CHALLENGE
OHNE GELD – NUR MIT SPENDEN
VON BERLIN NACH PEKING
Von Berlin nach Peking reisen? Geht gut! Im rostigen VW Bulli? Schon schwieriger. Ganz ohne Geld? Sicher ein Abenteuer. Und was für eines! Begleiten Sie Joey Kelly und seinen Sohn Luke von Berlin über das Baltikum, die Weiten Russlands, Kasachstans und der Mongolei bis nach Peking. Und erleben Sie eine wunderbare Geschichte über Mut und Ideenreichtum, über Mitmenschlichkeit und Gastfreundschaft. Ob die beiden wirklich ankommen? Lesen Sie selbst!
240 SEITEN, CA. 200 BILDER
ISBN 978-3-86690-687-7
€(D) 29,99
NG Buchverlag in der Bruckmann Verlag GmbH, Infanteriestraße 11a, 80797 München
©Thomas Stachelhaus
JETZT IN IHRER BUCHHANDLUNG VOR ORT
ODER DIREKT UNTER NATIONALGEOGRAPHIC-BUCH.DE
Mit einer Direktbestellung im Verlag oder dem Kauf im Buchhandel unterstützen Sie sowohl Verlage und Autoren als auch Ihren Buchhändler.
NATIONAL GEOGRAPHIC